O MITO DA ASSISTÊNCIA SOCIAL:
ensaios sobre Estado, Política e Sociedade

*Conselho Editorial da
área de Serviço Social*
Ademir Alves da Silva
Dilséa Adeodata Bonetti
Elaine Rossetti Behring
Maria Lúcia Carvalho da Silva
Maria Lúcia Silva Barroco

**Dados Internacionais de Catalogação na Publicação (CIP)
(Câmara Brasileira do Livro, SP, Brasil)**

O Mito da assistência social : ensaios sobre Estado, política e sociedade / Ana Elizabete Mota (organizadora) . — 4. ed. — São Paulo : Cortez, 2010.

ISBN 978-85-249-1427-0

1. Assistência social - Brasil 2. Assistência social - Brasil - Política governamental I. Mota, Ana Elizabete.

08-06535 CDD-361.30981

Índices para catálogo sistemático:

1. Brasil : Assistência social e política nacional :
   Bem-estar social   361.30981
2. Brasil : Política nacional e assistência social :
   Bem-estar social   361.30981

Ana Elizabete Mota (Org.)

O MITO DA ASSISTÊNCIA SOCIAL:
ensaios sobre Estado, Política e Sociedade

4ª edição
4ª reimpressão

O MITO DA ASSISTÊNCIA SOCIAL: ensaios sobre Estado, Política e Sociedade
Ana Elizabete Mota (Org.)

Capa: aeroestúdio
Revisão: Maria de Lourdes de Almeida
Preparação de originais: Jaci Dantas
Composição: Linea Editora Ltda.
Assessoria editorial: Elisabete Borgianni
Secretaria editorial: Priscila F. Augusto
Coordenação editorial: Danilo A. Q. Morales

Texto revisto e ampliado a partir da 2ª edição em agosto de 2008.

Nenhuma parte desta obra pode ser reproduzida ou duplicada sem autorização expressa dos autores e do editor.

© 2008 by Autores

Direitos para esta edição
CORTEZ EDITORA
Rua Monte Alegre, 1074 — Perdizes
05014-001 — São Paulo – SP
Tel. (11) 3864-0111 Fax: (11) 3864-4290
e-mail: cortez@cortezeditora.com.br
www.cortezeditora.com.br

Impresso no Brasil — fevereiro de 2018

Para Marieta Koike, uma amiga e intelectual muito especial para todos nós.

Sumário

Prefácio
José Paulo Netto 9

Apresentação — O Fetiche da Assistência Social
Ana Elizabete Mota 15

PRIMEIRA PARTE

1. Questão Social e Serviço Social: um debate necessário
   Ana Elizabete Mota 21

2. A categoria Sociedade Civil na tradição liberal e marxista
   Ângela Santana do Amaral 58

3. Acumulação, trabalho e superpopulação: crítica ao conceito de exclusão social
   Cézar Henrique Maranhão 93

SEGUNDA PARTE

4. A centralidade da Assistência Social na Seguridade Social brasileira nos anos 2000
   Ana Elizabete Mota 133

5. Particularidades da expansão da assistência social no Brasil
   Marcelo Sitcovsky 147

6. As tendências da política de Assistência Social, o SUAS e a formação profissional
   Ana Elizabete Mota, Cezar Henrique Maranhão e Marcelo Sitcovsky 180

TERCEIRA PARTE

7. Assistência Social, trabalho infantil e família
   Miriam Damasceno Padilha 201

8. O sujeito feminino nas políticas de Assistência Social
   Laura Susana Duque-Arrazola 225

Prefácio

José Paulo Netto

No Brasil contemporâneo, o debate mais intenso acerca da Assistência Social, inserido no marco das políticas sociais, deve ser creditado à vanguarda profissional do Serviço Social — sem prejuízo do reconhecimento de contribuições de vulto oriundas de outras áreas acadêmico-profissionais. Há hoje um elenco de assistentes sociais cuja produção, idéias e mesmo intervenção tornaram-se referência compulsória quando o que está em questão é a Assistência Social: nomes como os de Potyara Amazoneida Pereira, Maria Carmelita Yazbek, Aldaíza Sposati — citados aqui apenas a título de amostragem aleatória dentre um amplo rol de pesquisadores — são hoje consagrados, e não só em âmbito nacional.

Aqueles que têm alguma intimidade com a recente evolução do Serviço Social no país, evolução que abriu o caminho para consolidar esta área de "conhecimento aplicado" também como área de "produção de conhecimentos", certamente observarão que o relevo adquirido por assistentes sociais na discussão do tema tem muito a ver com a intervenção que a categoria profissional operou no curso das polêmicas que antecederam e acompanharam a regulamentação dos preceitos constitucionais de 1988 no que veio a configurar a Lei Orgânica da Assistência Social (LOAS). Uma tal observação parece-me inquestionável.

No entanto, o que me parece mais significativo é assinalar a rapidez com que a categoria profissional qualificou-se para o protagonismo que, desde então, vem exercendo num debate que — mais que à vida acadêmica — interessa profundamente a boa parte da população brasileira.

Se é verdade que a Assistência Social vincou historicamente o que alguns analistas visualizam como a "particularidade" do Serviço Social, é igualmente verdade que, dominantemente até os anos 70 do século passado, aquele vinco estava hipotecado à benemerência, ao favor e a distintas formas de filantropia. É nos anos 80 que o eixo das concepções assistenciais, descolando-se da tradição assistencialista, se vai transladar para a esfera dos direitos e vai se relacionar a políticas sociais. Nunca será demasiado lembrar que a primeira contribuição mais substantiva acerca das políticas sociais, no âmbito do Serviço Social, só sobreveio, na entrada daquela década, pelas mãos de Vicente Faleiros (*A política social do Estado capitalista: as funções da Previdência e da Assistência Social*, 1981), e que a primeira elaboração mais qualificada sobre a assistência no Brasil surgiu em meados da mesma década, no trabalho de professores da PUC-SP (A. Sposati *et alii*, *Assistência na trajetória das políticas sociais brasileiras*, 1986).

A evocação cronológica é feita aqui para salientar a rapidez antes referida, indicando que, num lapso temporal extremamente curto, a vanguarda profissional do Serviço Social desenvolveu e acumulou uma massa crítica (de fato, heterogênea e desigual, mas ponderável) que, ao cabo de menos de uma década, habilitou-a, com pleno direito, a desempenhar o protagonismo já mencionado. Mais ainda: aquela vanguarda foi capaz de potenciar o seu pioneirismo, mediante especialmente a sua intervenção em cursos de pós-graduação e a divulgação de suas pesquisas (obviamente fecundadas pela interlocução com outras áreas acadêmicas e profissionais), bem como de obter ressonância de suas propostas em importantes organismos corporativos (como, por exemplo, o *Conselho Federal de Serviço Social*). Em suma: o que era uma preocupação de alguns núcleos de vanguarda nos anos 80, vinte anos depois tornou-se uma espécie de "caldo de cultura" da categoria profissional.

Não é preciso registrar aqui que este movimento estava/está vinculado ao processo sociopolítico macroscópico que tensionava/tensiona a sociedade brasileira: a derrota da ditadura, o seu legado econômico-político catastrófico, a pressão e a mobilização democrática e popular, as esperanças e as ilusões em face da restauração democrática, a recomposição da dominação elitista etc. Basta, para os fins deste brevíssimo escrito, tão-somente sublinhar que a entronização da Assistência Social, requisitada como direito e posta como demandando intervenção técnico-política, respondeu/ responde à dinâmica sociopolítica brasileira.

Pois bem: nos anos 2000, a Assistência (insista-se: formalmente, como demanda de direito, autonomizada do assistencialismo) está entronizada na "cultura profissional" do Serviço Social brasileiro. E não creio que seria exagerado admitir que, atualmente, o senso comum profissional tende a pensar a intervenção profissional no domínio exclusivo das políticas de assistência. Se esta hipótese for verificada como verdadeira, penso que suas implicações de mais largo prazo serão muito deletérias. Mas este não é o ponto que me interessa aqui: o que me importa é sublinhar que o movimento antes sumariamente descrito, pelo qual o debate da Assistência Social foi recuperado qualificadamente pelo Serviço Social, se foi um inequívoco *avanço* no desenvolvimento recente da profissão, trouxe consigo uma série de *riscos* que se explicitaram nos últimos anos.

Tais riscos ainda não foram devidamente reconhecidos e, menos ainda, analisados com rigor. Alguns procedem de opções (ou não-opções) de natureza teórica — por exemplo, a recusa objetiva de fundar a análise social na crítica da economia política; alguns procedem da incorporação aligeirada de modismos em voga nas Ciências Sociais — por exemplo, a sacralização da "sociedade civil", a satanização do "Estado" e o culto aos "movimentos sociais"; outros derivam de escolhas ídeo-políticas — por exemplo, a assunção de um projeto social-democrata no momento em que, historicamente, o horizonte social-democrata é (quando muito) a gestão do existente. O essencial a afirmar aqui é que a centralização da profissão no planejamento, na gestão, na execução e na avaliação de políticas de assistência tem contribuído para constituir, presentemente, *o mito da assistência*: vale dizer, o trato efetivo da Assistência Social como alternativa corretora da "questão social". Mito que, ademais de inteiramente funcional à orientação contemporânea do grande capital em escala planetária (é só recordar, nesta altura, o "empenho" das agências ditas multilaterais no "combate à pobreza", o interesse em fomentar a "equidade" e coisas que tais), pode, em determinadas conjunturas políticas nacionais, estabelecer as bases para um novo clientelismo, com todas as implicações eleitoreiras daí derivadas (o leitor que não for ingênuo sabe exatamente a que me refiro).

Todavia, e isto é outra prova da vitalidade da reflexão que profissionais do Serviço Social vêm desenvolvendo, já desde alguns anos o acervo de conhecimentos acumulados na área aponta para uma *renovação crítica* do debate sobre a Assistência Social, sem a perda das conquistas anteriormente propiciadas pelo rápido acúmulo promovido desde os anos 80 do século XX. Surgiram novos interlocutores (como os anteriores, com contribuições diferenciadas e heteróclitas) a enriquecer os cenários da polêmica; também aqui, as citações obrigatoriamente omitem muito do elenco que já está incidindo no patrimônio profissional — fiquemos com os nomes de Maria Teresa Menezes, Elaine Behring, Ivanete Boschetti. Traço significativo deste novo avanço é a *descentralização* da produção intelectual: se, nos anos 80 e no início dos 90, a pesquisa tinha como centros irradiadores São Paulo (a PUC) e Brasília (a UnB), estes pólos, que prosseguem atuantes, têm hoje a companhia de grupos de pesquisa e investigadores espalhados pelo país inteiro.

Prova inconteste desse movimento mais recente é a contribuição oferecida pelo *Grupo de Estudos e Pesquisas sobre o Trabalho* (GET), vinculado ao Programa de Pós-Graduação em Serviço Social da Universidade Federal de Pernambuco, grupo que, com apoio de organismos governamentais de fomento à pesquisa, é dirigido lúcida e criativamente pela Profa. Dra. Ana Elizabete Mota, cujos créditos acadêmicos dispensam qualquer apresentação. *O mito da assistência social. Ensaios sobre Estado, política e sociedade* (que, ampliado com novos textos, possibilita divulgação nacional de um material prévio antes restrito, posto que publicado por uma editora universitária) insere-se na emergente — e importante, diria mais: decisiva — reflexão que propõe a crítica a alguns dos fundamentos daquilo que, linhas atrás, designei como "caldo de cultura" da categoria profissional.

O leitor dos ensaios que compõem este livro terá elementos para repensar, a partir de supostos claramente explicitados, os condicionantes macroscópicos da Assistência Social (condicionantes que, sem infirmá-la, expõem à luz os seus necessários *limites*); adquirirá insumos para refutar a deformação teórica (e liberal!) da categoria de *sociedade civil*; acessará uma crítica eficiente dessa coisa amorfa que é a *exclusão social* — apenas para citar algumas das contribuições que os vários autores aportam ao debate contemporâneo.

Sobretudo, o leitor deste livro pode estar certo de uma coisa: os ensaios aqui enfeixados são um inestimável auxílio para romper com certas tentações de instaurar e consagrar, também na nossa seara, um "pensamento único". O que, convenhamos, dá uma idéia da significação dos textos reunidos neste volume.

Recreio dos Bandeirantes, maio de 2008

Apresentação

O Fetiche da Assistência Social

Nossos estudos sobre a Assistência Social remontam às pesquisas desenvolvidas no início dos anos 80 do século XX sobre a prática do Serviço Social nas empresas, quando identificamos na política de benefícios empresariais um modo particular de gerir a força de trabalho. Para os empresários, era uma forma de assegurar a reprodução dos trabalhadores e suas famílias, suprindo o que denominavam de uma ausência do Estado. Para os trabalhadores, uma *ajuda* privada, necessária ao consumo de bens e serviços que os salários não permitiam adquirir.

Ao longo dos anos 80, e até a primeira metade dos anos 90, essa questão se redefine. A Constituição de 1988 institui a Assistência Social como uma política social não-contributiva, voltada para aqueles cujas necessidades materiais, sociais e culturais não podiam ser asseguradas quer pelas rendas do trabalho, quer pela condição geracional — infância e velhice —, quer por necessidades físicas e mentais. Também o crescimento da prática político-organizativa de algumas categorias profissionais — especialmente os trabalhadores de empresas estatais e de capital intensivo — ocasionava a emergência de reivindicações por serviços e benefícios sociais como parte dos acordos coletivos de trabalho.

Este duplo movimento, a institucionalização da Assistência Social como política pública e a consideração dos serviços e benefícios como direitos contratuais dos trabalhadores, colocou a prática da Assistência Social em novos patamares.

Mas a conjuntura que se formou a partir da década de 90, marcada pela crise econômica e política que atingiu as sociedades periféricas, não encontrou na Assistência Social o lastro de proteção social necessário para dar cobertura ao que estaria por vir: o desemprego e a precarização do trabalho, situações que extrapolariam as finalidades de uma política de Assistência Social.

Data deste período a ofensiva das classes dominantes em dar centralidade à Assistência Social como mecanismo de enfrentamento das desigualdades sociais, típicas das relações que se estabelecem no capitalismo. Instala-se um período no qual a Assistência Social, mais do que uma prática e uma política de proteção social, se constitui num fetiche social.

Esta consideração coloca a Assistência Social numa relação direta com as desigualdades sociais, fruto das contradições dessa sociedade. Razão que permite pensar a Assistência Social como um mecanismo determinado pela esfera da produção material e robustecido no plano superestrutural como uma prática política.

Na impossibilidade de garantir o direito ao trabalho, seja pelas condições que ele assume contemporaneamente, seja pelo nível de desemprego, ou pelas orientações macro-econômicas vigentes, o Estado capitalista amplia o campo de ação da Assistência Social. As tendências da Assistência Social revelam que, além dos pobres, miseráveis e inaptos para produzir, também os desempregados passam a compor a sua clientela.

Eis porque as classes dominantes invocam a política de Assistência Social como solução para combater a pobreza e nela imprimem o selo do enfrentamento "moral" da desigualdade. Mas, até quando as classes dominantes e o seu Estado poderão tratar a pobreza como uma questão de Assistência Social?

A rigor, não podemos reificar a Assistência Social pelo fato de ela ser uma política não contributiva, que tem a especificidade de atender segmentos pauperizados. O nosso tratamento da Assistência não se dá por essa diferenciação, mas pela concertação que ela encerra no conjunto da Seguridade Social e das políticas sociais em geral.

As abordagens sobre a Seguridade Social, na qual inclui a política de Assistência Social, estão postas em dois amplos campos referenciais de natureza teórica e política: o campo da democratização do capitalismo, fundado na flexibilização das relações institucionais de poder e no acesso de parte da riqueza social produzida à base do compromisso entre classes antagônicas; e o da sua superação que, enquanto prática social, apresenta-se sob proposições anticapitalistas, de inspiração socialista, amparadas na defesa da socialização do poder político e da riqueza, materializadas em lutas pela reapropriação do valor de uso social e coletivo do trabalho humano.

No referencial social-democrata — *welferiano* —, a questão do trabalho se desloca para o campo do emprego e das condições de consumo e de reprodução das classes trabalhadoras assalariadas; no campo anticapitalista, o que está em discussão é a construção da alteridade do trabalho, da apropriação do valor de uso do trabalho pelos trabalhadores, processo que se opõe radicalmente à mercantilização das relações sociais.

Na sociedade capitalista, a reprodução da própria vida tem como única alternativa a venda da força de trabalho e os salários como meio de acesso aos bens e serviços necessários à subsistência, através do mercado. Na esfera da política, esta condição resvala para a regulação das relações de trabalho, para a cultura do trabalho assalariado, dos riscos sociais do trabalho e da própria ação dos movimentos político-organizativos dos trabalhadores.

Subjacente a este processo social e o amparando, as políticas de Seguridade Social passam a ser um elo entre a produção e a reprodução, principalmente por serem consideradas um instrumento de cobertura de riscos e vulnerabilidades do trabalho. Mas é pela via da cidadania que elas ganham destaque, adquirindo, no plano jurídico-político, a aparência de uma esfera autônoma em relação à produção. Por isso mesmo se constituem num mecanismo ideológico por excelência.

Este vem sendo o campo da interlocução e produção intelectual do Grupo de Estudos e Pesquisas sobre o Trabalho — GET, nos seus 12 anos de existência, vinculado que é ao Programa de Pós-graduação da UFPE, e do qual participam todos os autores desta coletânea. Os ensaios são resultantes de pesquisas desenvolvidas pelo Grupo através de Projetos de Pesquisas financiados pelo CNPq e CAPES e muitos deles originários de dissertações e teses que foram por mim orientadas.

A coletânea é integrada por 8 ensaios, distribuídos em três partes: na primeira, três artigos aprofundam o debate teórico sobre os temas Questão Social, Sociedade Civil e Superpopulação Relativa. Na segunda parte, os textos abordam a questão da Assistência Social na atualidade, discorrendo sobre a sua centralidade na política de Seguridade Social, as características da sua expansão e as implicações na formação profissional. Na terceira e última parte, dois textos apresentam resultados de pesquisas empíricas sobre programas de Assistência Social em Pernambuco, abordando a questão do trabalho infantil e das famílias e a participação das mulheres nos programas de Assistência Social.

Capitalismo periférico, reprodução da força de trabalho, estratégias de construção de hegemonia e Assistência Social no Brasil são os vetores que soldam as construções teóricas e as análises empíricas destes oito ensaios.

Por fim, quero registrar o meu prazer em poder organizar esta coletânea, fruto do trabalho coletivo de docentes, pesquisadores e bolsistas do GET, de cujo cotidiano de trabalho partilho e que me faz reconhecer o principal mérito da vida acadêmica: a formação de novos e qualificados pesquisadores, a possibilidade de fazê-lo com companheirismo, alegria e muito carinho e, principalmente, descobrir que aprendemos sempre com os nossos aprendizes. Ao enaltecer a qualidade e a importância das discussões deste livro para o Serviço Social e áreas afins, também ressaltando o apoio do Programa de Pós-Graduação em Serviço Social da UFPE e da CAPES através do PROCAD/2000, que viabilizaram a publicação da sua primeira edição, realizada pela Editora da UFPE, em 2006. Na oportunidade queremos registrar nosso reconhecimento à Editora da UFPE, que anuiu com a publicação desta segunda edição, revista e ampliada, pela Cortez Editora, assim como agradecer ao Professor José Paulo Netto que gentilmente aceitou nosso convite para prefaciar esta edição.

Ana Elizabete Mota
Recife, abril de 2008

Primeira Parte

1

Questão social e serviço social: um debate necessário

*Ana Elizabete Mota**

1. A questão social na agenda contemporânea

Eis meu ponto de partida teórico: *as condições de vida e trabalho do enorme contingente de pessoas que vivem à margem da produção e do usufruto da riqueza socialmente produzida são reveladoras de que a desigualdade social é inerente ao desenvolvimento do capitalismo e das suas forças produtivas*. O modo de produzir, distribuir e acumular bens materiais e riqueza é um produto histórico, resultado da ação de homens e mulheres que, ao proverem as necessidades de reprodução da própria vida, reproduzem as relações sociais. Homens e mulheres que fazem a história, mas sob condições e relações determinadas — conforme a clássica referência marxiana (Marx, 1969, p. 17). Tais condições e relações continuam a revelar a coexistência planetária de uma polaridade: riqueza/pauperismo. Mais do que nunca, o con-

---

* Doutora em Serviço Social. Professora Titular do Departamento de Serviço Social da UFPE. E-mail: bmota@elogica.com.br

traste entre o crescimento vertiginoso das riquezas e a persistência/ampliação do pauperismo é assustador. Sem negar as conquistas civilizatórias e o progresso técnico alcançado com o desenvolvimento da ciência e de novos modos de vida ao longo do século XX e da entrada do atual século, ressalto que estes se deram com o concomitante empobrecimento dos trabalhadores.

A Organização das Nações Unidas divulgou pesquisa (realizada por organismo a ela vinculado, o Instituto Mundial de Pesquisa sobre a Economia do Desenvolvimento) que mostra que a riqueza do mundo — propriedades e ativos financeiros — está assim distribuída: 2% dos adultos que habitam a Terra detêm 50% de toda a riqueza, ao passo que cabe aos 50% de adultos mais pobres somente 1% dela. E mais: "A riqueza está fortemente concentrada na América do Norte, na Europa e nos países de alta renda da Ásia e do Pacífico. Os moradores desses países detêm, juntos, quase 90% da riqueza do planeta".[1]

Um quadro como este só pode surpreender aqueles que desconhecem a mais que secular crítica da economia política. Com efeito, dados apresentados por fontes as mais diversas, quanto a isto, são eloqüentes. No final do século XX, anotava um estudioso:

> Os países ricos, que representam apenas 15% da população mundial, controlam mais de 80% do rendimento global, sendo que aqueles do hemisfério sul, com 58% dos habitantes da Terra, não chegam a 5% da renda total. Considerada, porém, a população mundial em seu conjunto, os números do *apartheid global* se estampam com maior clareza: os 20% mais pobres dispõem de apenas 0,5% do rendimento mundial, enquanto os 20% mais ricos, de 79%. (Mello, 1999, p. 260)

A evidência de crescimento incomensurável da riqueza e, simultaneamente, de ampliação exponenciada do pauperismo não polariza exclusivamente um "mundo rico" e um "mundo pobre" — perpassa as sociedades nacionais de ambos os "mundos". Observe-se, a propósito:

---

[1] "ONU: 2% detêm metade da riqueza do mundo". In: *O Globo*. Rio de Janeiro, 6 de dezembro de 2006, Economia, p. 31.

Em 1997, a proporção da população que vivia na pobreza chegava a 16,5% nos Estados Unidos e a 15,1% no Reino Unido. [...] Os dois países-símbolo do neoliberalismo são [...] os campeões da pobreza entre os países industrializados. [...] Na Grã-Bretanha, a desigualdade dos rendimentos [...] em 1990 era mais flagrante que nunca desde a Segunda Guerra Mundial e se agravou mais rapidamente que na maioria dos demais países [...]: em vinte anos, os 10% de rendimentos mais baixos perderam 20% do seu poder aquisitivo, ao passo que o dos 10% mais altos aumentava 65%. [...] Nos Estados Unidos, a parcela do PIB destinada aos 5% mais favorecidos da população passou de 16,5% em 1974 para 21% em 1994, enquanto a dos mais pobres caía de 4,3% para 3,6%. (Passet, 2002, p. 184-6)

Na América Latina, o panorama só é diverso na intensidade — no subcontinente, "os 10% mais ricos [...] recebem entre 30% e 40% da renda, chegando a quase 50%, no caso brasileiro" (Estenssoro, 2003, p. 124). Com detalhes:

A América Latina é a região do planeta onde existem as maiores desigualdades e onde os mais ricos recebem uma maior proporção da renda. Segundo o BID, 5% da população recebe 25% do total [da renda]. Por outro lado, os 30% mais pobres recebem 7,5% da renda total. Mais ainda, apesar de ter um PIB *per capita* intermediário, a América Latina apresenta a maior porcentagem de renda para os 5% mais ricos e a menor porcentagem de renda para os 30% mais pobres entre todas as regiões do planeta. (Estenssoro, 2003, p. 119)

Em recente ensaio sobre a conjuntura latino-americana, publicado na sua página na internet, Claudio Katz informa que,

La diferencia que separa al 10% más rico del 10% más pobre alcanza 157 veces en Bolivia, 57 veces en Brasil, 76 veces en Paraguay, 67 veces en Colombia, 46 veces en Ecuador y 39 veces en Chile. El caso brasileño es más significativo por la dimensión y poderío económico del país. Allí el 10% más rico posee casi el 75% de la riqueza total, mientras que el 90% más pobre se queda solamente con el 25%. (Katz, 2008, p.18).

Pobreza e "exclusão social" entraram na pauta dos organismos multilaterais no último decênio do século XX e prosseguem cada vez mais tematizados. Uma agência da ONU, o Programa das Nações Unidas para o Desenvolvimento/PNUD, contava, em 2001 e *apenas para os "países em desenvolvimento"*, 968 milhões de pessoas sem acesso a serviços de água potável, 2,4 bilhões sem acesso a saneamento básico, 854 milhões de adultos analfabetos, 325 milhões de crianças fora da escola, 163 milhões de crianças com menos de cinco anos subnutridas (PNUD, 2001). A própria ONU, em 2000, promoveu a constituição — com o apoio de todos os Estados a ela vinculados, num documento intitulado "Declaração do Milênio"[2] — das "metas do milênio", com um conjunto de "objetivos de desenvolvimento do milênio" (ODMs) para enfrentar o quadro mundial do pauperismo, num prazo de 15 anos; mas, corridos mais de cinco anos de implementação desse mega-programa, seus resultados são qualificados, literalmente, como "deprimentes", em recente relatório do PNUD, que avalia:

> A maioria dos países está fora do caminho para a maior parte dos ODMs. O desenvolvimento humano está a esmorecer nalgumas áreas fundamentais e as desigualdades já profundas estão a alargar-se. Podemos encontrar várias formulações diplomáticas e terminologia polida para descrever a divergência entre o progresso no desenvolvimento humano e a ambição plasmada na *Declaração do Milênio*. Nenhuma delas deveria poder obscurecer uma verdade simples: a promessa aos pobres do mundo está a ser quebrada. (PNUD, 2005, p. 15)

Não cabe mais aludir quantitativamente à polaridade riqueza/pauperismo; a meu juízo, ela já possui registros suficientes para que seja considerada inconteste. Cabe pensá-la no âmbito do desenvolvimento histórico do capitalismo.

No curso deste desenvolvimento histórico, parece-me elementar a notação de que, à diferença do comunismo primitivo, quando a produção de bens (mais exatamente, em termos marxianos, de valores de uso) necessários à vida estava baseada na divisão sexual do trabalho, na propriedade coletiva da terra e dos instrumentos de trabalho e no usufruto comum dos produtos do trabalho, a produção capitalista se funda na socialização do

---

2. Sobre a "Declaração do Milênio", seus objetivos e implementação, cf. PNUD (2005).

trabalho e na apropriação privada da riqueza produzida (Engels, 1976).[3] O modo de produção capitalista, ao mesmo tempo em que institui o trabalhador assalariado e o patronato, também produz o fenômeno do pauperismo, responsável pelo surgimento da pobreza como *questão social*.

Na seqüência da eclosão da *revolução industrial*,[4] a degradação das condições de vida de milhares de antigos camponeses e artesãos que, impossibilitados de prover o seu sustento, precisavam vender o único bem que possuíam (sua força de trabalho) e formavam o incipiente proletariado, determinou a emersão de movimentos contestatórios nas primeiras décadas do século XIX (Abendroth, 1977; Thompson, 1987) — o desenvolvimento do capitalismo levou a que parte dos trabalhadores egressos de modos de produção pré-capitalistas engrossasse as fileiras dos sobrantes e disponíveis para o trabalho, sem que a nascente manufatura pudesse absorvê-los, tornando-se objeto de legislações sociais repressivas ou da ação caritativa das classes abastadas e da Igreja.[5]

Mas é somente quando os trabalhadores se organizam como sujeito coletivo, dando voz aos interesses e necessidades do proletariado enquanto *classe*, exigindo reformas, melhores condições de trabalho, ganhos econômicos e, no limite, a supressão do capitalismo, que as classes dominantes adotam medidas de enfrentamento da questão social, através da legislação e de algumas reformas sociais. Na historiografia marxista, está assente que o proletariado, como sujeito coletivo dotado de *consciência para si*,[6] emerge dos confrontos materializados na revolução de 1848 (Marx, 1986; Lukács, 2003; Coutinho, 1972; Hobsbawm, 1988); e na historiografia, inclusive acadêmica, está igualmente estabelecido que uma pauta reformista (envolvendo protoformas de políticas sociais) só surge nas décadas posteriores àquela que Claudín (1975) chamou de "a mais européia de todas as revoluções".

---

3. Para a caracterização da produção nos modos de produção asiático, escravista e feudal, cf., entre outros, Netto e Braz (2006, cap. 2).

4. Uma preciosa análise acadêmica da "revolução industrial" encontra-se em Landes (1994).

5. O primeiro exemplo "clássico" dessa legislação social foi a *Lei dos pobres,* de Isabel I, na Inglaterra (1601), reformada num sentido repressivo na década de 30 do século XIX. Tal legislação e o papel da Igreja são tratados por Castel (1998, pp. 47-143).

6. A tematização do trânsito da *classe em si* à *classe para si* encontra-se em Marx (1982, p. 158-159).

Ora, em 1848, nas barricadas de Paris, a demanda primeira era *o direito ao trabalho*. Eis porque estou convencida de que já estava posta, em meados do século XIX, a raiz da questão que iria desafiar a todos, na entrada do século XXI: *a necessária tendência do modo de produção capitalista de criar uma superpopulação de trabalhadores e, ao mesmo tempo, impedi-los de ter acesso ao trabalho e à riqueza socialmente produzida.*

Os *cartistas* ingleses foram os primeiros a perceber claramente essa tendência e, seguindo o seu exemplo, Engels designou esse excedente de trabalhadores como sendo um *exército industrial de reserva* (Engels, 1986). Essa tendência responde por um contingente atual de milhares de homens e mulheres, em idade economicamente produtiva, sem possibilidade de encontrar trabalho.

Obviamente, de meados do século XIX até este início do século XXI, o modo de produção capitalista, na concreção das formações econômico-sociais que o corporificam planetariamente, transformou-se notavelmente.[7] Hoje, a diferença central, em relação ao passado, é o diminuto e restringido horizonte economicamente expansivo do capitalismo,[8] no quadro da crise geral do assalariamento, dos mecanismos públicos de proteção aos riscos sociais do trabalho e da organização política dos trabalhadores e no marco da expansão e hipertrofia do capital financeiro, do desemprego massivo e da subtração das responsabilidades sociais do Estado.[9]

Recorde-se que o surgimento da grande indústria e da sociedade urbano-industrial compuseram o ambiente no qual os trabalhadores se orga-

---

7. Para a distinção entre modo de produção e formação econômico-social, cf. Netto e Braz (2006, p. 62-63); neste mesmo livro, há uma síntese das transformações sofridas pelo capitalismo pós-1970 (cf. o capítulo 9).

8. Não posso ater-me, aqui, à problemática que Mandel (1982 e 1990) caracterizou como a da "onda longa recessiva"; sinalizo, tão-somente, que desde meados dos anos 70 do século XX, as taxas de crescimento econômico registradas no mundo capitalista jamais se aproximaram ao patamar médio do crescimento do período dos "trinta anos gloriosos" — o período que vai do segundo pós-guerra à entrada dos anos 70 do século passado. Sobre esta questão, cf. Husson (1999) e Netto e Braz (2006).

9. A crise da organização política dos trabalhadores é objeto das análises, dentre muitos, de Bihr (1998), Alves (2000) e Antunes (Org.) (2002 e 2006). Sobre a dominância atual do capital financeiro, cf. Iamamoto (2007, p. 100-128). Sobre o desemprego e a precarização do trabalho, ver os estudos contidos na parte I de Antunes (Org.) (2006).

nizaram e politizaram suas necessidades e carecimentos, transformando-os numa questão pública e coletiva. Por força das suas lutas sociais, algumas de suas necessidades e de suas famílias passaram a ser socialmente reconhecidas pelo Estado, dando origem ao que modernamente denominou-se de *políticas de proteção social*, ancoradas em direitos e garantias sociais.

A ampliação dessas respostas públicas às necessidades sociais da classe trabalhadora originou, num contexto econômico-social e geopolítico, o chamado Estado de Bem-Estar Social (*Welfare State*), que se expandiu a partir da Segunda Guerra Mundial, configurando-se como uma vitória do movimento operário.[10] É evidente que o *Welfare* mostrou-se *funcional* ao capitalismo daquele pós-guerra, caracterizado, entre outros traços, pela generalização do fordismo;[11] porém, quando o considero uma vitória do movimento dos trabalhadores, estou rompendo com as análises *funcionalistas* — veja-se a apreciação de uma pesquisadora:

> [...] Os sistemas de proteção social [próprios do *Welfare*...] foram funcionais para o capitalismo porque [...] introduziram uma certa previsibilidade na relação capital/trabalho. [... Mas] foram construídos a partir da pressão exercida pelos trabalhadores por melhores condições de vida. Neste sentido, os riscos abarcados pelos diversos programas que compõem os sistemas de proteção social [...] devem ser vistos como conquistas dos trabalhadores e dos movimentos sociais. (Marques, 1997, p. 46)

Por outra parte, a consolidação de direitos sociais e trabalhistas e a oferta de serviços sociais públicos, ao mesmo tempo em que foram responsáveis pelo reconhecimento da necessidade de proteção social dos trabalhadores, também possibilitaram o surgimento de ideologias que defendiam a possibilidade de compatibilizar capitalismo, bem-estar e democracia, lastro político da social-democracia — lastro que perdurou durante as "três décadas gloriosas". E enquanto os países centrais viviam o "pleno emprego" e a expansão da seguridade, garantindo a reprodução da

---

10. Para a análise desse tema, remeto a, entre outros, Przeworsky (1991), Netto (1993) e Misrha (1995).

11. Acerca do fordismo, consulte-se, entre outros, Harvey (1996), Gounet (1999), Antunes (1999) e Mota (1995).

virtuosidade do crescimento econômico com desenvolvimento social, na periferia mundial assistia-se à defesa da modernização e do desenvolvimentismo como meio de integração menos oneroso desses países à ordem econômica mundial.

A plena incorporação das economias periféricas ao processo de reprodução ampliada do capital veio a ocorrer nos anos 70 do século XX, quando os países então chamados subdesenvolvidos (ou constituintes do Terceiro Mundo) transformam-se em campo de absorção de investimentos produtivos. A seus Estados nacionais coube o papel de indutores do desenvolvimento econômico, propiciando uma base produtiva integrada às necessidades dos oligopólios internacionais, graças ao apelo ao crédito externo para o financiamento daquela base e sua expansão. Esta situação reverte-se na década seguinte, quando se inicia a crise da *dívida externa*, obrigando tais países, sistematicamente, a exportar capitais para o pagamento dos empréstimos recebidos (Kucinski e Branford, 1987). Não por acaso, em tal período, o mundo capitalista oferece os sintomas de uma crise de acumulação, obrigando os países desenvolvidos a redefinirem suas estratégias de acumulação.

Importante é destacar a inexistência de arranjos econômico-sociais e políticos do tipo *Welfare State* nos países periféricos.[12] Somente para exemplificar: no caso brasileiro, é apenas em 1988 que se instituem as *bases formais e legais* do que poderia ser um Estado de Bem-Estar (Mota, 1995). Contudo, as condições sob as quais se deu a integração do país à ordem econômica mundial resultaram, nos anos iniciais da década de 90, na subordinação aos imperativos do pensamento e da prática neoliberais, marcados pela retração das políticas públicas de proteção social, donde a existência de profunda regressão no exercício dos direitos e na universalização da seguridade social brasileira (Werneck Vianna, 1998; Mota, 2006) e a designação feita por Francisco de Oliveira, do nosso *Estado de mal-estar social*.

O último terço do século XX, sinalizado, de um lado, pela crise dos modelos de *Welfare* e, de outro, pelo exaurimento das experiências do "so-

---

12. Isto não quer dizer, absolutamente, que na periferia capitalista não se tenham desenvolvido sistemas de proteção social. Mas não se pode identificar, sumariamente, a existência de *Welfare* com a existência de proteção social.

cialismo real" — refratando-se a crise e o exaurimento, primeiro nos países capitalistas centrais e, em seguida, nos periféricos —, esses trinta anos vão recolocar, na ordem-do-dia, a questão social, ampliada e redefinida, incorporando traços e características como as que foram apontadas na abertura deste texto. Os que "vivem do seu trabalho" passaram a se defrontar com questões que afetam severamente o seu modo de ser e de viver: *o desemprego estrutural e a crise do trabalho assalariado, o desmonte do Estado de Bem-Estar e a supressão de direitos sociais e a fragmentação das necessidades e da organização política dos trabalhadores.*

A restauração capitalista, tal como analisada por Braga (1996), configurou uma resposta à crise que implicou tanto na reestruturação dos mecanismos de acumulação como na redefinição de mecanismos ídeo-políticos necessários à formação de novos e mais eficientes consensos hegemônicos. Orquestrada pela ofensiva neoliberal, a ação sócio-reguladora do Estado se retrai, pulverizando os meios de atendimento às necessidades sociais dos trabalhadores entre organizações privadas mercantis e não-mercantis, limitando sua responsabilidade social à segurança pública, à fiscalidade e ao atendimento, através da assistência social, daqueles absolutamente impossibilitados de sobreviver (Mota, 2006).

Instala-se, no âmbito do sistema capitalista e na sua economia-mundo, muito mais do que uma crise econômica: estão postas as condições de uma *crise orgânica*,[13] marcada pela perda dos referenciais erigidos sob o paradigma do fordismo, do keynesianismo, do *Welfare State* e das grandes estruturas sindicais e partidárias. Se se soma, a tais condições, o esgotamento do "socialismo real", vê-se como se pôde afetar a combatividade do movimento operário, imprimindo, a partir de então, um caráter muito mais defensivo do que ofensivo às suas lutas sociais.

---

13. A crise orgânica é concebida por Gramsci como aquela que é expressão dos antagonismos que, ao se originarem no ambiente econômico, transitam para o ambiente político. Portanto, ao se ampliar para o campo das relações políticas, ideológicas, culturais, seus efeitos atingem a essência das relações de classe, transformando o conteúdo das lutas sociais, substituindo-as por lutas de interesse. A crise a qual nos referimos exige um processo permanente de transformação tanto do padrão de acumulação de capital, aí compreendido o papel das forças produtivas, como das estratégias de dominação que conformam os aparelhos privados de hegemonia. Sobre o tema, ver a excelente discussão feita por Ângela Amaral na sua tese de doutorado. Cf. Amaral, 2005.

Qualificados por muitos como um período em que o trabalho perdeu a sua centralidade (Méda, 1999), fato é que os anos que se seguem à década de 80 são palco de um processo de restauração capitalista, assentada num duplo movimento:

- a redefinição das bases da economia-mundo através da reestruturação produtiva e das mudanças no mundo do trabalho (Mota, 1995); e
- a ofensiva ideopolítica necessária à construção da hegemonia do grande capital, evidenciada na emergência de um *novo* imperialismo e de uma nova fase do capitalismo, marcada pela acumulação com predomínio rentista (Harvey, 2004).

No novo imperialismo, a hegemonia vem sendo exercida pelos Estados Unidos, através do uso de estratégias que combinam coerção e consenso, pretendendo uma espécie de governo mundial que, ao sitiar a ideologia dos seus opositores, afirma a *sua* ideologia como universal. Do ponto de vista macro-econômico, em oposição à acumulação expandida que marcou boa parte do século XX, o que está em processo de consolidação é a *acumulação por espoliação* sob o comando dos países ricos (Harvey, 2004; Dumenil e Lévy, 2004). O veículo primário da acumulação por espoliação tem sido a abertura forçada de mercados em todo o mundo, através das pressões institucionais, exercidas por meio do FMI, e comerciais, pela OMC. Segundo Harvey (2004), a crise de sobreacumulação capitalista se caracteriza pela condição ociosa de excedentes de capital, que não possuem escoadouros lucrativos. Por isso mesmo, a *acumulação por espoliação* permite o investimento desses ativos nos países periféricos, transformados em fonte de lucro rápido e fácil (Maranhão, 2006).

Este processo torna campo de investimento transnacional desde o patenteamento de pesquisas genéticas, passando pela mercantilização da natureza, através do direito de poluir, até a privatização de bens públicos e a transformação de serviços sociais em negócios — como vem ocorrendo com a saúde, a previdência e a educação. Também implica na degradação do meio ambiente,[14] com o crescimento da indústria dos descartáveis e com a

---

14. A respeito das discussões sobre a questão ambiental, ver as análises de Foladori (2001 e 2005).

produção de mercadorias com obsolescência programada, criando uma sociedade de entulhos e descartes.

A mercantilização da esfera doméstica, familiar e não mercantil é também um dos novos traços desta fase, repercutindo em dois níveis: na expropriação e mercantilização de atividades consideradas domésticas e privadas não-mercantis; e na superexploração das famílias, particularmente das mulheres dos países periféricos, que assumem duplas jornadas de trabalho, obrigadas a incorporar, como parte das suas atividades domésticas, um conjunto de afazeres que deveriam ser de responsabilidade pública e estatal (Duque-Arrazola, 2006). Neste quesito, também se observa o impacto da transformação dos espaços domésticos em locais de produção, por força das terceirizações, do trabalho em domicílio, por tarefa etc.

Também no âmbito do trabalho, ocorrem mudanças substantivas — seja através da reedição de antigas formas de trabalho, como o por peça, em domicílio etc., seja instituindo novos processos de trabalho que externalizam e desterritorializam parte do ciclo produtivo, instaurando novos modos e processos de cooperação, nos quais se incluem e se ajustam, num mesmo processo de trabalho, atividades envolvendo altas tecnologias, superespecialização e precarização absoluta, seja, ainda, redefinindo a divisão internacional do trabalho, impondo processos em que os países ricos transferem para os periféricos, trabalho sujo e precário.

Essas mudanças, mediadas pelo uso de novas tecnologias e pela redefinição das dimensões de espaço/tempo e território, convivem com a ampliação do desemprego e com situações de miséria e indigência.

A ofensiva político-social e ideológica para assegurar a reprodução deste processo passa pela chamada reforma do Estado e pela redefinição de estratégias que devem ser formadoras de cultura e sociabilidade, imprescindíveis à gestação uma reforma intelectual e moral (Mota, 2005), conduzida pelo grande capital para estabelecer novos pactos e parâmetros para o atendimento das necessidades sociais — sem romper com a lógica da acumulação e da racionalidade do lucro.

Amparada pelo individualismo possessivo (Macpherson, 1979) e pela naturalização da mercantilização da vida, essa reforma social e moral busca, dentre outros objetivos, transformar o cidadão sujeito de direitos num cidadão-consumidor; o trabalhador num empreendedor; o desempregado num cliente da assistência social; a classe trabalhadora em sócia dos grandes negócios e as comunidades em células do "desenvolvimento local", delas surgindo uma "sociedade solidária e cooperativa" (Mota, 2006).

Seus resultados políticos têm sido a fragmentação dos interesses classistas dos trabalhadores e a proliferação de movimentos sociais "extra-econômicos" e "transclassistas". Ao mesmo tempo em que a burguesia consegue articular e agregar os interesses dos capitais de todas as partes do mundo, fragmenta as identidades e necessidades daqueles que vivem do seu trabalho. É neste contexto que a expressão "questão social" amplia o seu leque de significados, ultrapassando, de certa forma, o sentido original que lhe foi conferido. Refiro-me, aqui, às conseqüências dessa fragmentação na composição e ação política das classes trabalhadoras, resultado do desemprego, da precarização do trabalho e dos seus novos modelos de gestão.

Em certa medida, as lutas sociais — apesar de presentes em todo o cenário mundial (Amin e Houtart, 2003; Petras, 2000) — perdem força com a fragilização do movimento operário, adquirindo um caráter de resistência, mas com incidência relativa nas questões afetas às relações e processos de trabalho. Este aspecto implica num "deslocamento" do significado da questão social, *que se afasta da relação entre pauperização dos trabalhadores e acumulação capitalista, para ser identificada genericamente com as expressões objetivas da pobreza.*

De qualquer modo, porém, a questão social foi reposta na agenda sociopolítica, a partir da *crise orgânica* que mencionei anteriormente.

2. A emergência do debate sobre a questão social no Serviço Social brasileiro

Embora a referência à questão social possa ser registrada em textos e documentos profissionais anteriores ao período em que, entre nós, toma forma a chamada "intenção de ruptura" (Netto, 1990),[15] data dos anos 80

---

15. O que é facilmente compreensível, dada a importância até então atribuída à Doutrina Social da Igreja, cujo documento fundante — a *Rerum Novarum*, de Leão XIII — tem por centro a questão social.

do século XX a emergência de discussões teoricamente fundadas que abordam a relação *Serviço Social/Questão Social* — e, neste domínio, foi um marco a publicação, em 1982, da obra *Relações Sociais e Serviço Social no Brasil*, de Marilda V. Iamamoto e Raul de Carvalho (Iamamoto e Carvalho, 1982). A partir de meados da década seguinte, tais discussões ganham extensão e aprofundamento, passando a envolver a temática do *trabalho*, em sintonia com os debates que se travavam nas Ciências Sociais.

A relevância e o impacto dessas discussões torna-se evidente em 1995, com a aprovação, na *XXIX Convenção Nacional da Associação Brasileira de Ensino de Serviço Social* (ABESS), realizada em Recife (dezembro de 1995), do documento *Proposta básica para o projeto de formação profissional*, de que derivou, no ano seguinte, o texto *Proposta básica para o projeto de formação profissional — novos subsídios para o debate* (Cardoso et. alii, 1997). Após um ampliado processo de discussão — que envolveu as "oficinas de trabalho" promovidas pela ABESS (que, logo depois, se converteria na ABEPSS/Associação Brasileira de Ensino e Pesquisa de Serviço Social) —, estruturaram-se as *Diretrizes Curriculares para o Curso de Serviço Social* (ABESS/ CEDEPSS, 1997): nelas, a questão social é posta como eixo fundante da profissão e articulador dos conteúdos da formação profissional e esta última deve ter em vista formular respostas profissionais para o enfrentamento da questão social.

Recorde-se que, de meados dos anos 40 à entrada dos anos 70 do século XX, o investimento acadêmico-profissional dos assistentes sociais se deu, primeiramente, em torno da profissionalização das ações assistenciais, herdeiras da vinculação do Serviço Social com a Igreja Católica (Silva e Silva, 1995). A busca por fundamentos científicos, especialmente os da Sociologia e Psicologia, eram os pilares do estatuto acadêmico da profissão, em oposição ao voluntarismo das ações caritativas e filantrópicas. Este movimento operou-se concomitantemente à busca de novas bases de legitimação da profissão, porquanto a pobreza deixava de ser objeto da atenção exclusiva da Igreja e se deslocava para a órbita da ação do Estado, via políticas sociais — laicizada, a pobreza transformou-se numa problemática social.

Na segunda metade dos anos 60, como o evidenciam os Documentos de Araxá e Teresópolis (CBCISS, 1986 e 1988), há uma inflexão modernizante no Serviço Social, cujo envolvimento com o Desenvolvimento de

Comunidade interpelou a profissão para formar técnicos capacitados a atuarem no planejamento e na administração de programas, em nível micro e macro-social, nos marcos da era desenvolvimentista (Silva e Silva, p. 1995).

Sintonizado com os processos que erodiam a base de sustentação da ditadura, a partir de meados da década de 70, o Serviço Social brasileiro realiza, nos anos imediatamente seguintes, um grande giro nos conteúdos e objetivos da profissão[16] — politicamente, ao identificar nas demandas populares as novas bases da sua legitimação; teoricamente, ao rechaçar os fundamentos da Sociologia funcionalista, de cariz positivista, e abraçar (ainda que de modo extremamente problemático, como o demonstraram Netto, 1989, e Quiroga, 1991) o referencial marxista. A partir daí, os termos do debate profissional se ampliam, retomando conceitos já conhecidos e incorporando novos — dentre eles, questão social e, mais tarde, trabalho.

O legado de Iamamoto (Iamamoto e Carvalho, 1982), em tal contexto, foi decisivo: em primeiro lugar, por historicizar e politizar a prática profissional a partir de uma concepção de sociedade como totalidade historicamente construída, identificando nos processos de produção e reprodução social a chave heurística para qualificar as determinações de uma profissão como a de Serviço Social; em segundo lugar, *et pour cause,* ao desvendar a natureza contraditória da prática profissional, demarcada por relações entre classes antagônicas, apontavam para a dimensão político-ideológica da profissão, também empreendendo a crítica às visões messiânicas e fatalistas da profissão.

Essa construção foi o ponto de partida de uma cultura profissional de caráter progressista ou, na já referida expressão de Netto (1990), da *intenção de ruptura* com o Serviço Social tradicional, cultura responsável pela reconceituação de alguns parâmetros e pressupostos que atingiram frontalmente todo o arsenal teórico-metodológico do Serviço Social conservador. Dentre os ganhos operados por essa cultura, destaque-se: a identificação do significado social da profissão no processo de produção e reprodução das relações sociais; o desvelamento da natureza contraditória da prática profissio-

---

16. É desnecessário assinalar que este giro esteve ligado à plena incorporação da formação profissional ao circuito universitário, com a emergência dos cursos de Pós-Graduação na área do Serviço Social, como exposto por José Paulo Netto em artigo publicado na Serviço Social e Sociedade n. 50 (Netto, 1996).

nal, que recebe um mandato das classes dominantes para atuar junto às classes trabalhadoras; a contestação do conceito de *situação social problema* como anomia ou desvio social, amparada pela concepção de questão social, já entendida como manifestação das desigualdades inerentes às relações capitalistas de produção; a consideração da condição de trabalhador do assistente social, donde a pertinência da categoria divisão social e técnica do trabalho para pensar o lugar da profissão; a incorporação das categorias de totalidade, movimento e contradição, inerentes ao método de Marx, superando a trilogia "estudo, diagnóstico e tratamento" como fundamento dos procedimentos metodológicos, através dos quais o Serviço Social podia conhecer e intervir na realidade.

Em termos histórico-conceituais, a expressão questão social foi utilizada para designar o processo de politização da desigualdade social inerente à constituição da sociedade burguesa. Sua emergência vincular-se-ia ao surgimento do capitalismo e à pauperização dos trabalhadores, e sua constituição, enquanto questão política, foi remetida ao século XIX, como resultado das lutas operárias, donde o protagonismo político da classe trabalhadora — à qual se creditou a capacidade de tornar públicas as suas precárias condições de vida e trabalho, expondo as contradições que marcam historicamente a relação entre o capital e o trabalho.

Em linhas gerais, esta concepção de questão social, utilizada no texto de Iamamoto, de 1982, foi retomada em 1996 para fundamentar a *Proposta Básica para o Projeto de Formação Profissional* a que já me referi, oportunidade em que a questão social foi referendada como o "elemento que dá concretude à profissão, base de sua fundação histórico-social na realidade brasileira, devendo ser a sua compreensão e análise estruturadoras dos conteúdos da formação profissional" (Cardoso et alii, 1997).

No texto publicado em 1997 e ao qual me refiro no parágrafo anterior, imediatamente após a aprovação da citada *Proposta Básica para o Projeto de Formação Profissional* na Convenção da ABESS, em 1996, em Recife, essa conceituação é referendada e tem delineado o seu campo teórico de tratamento. Ao fazerem a ressalva de que a categoria questão social não pertence ao quadro conceitual da teoria crítica, os autores do texto *Proposta Básica para o Projeto de Formação Profissional — novos subsídios para o debate* (Cardoso *et al.*, 1997, p. 15-57) — explicitam os fundamentos da concepção de questão social com base na crítica da Economia Política. Conceituam-na como expressão das desigualdades sociais no capitalismo que, de acordo com os Autores, apresentam-se de forma multifacetada na e através da questão social. E complementam:

> Deste ponto de vista, é correto afirmar que a tradição marxista empreende, desde Marx e Engels até os dias de hoje, um esforço explicativo acerca da questão social, já que o que está subjacente às suas manifestações concretas é o processo de acumulação do capital, produzido e reproduzido com a operação da lei do valor, cuja contraface é o crescimento relativo da pauperização. Esta última é expressão das contradições inerentes ao capitalismo que, ao constituir o trabalho vivo como única fonte de valor e, ao mesmo tempo, reduzi-lo progressivamente em decorrência da composição orgânica do capital — o que implica em predomínio do trabalho morto sobre o vivo —, promove a exclusão em larga escala. (Cardoso, et alii, 1997, p. 22-3)

Nem todos os interlocutores profissionais concordam com o suposto dessa afirmação[17] — mas, parece inconteste que a referência ao *trabalho*, que é também central na construção das *Diretrizes Curriculares...*, tornou-se pertinente, desde então, no trato da questão social.

A mim, nesta oportunidade, o que me importa ressaltar é que, passados mais de vinte anos desde a abordagem de Iamamoto, o vigor do debate e as polêmicas por ele abertas compõem o que denomino *debate contemporâneo do Serviço Social*. Não se trata mais, nos dias correntes, de procurar identidades, especificidades, teorias ou métodos próprios, mas, de adensar a

---

17. Cabe destacar, aqui, a posição de Netto: para ele, em texto publicado posteriormente, a noção de questão social não é matrizada pela teoria crítica de inspiração marxiana. Escreve o ensaísta que "a expressão questão social surge por volta da terceira década do século XIX para designar as condições de vida miseráveis às quais foram submetidos os trabalhadores no início do capitalismo" (2001, p. 42). Todavia, a partir da segunda metade do século XIX, a expressão desliza para o pensamento conservador, tendo como marco o período pós-1848, quando se encerra o ciclo progressista da ação da burguesia. Se, antes de 1848, a expressão conectava-se a componentes ideopolíticos derivados das lutas operárias, atados à relação de antagonismo criada entre desenvolvimento capitalista e pauperização, a partir de 1848 ela é paulatinamente apartada das suas determinações, convertendo-se em objeto de naturalização da pobreza e foco de uma reforma moral da sociedade, plasmadas no enfrentamento às manifestações da questão social, quer pelo pensamento confessional, quer pelo pensamento laico (Netto, 2001, p. 43).

discussão em torno de temas e questões que permitam particularizar a profissão de Serviço Social no conjunto das práticas sociais da sociedade burguesa, refinando a sua capacidade de conhecer, analisar e transformar o real — e, neste adensamento, o trato *forte* da questão social é um objeto inarredável.

3. Questão Social e Serviço Social

Para meus objetivos no presente texto, e valendo-me da distinção epistemológica proposta há mais de trinta anos, em escrito que considero clássico,[18] quero sustentar que, em minha análise, *a questão social apresenta-se como um problema real, a partir do qual pode ser transformada num objeto de conhecimento e intervenção, se decifrada com os aportes da teoria do valor-trabalho, pedra angular da dinâmica da acumulação capitalista.*[19]

Os fundamentos teóricos da posição aqui sustentada encontram-se em Marx. No capítulo XXIII do primeiro livro de *O capital* (Marx, 1984), quando discorre a sobre a *lei geral da acumulação capitalista*, ele oferece a chave para particularizar a participação dos trabalhadores no processo produtivo capitalista, quando perdem a sua condição de sujeitos que despendem energia e forças intelectuais para transformar os produtos da natureza em elementos úteis à vida, para se converterem em vendedores de *força de trabalho*.

Analisando a dinâmica da *lei geral de acumulação capitalista*, Marx destaca como tendência *constitutiva, imanente e necessária* ao processo de acumulação, desde o surgimento da grande indústria, a faculdade própria do capital de criar uma *força de trabalho excedente*, fenômeno que se expressa imediatamente no desemprego e noutras formas de pauperização dos trabalhadores, resultante das mudanças na *composição orgânica do capital*, que opera uma ampliação do *capital constante* e uma gradativa desvalorização

---

18. Trata-se do texto *O mito do método*, em que Miriam Limoeiro Cardoso distingue "objeto real" de "objeto de conhecimento" (Cardoso, 1971).

19. Para a discussão da teoria do valor-trabalho, tal como exposta por Marx no primeiro capítulo d'*O capital*, cf. Rubin (1980) e Rosdolsky (2002).

de sua parte variável — *capital variável* — constituída pela força de trabalho.[20] Na atualidade, os processos de reestruturação produtiva são exemplares dessa operação, posto que as empresas, ao reestruturarem seus parques industriais incorporando novas tecnologias e maquinários e reinvestindo parte do seu capital, reduzem antigos postos de trabalho, produzindo uma força de trabalho excedente que engrossa as fileiras do desemprego. É próprio do capital criar uma *superpopulação* de trabalhadores (excedentes à necessidade imediata do capital de incorporá-los à produção), que logo se transforma em parte constitutiva da dinâmica de expulsão/integração do trabalhador à produção capitalista, gerando uma população supérflua para as suas necessidades imediatas (Maranhão, 2006). Cumpre notar que essa superpopulação não resulta, essencialmente, do progresso técnico e/ou do aumento da produtividade do trabalho, mas, do invólucro social em que ambos se processam; ou, numa outra formulação:

> O *desemprego* [...] *não resulta do desenvolvimento das forças produtivas*, mas sim do desenvolvimento das forças produtivas *sob as relações sociais de produção capitalistas*. (Netto e Braz, 2006, p. 134; itálicos do original)

Mais: essa *superpopulação relativa*, longe de estar relacionada ao despreparo técnico dos trabalhadores ou aos mecanismos de gestão estatal da força de trabalho (via políticas sociais e legislação trabalhista), tal como apregoa a retórica patronal-empresarial contemporânea, se constitui, segundo Marx, na "alavanca da acumulação capitalista e, mesmo, condição de existência do modo de produção capitalista" (Marx, 1980, p. 733). Vale dizer: não há desenvolvimento capitalista sem essa superpopulação relativa — ou, dito de forma rude: não há capitalismo sem desemprego (suas *taxas* podem variar, e historicamente têm variado, mas não foi inventado, até o momento, capitalismo sem desempregados). Vejamos com um pouco mais de atenção a dinâmica desse processo.

---

20. Antes de Marx, sabe-se, a Economia Política ignorou a distinção entre *capital constante* e *capital variável*, atendo-se somente à distinção entre capital fixo e capital circulante. A descoberta marxiana das determinações do capital constante e do capital variável permitiu a compreensão teórica rigorosa do mecanismo da *exploração* como fundante da acumulação, conferindo uma nova dimensão à teoria do valor-trabalho já presente nos "clássicos" (por exemplo, Smith e Ricardo) — daí, aliás, a importância *revolucionária* que Lukács (1965, p. 33) atribui à descoberta marxiana.

Como foi observado, "todo processo social de produção é [...], ao mesmo tempo, processo de reprodução" (Marx, 1984, I, 2, p. 153). Ora, a forma típica da reprodução capitalista é aquela que Marx designou como *reprodução alargada* (ou *ampliada*), que pode ser caracterizada da seguinte maneira:

> apenas uma parte da mais-valia apropriada pelo capitalista é empregada para cobrir seus gastos pessoais; outra parte é reconvertida em capital, isto é, utilizada para ampliar a escala da sua produção de mercadorias (aquisição de máquinas novas, contratação de mais força de trabalho etc.). (Netto e Braz, 2006, p. 125)

É precisamente a essa *conversão de mais-valia em capital*, própria da reprodução capitalista, que Marx denomina de *acumulação de capital*: a "aplicação de mais-valia como capital ou retransformação de mais-valia em capital chama-se acumulação de capital" (Marx, 1984, I, 2, p. 163).

Se a acumulação — *vital* para a reprodução do sistema capitalista — é condicionada por fatores vários (por exemplo, o aumento da produtividade do trabalho, que acelera a acumulação, ou a magnitude do capital investido, que, aumentada, acresce a acumulação), é inconteste que ela depende, essencialmente, da exploração da força de trabalho: quanto maior a exploração, maior a acumulação.

Aquilo que caracteriza a acumulação capitalista é o aumento da *composição orgânica do capital* — a proporção de capital constante torna-se muito maior que a de capital variável. Vale dizer: à medida que avança a acumulação, a demanda por máquinas, instrumentos, instalações, matérias (brutas e primas) e insumos cresce num ritmo superior à demanda de força de trabalho. É por isto que

> a acumulação capitalista produz constantemente — e isso em proporção à sua energia e às suas dimensões — uma população trabalhadora adicional relativamente supérflua ou subsidiária, ao menos no concernente às necessidades de aproveitamento por parte do capital. (Marx, 1984, I, 2, p. 199)

No seguimento do trecho de *O capital* que estou citando, Marx mostra que essa superpopulação relativa adquire formas diferenciadas, das quais três são mais evidentes: a superpopulação relativa *flutuante*, composta pelos trabalhadores que, nos grandes centros industriais e mineiros, ora estão empregados, ora estão desempregados; a superpopulação relativa *latente*, que existe nas áreas rurais quando nelas se generalizam relações capitalistas e que, havendo oportunidade, migra para as cidades; e a superpopulação relativa *estagnada*, constituída por trabalhadores que jamais obtêm um emprego fixo e perambulam entre uma e outra ocupação. Afora a parcela degradada do proletariado (o *lumpem proletariado*), na base dessa superpopulação relativa estão os que vegetam na miséria e no pauperismo: órfãos, filhos de indigentes, mutilados, viúvas, enfermos, trabalhadores que há muito não encontram emprego etc. — diz Marx que o pauperismo em que esta massa sobrevive "constitui o asilo para os inválidos do exército ativo de trabalhadores e o peso morto do exército industrial de reserva" (*idem*, p. 209).

A existência do exército industrial de reserva — categoria teórica que certo pós-marxismo considera inadequada ao capitalismo contemporâneo e que, eventualmente, advoga sua substituição pela expressão "desemprego estrutural" — tem nítidas funções econômicas, também estudadas por Marx em *O capital*. Dentre elas, a mais importante, sem dúvidas, é a pressão que exerce no sentido de forçar os salários para patamares *inferiores*, permitindo ao capital incrementar a exploração da força de trabalho. Marx chega mesmo a anotar que, *grosso modo*, "os movimentos gerais do salário são exclusivamente regulados pela expansão e contração do exército industrial de reserva" (*idem*, p. 204).[21] E, como já observei, mesmo sendo parte constitutiva da reprodução ampliada do capital, ele possui particularidades e o seu crescimento ou sua diminuição carrega a marca histórica do estágio econômico em que se concretiza, posto que, "a cada novo estágio do seu desenvolvimento, a dinâmica societária [capitalista] instaura expressões sócio-humanas diferenciadas e mais complexas, correspondentes à intensificação da exploração que é sua razão de ser" (Netto, 2001, p. 48).

---

21. Acrescentam os autores de livro recente, que venho citando: "Mas a existência do exército industrial de reserva cumpre mais que essa importantíssima função; por exemplo, ela oferece ao capital um volume de força de trabalho que pode ser mobilizado a qualquer momento, recrutado para um ramo de produção que experimenta uma conjuntura favorável e até mesmo deslocado geograficamente, em processos migratórios, para atender a demandas de empreendimentos capitalistas temporários. *Assim, se esse exército industrial de reserva inicialmente resulta da acumulação capitalista, torna-se em seguida indispensável ao prosseguimento dela; por isto mesmo, constitui um componente inelminável da dinâmica capitalista*" (Netto e Braz, 2006, p. 135; os itálicos não constam do original).

O exame de estágios históricos distintos da dinâmica capitalista demonstra a correção dessa última assertiva. Pense-se, por exemplo, no período do Estado de Bem-Estar Social e na da atual *acumulação flexível* — em ambos, as sensíveis diferenças nas *taxas de desemprego* (uma vez que nas duas fases registra-se a *existência* do exército industrial de reserva) deveram-se não só às funções econômicas que o exército industrial de reserva desempenha, mas, ainda, e relevantemente, às complexas mediações postas — no quadro das lutas de classes — pela capacidade de organização política dos trabalhadores e pelas modalidades da intervenção/regulação do Estado.

Na trilha dessas indicações reconheço que, na abertura do século XXI, persistem as contradições fundantes da pauperização dos trabalhadores e, portanto, a reprodução das desigualdades sociais, *mas novas situações surgem, assim como novos métodos de enfrentamento*. Neste sentido, não apenas as situações que seriam designadas como configuradoras da questão social se alteram, como se altera a própria definição de questão social vis-à-vis as novas modalidades do seu enfrentamento . Pode-se, por exemplo, destacar as políticas compensatórias, dentre elas, os programas de renda mínima, como uma estratégia que, ao transformar os desempregados e subempregados em clientela da assistência social, banem o direito ao trabalho da pauta dos trabalhadores, substituindo-o pelo acesso a uma renda mínima de sobrevivência (Silva e Silva, 1997). Este é um aspecto ao qual me atenho para mostrar como tem se dado o deslizamento da raiz do fenômeno e da noção de questão social para as genéricas designações de "exclusão", pobreza, combate à fome etc.

Como já aludi, as transformações ocorridas nos processos e nas relações de trabalho afetaram profundamente a composição e a prática político-organizativa dos trabalhadores, revelando que este componente decisivo na qualificação da questão social como aspecto da luta político-revolucionária do proletariado pela superação das suas precárias condições de vida e trabalho, e que se constituiu numa ameaça à ordem burguesa, sofre significativas inflexões. Uma referência importante aqui é, por exemplo, a idéia de *economia solidária* ou das modernas cooperativas de trabalho que se colocam como alternativas à produção capitalista — quando a elas estão totalmente integradas. Assim, emergem como pautas de reivindicação o crédito popular, formas alternativas de comercialização de produtos, a questão da formalização do trabalho etc. (Tavares, 2004).

Em conseqüência, a despeito das raízes da questão social mergulharem nas relações sociais dominantes e vigentes na sociedade capitalista, o uso da expressão como referência das múltiplas manifestações da desigualdade acaba por trair seu significado histórico, uma vez que as manifestações fenomênicas da pobreza terminam por ser apartadas das suas determinações. *Por trás da extensão semântica do conteúdo da expressão questão social — que agora passa a recobrir as incontáveis emersões da desigualdade — , o que se articula é uma armadilha teórica e ideológica que, ademais de desistoricizar e descontextualizar a problemática que funda a existência real (ou, para tomar a formulação com que se abre este item, o problema real) da questão social, desloca o seu enfrentamento para o nível dos epifenômenos a ela conectados.*

O celebrado pensador social-democrata Pierre Rosanvallon, muito lido — inclusive em amplos segmentos do Serviço Social brasileiro — no debate da questão social, desde que publicitou a equívoca e equivocada noção de *nova questão social* (Rosanvallon, 1998), é um claro exemplo desse deslocamento. Basta recordar que sua análise da crise do *Welfare State* (denominado, na tradição francesa, de *Estado Providênciae com a qual ele trabalha)* centra-se não no esgotamento de um dado padrão de acumulação capitalista, mas na concepção segundo a qual se exauriu um determinado "contrato social". Conseqüentemente, para enfrentar a *nova pobreza* ou a *nova questão social* é necessário reinstituir o *Estado Providência*, criando novas bases de solidariedade e definindo novos direitos sociais, responsáveis pela construção de um novo contrato social.

Suas argumentações estão amparadas em dois supostos: o da crise do *Estado Providência* — como uma questão afeta ao financiamento e ao modelo de proteção social que vigeu até os anos 80; e o de que os fenômenos atuais, indicativos de novas desigualdades sociais, não se enquadram nas antigas categorias de exploração do homem, interpelando a sociedade para reinstituir novos direitos de inserção e solidariedade sociais. (Rosanvallon, 1998, p. 23).

Afirma que o crescimento do desemprego e das novas formas de pobreza, ao tempo em que são responsáveis pela implosão dos históricos modelos de proteção social, típicos do *Welfare State* ou do *Estado Providên-*

cia, também o são pela configuração de uma *nova questão social*. Em texto publicado em 1997, já dizia que, além das desigualdades prevalecentes, surgiam novas desigualdades, como as condutas incivis, resultantes da desagregação do modelo familiar, de novas formas de violência, expressões da crise da civilização e do indivíduo (Fitoussi e Rosanvallon, 1997).

Ao apartar a questão social das suas determinações históricas, Rosanvallon deposita em *um novo "contrato social"* — portanto, na esfera "cultural" e superestrutural — os mecanismos de seu enfrentamento, destacando a renda mínima de inserção como expressão do que denomina de direito individual de inserção (Rosanvallon, 1998, p. 131-2). Textualmente, advoga que a consideração da *nova questão social* "obriga à reconsideração das expressões habituais do contrato social, a reformular a definição do que é justo e eqüitativo,[22] a reinventar as formas da solidariedade social" (Rosanvallon, 1998, p. 26).

De outro calibre teórico é a obra de Robert Castel (1998), cuidadoso pesquisador acadêmico — mas, seu empenho historiográfico para reconstruir "uma crônica do salário", se não resvala para o culturalismo de Rosanvallon, acaba por diluir a concreta historicidade da questão social. Ao definir a questão social como "uma aporia fundamental sobre a qual uma sociedade experimenta o enigma de sua coesão e tenta conjurar o risco de sua fratura" (Castel, 1998, p. 30), este autor abre a via para tematizá-la para além e para aquém da ordem do capital — é possível localizar questão social em *qualquer* sociedade onde contradições e tensões ponham em jogo os vínculos sociais.

Embora admita a existência de uma *nova questão social* (Castel, 1998, p. 34), Robert Castel, diferentemente de Rosanvallon, trabalha com outra referência teórico-metodológica, afirmando a centralidade do trabalho na formação da sociabilidade e concebendo "uma forte correlação entre o lugar ocupado na divisão social do trabalho e a participação nas redes de sociabilidade e nos sistemas de proteção que "cobrem" um indivíduo diante dos acasos da existência" (Castel, 1998, p. 24). Situa essa correlação entre traba-

---

22. Destaco aqui a compatibilidade entre as posições de Rosavanllon e o que está sendo proposto pelo Banco Mundial no Relatório sobre o Desenvolvimento Mundial 2006, cuja ênfase recai no papel da equidade no processo de desenvolvimento.

lho e sociabilidade (p. 593-594) a partir da recuperação histórica das "relações entre a precariedade econômica e a instabilidade social" (p. 25), identificando as metamorfoses da questão social. "A questão social torna-se a questão do lugar que as franjas mais dessocializadas dos trabalhadores podem ocupar na sociedade industrial. A resposta para ela será o conjunto dos dispositivos montados para promover a sua integração". O autor problematiza essa última afirmação ao indagar sobre as respostas que o *"Estado social"* dá, na atualidade, à "questão social", numa conjuntura em que os processos sociais vigentes (leia-se o trabalho, suas condições e relações) entram em contradição com a lógica prática e filosófica do sistema de proteção social. Na sua *crônica do salário*, afirma Castel,

> O salariado acampou durante muito tempo às margens da sociedade; depois aí se instalou, permanecendo subordinado; enfim, se difundiu até envolvê-la completamente para impor sua marca por toda a parte. Mas é exatamente no momento em que os atributos vinculados ao trabalho para caracterizar o status que situa e classifica um indivíduo na sociedade pareciam ter-se imposto definitivamente, em detrimento dos outros suportes da identidade, como o pertencimento familiar ou a inscrição numa comunidade concreta, que essa centralidade do trabalho é brutalmente recolocada em questão. (Castel, 1998, 495-6)

No contexto atual, essa determinação originária das mudanças no mundo do trabalho, segundo o autor citado, é responsável pelo aumento dos miseráveis e dos excluídos, ou seja, dos "trabalhadores sem trabalho", questão fundamental que enfraquece a sociedade salarial, donde a emergência de uma "nova questão social".

Ao criticar o conceito de exclusão, Castel adota o de *desfiliação em massa* para designar uma nova problemática social que precisa ser enfrentada através de inovadoras estratégias de inserção, já que as antigas políticas de seguridade social baseadas na centralidade do trabalho assalariado são impensáveis numa sociedade que caminha para uma "individualização social" sem precedentes.

Embora por vetores de análise distintos, as construções de Rosanvallon (1998) e Castel (1998), longe de serem, respectivamente, tão-somente análises de cunho culturalista ou histórico-antropológica dos processos sócio-históricos, expõem, com clareza inconteste, seus referenciais ideopolíticos: baniram do horizonte histórico e teórico qualquer possibilidade de ruptura com a ordem social vigente. E mais, dotam a crise capitalista de um caráter genérico, sem classes, como um problema de todos e não como uma crise do projeto de sociabilidade do capital, sustentado pela hegemonia da classe dominante. No caso de Castel, a riqueza histórica da pesquisa e da sua problematização se esvai numa conclusão muito aquém da sua indagação original: a possibilidade de encontrar respostas para as novas configurações da questão social a partir de reformas do Estado Social.

Nos termos em que me refiro para comentar o pensamento de Rosanvallon e Castel é mister destacar que as suas construções se afastam e, no caso de Rosanvallon, radicalmente, das referências à questão social inscritas no texto das Diretrizes. De outra forma, aquelas elaborações passam a ter grande peso no âmbito do Serviço Social pela identidade que têm com as tendências atuais da política social brasileira, particularmente a centralidade dada à Assistência Social. Por isso, corroborando com o nosso argumento central neste texto, elas reduzem a questão social às manifestações da pobreza e consideram o seu enfrentamento como uma questão afeta às políticas de inserção.

Não me parece, tudo isso posto, que se possa, legítima e produtivamente, considerar questão social como uma *categoria heurística* ou, num estatuto epistemológico diferente, um *conceito*. Entendo, alternativamente, *que a questão social deva ser situada como uma "problemática" que, no universo temático do Serviço Social, designe um conjunto de questões reveladoras das condições sociais, econômicas e culturais em que vivem as classes trabalhadoras na sociedade capitalista*. Esta clara limitação não impediria, antes, estimularia para que nossa atenção recaísse sobre *o conhecimento da gênese, da constituição e dos processos de reprodução da questão social* — Estes, sim, componentes centrais da formação profissional que não podem ficar apenas presumidos nas evidências factuais. Se, como se constatou no item anterior, as polêmicas acerca da questão social no Serviço Social brasileiro estão condicionando a direção da formação, a pontuação que acabo de propor ganha um significado relevante. Ressalvo, enfaticamente, que ela nada tem a ver com uma pretensa teoria específica da questão social, mas sim com uma rigorosa qualificação do que nos referimos quando afirmamos que é a questão social que dá concretude ao Serviço Social.

Em resumidas contas, entendo que, embora o significado dessa expressão seja político e um ponto de partida para a apreensão do real, ela *não* se constitui numa categoria que, como pode parecer, encerra múltiplas determinações do real. Está carregada de significados políticos e saturada de evidências factuais e empíricas; porém, não oferece recursos heurísticos que a dotem da condição de categoria simples e geral.[23]

Esse estatuto epistemológico, longe de qualquer leviandade acadêmica, vem se apresentando em muitas produções docentes, discentes e em documentos oficiais, quando o objetivo é se referir ao *ranking* do IDH, à insuficiência das políticas sociais ou mesmo às mais diversas necessidades e expressões da pobreza. Na verdade, a expressão questão social tem comportado significados distintos no debate profissional, dentre eles, como sinônimo de "exclusão social", de problemática social, de pobreza, de desproteção social ou ausência de direitos etc.

É claro que não se trata de uma questão apenas epistemológica e sim, sobretudo, teórico-metodológica — porque a extensão política da expressão questão social não transbordou, com o mesmo peso, para a sua extensão teórica. Neste campo, são vários os fatores que imprimiram vulnerabilidade aos aportes conceituais da questão social: desde uma clara opção pelo pensamento conservador e pós-moderno até uma escassa produção intelectual da tradição crítica do Serviço Social sobre o tema vis-à-vis ao peso e à penetração que tiveram outras produções nas bibliografias profissionais, como os textos de Rosanvallon e Castel. Têm contribuído, para tanto, o agravamento da pobreza, as injunções dos organismos internacionais e as demandas profissionais que interpelam o Serviço Social no sentido de dar respostas políticas e instrumentais no campo da formulação e implementação de políticas sociais, dentre elas a da assistência social, sob o argumento do enfrentamento da questão social.

A posição que defendo aqui, entretanto, não elide o fato de que o uso da expressão questão social, particularmente no Serviço Social, tenha sido e seja objeto de atualização no que tange ao seu significado histórico. Isso não implica, obrigatoriamente, uma afinidade com o pensamento conser-

---

23. O leitor informado seguramente observará que me atenho às categorizações próprias a Marx (1974, esp. p. 122-129).

vador, apesar de vulnerabilizar seu aporte teórico — como vem acontecendo com as aporias sobre a emergência, já mencionada, de uma *nova questão social*.

Ainda que a literatura profissional — de resto, insuficiente para o peso que tem a expressão no universo acadêmico e profissional do Serviço Social — venha empreendendo um esforço intelectual para "saturar" a expressão de um significado crítico, na atualidade, ela encerra novas designações, para além daquela original, como é o caso das *manifestações objetivas da desigualdade*. Se assim for, poderíamos afirmar que a expressão questão social vem se constituindo numa referência empírica que, sem dúvida, tem o mérito de interpelar as determinações histórico-estruturais dos fenômenos singulares, mas o que ganha em densidade empírica pode perder em substância histórica e teórica.

Evidentemente, não nego que a questão social é o âmbito da intervenção do Serviço Social — mas insisto em que temos que ponderar sobre as implicações dessa espécie de reconceituação, principalmente quando se considera que a questão social é estruturadora dos conteúdos da formação profissional.

4. Questão Social — alternativas: administração na ordem/ superação da ordem

No Brasil, também a materialização da questão social enquanto marco político da intervenção das classes e do Estado acompanha os primeiros passos do capitalismo monopolista, em função da constituição da sociedade urbano-industrial e da consolidação da intervenção do Estado — que, entre nós, rompe com as propostas liberais clássicas a partir dos anos 30. É neste âmbito que as condições de vida e trabalho dos trabalhadores migram do ambiente privado e familiar para a esfera pública, através de lutas e movimentos sociais, exigindo o seu reconhecimento enquanto necessidades de classe, razão de serem tratadas como questão social.

Contudo, não se pode omitir o fato de que no Brasil, originalmente, essa publicização das necessidades dos trabalhadores foi encarada como uma "questão de polícia", em face do caráter repressor e geneticamente reacionário da burguesia brasileira. Ela somente se insere no campo da política — como contestação da ordem ou objeto de reformas — quando o desenvolvimento das forças produtivas e a conseqüente, mas nunca automática, constituição da *classe para si,* contém um potencial de ameaça à propriedade e ao processo de produção da riqueza. Foi neste contexto que emergiram as chamadas formas de enfrentamento da questão social, cujos principais mecanismos foram a legislação trabalhista, sindical e social (Vianna, 1978; Carvalho, 1995).

Ora, tornou-se lugar-comum na literatura dispensar um tratamento unívoco ao que se vem chamando de mecanismos de enfrentamento da questão social: a instituição de direitos protetivos, materializados na oferta de bens e serviços sociais, enfim, das políticas sociais. Este modo pragmático, e mais que isso, programático, de enfrentamento da questão social — amplamente trabalhado pelo Serviço Social — comporta um grande paradoxo: *o tratamento histórico-conceitual se descola do plano prático-operativo.* Mesmo considerando a relação dialética entre conhecimento e realidade ou, mais que isso, que a história se desenvolve sob determinadas condições objetivas, caberia de fato indagar sobre as mediações que conectam o Serviço Social à questão social, entendida como inerente ao processo de acumulação capitalista e os seus rebatimentos sobre os trabalhadores.

Observe-se que, se a discussão sobre questão social e Serviço Social for restrita ao reconhecimento das necessidades do trabalho profissional no limite das políticas sociais, a sua conceituação como problemática afeta à dinâmica capitalista torna-se um conceito formal-abstrato em relação aos propósitos originais da redefinição da formação profissional nos anos 90. Se optarmos por tratar radicalmente o conceito, apreendendo sua origem e desdobramentos atuais, deparamo-nos com outra questão: o único modo de enfrentar a questão social é adensar a ação do Serviço Social junto às lutas sociais revolucionárias, alternativa que se confrontaria com os limites da divisão sociotécnica do trabalho, já que estamos falando de uma atividade profissional. Mas, como a realidade não pode ser enquadrada em formatações e deduções lógicas e sim apreendida através da identificação das suas contradições, o que podemos defender *é que, apesar das determinações sociais da profissão, é possível imprimir uma direção social estratégica à prática profissional, expressa numa direção intelectual e política inclusiva.*

A rigor, não existem — do ponto de vista histórico, político e teórico — muitas alternativas para pensar a natureza do enfrentamento da questão social. Pode-se, de fato, falar apenas de duas tendências gerais: sua *administração no interior da ordem burguesa* — demarcada pela implementação de reformas sociais e morais, tanto mais "eficientes" quanto mais ancoradas tecnicamente — ou a sua *superação* como uma prática que transforma não a questão social em si, mas a ordem social que a determina. É evidente que tais tendências gerais se constituem e se explicitam no âmbito da política e da economia, sob condições históricas muito precisas. Contudo, implicam em escolhas ético-políticas e em uma direção ideológica referenciada por um *projeto político de classe* — e que, mormente no que toca à tendência superadora, para sua realização, requer rigorosa análise da realidade e delineamento de estratégias de luta, balizadas pelas possibilidades contidas nas condições históricas existentes. Lutas que, longe de serem profissionais, são *sociais*, apesar das profissões terem um papel a desempenhar no seu marco.

E, como a razão lógica não se confunde com a razão histórica, apesar da primeira ser o único mecanismo que pode apanhar o movimento da segunda (Engels, *in* Marx e Engels, 1961), penso que as categorias de *contradição* e *mediação* são os principais aportes teórico-metodológicos que nos permitiriam entender a *natureza eminentemente contraditória da profissão* e a *esfera da política como a principal mediação da atuação profissional*. Neste sentido, os dois planos anteriormente referidos — o campo das políticas sociais e dos direitos e a luta pela superação da sociedade capitalista — adquiririam outros significados.

Então, seriam as categorias de *emancipação política* e *emancipação humana* (Marx, 1997) que se constituiriam em corolário para amparar nossas elaborações, sem que entre elas existam equalizações, etapismos ou hierarquias. São categorias reflexivas, históricas e ontológicas distintas, mas, que podem se constituir em pontes teóricas e objetivas que nos auxiliem, seja a fugir do conceito vulgar de enfrentamento da questão social tão caro à ordem burguesa, seja também para evitar a fetichização do *Welfare State*, da política social ou da solidariedade indiferenciada entre classes antagônicas.

Isto significa pensar a relação entre Serviço Social e questão social sem atrelá-la exclusivamente à luta pelos direitos e pelas políticas públicas, que

— *fundamentais e necessários à sociabilidade e materialidade do trabalho nessa quadra histórica* — não cancelam o ideário emancipatório da humanidade. Aqui, estou falando de política e de teoria, posto que, além de consciência política, *é mister o conhecimento teórico para entender que não se pode enfrentar a questão social sem enfrentar o capitalismo.*

Diante deste alerta e frente a qualquer tentação de conceituar com ligeireza as situações históricas como fatos sociais novos/emergentes, é preciso reafirmar que são as mudanças nas estratégias de acumulação e reprodução da ordem capitalista, mediadas pela ação das classes e do Estado, que estão imprimindo configurações que ora reproduzem, ora atualizam as manifestações da velha e imanente contradição da sociedade capitalista. Do contrário, seríamos compelidos a uma concepção conservadora, empirista e positivista, seja por pensar o estrutural como episódico, seja por tornar o que é estrutural em conjuntural ou, até mesmo, natural. Nos dois casos, testemunha-se uma banalização da expressão questão social.

Se esta linha de reflexão e argumentação estiver correta, dada a imanência da questão social ao processo capitalista de reprodução social, as novas formas de acumulação e as inflexões por elas produzidas nas transformações em curso parecem afetar mais diretamente os meios de enfrentamento da questão social do que propriamente as determinações estruturais que historicamente a moldaram. *O que está posto na agenda contemporânea (e, mais largamente, no horizonte sociocultural) são outras formas de conceituar e tratar a questão social, através de uma nova reforma social e moral conduzida pela burguesia contemporânea.* As tendências em curso chegam ao extremo de imaginar que é bastante ter políticas sociais para suprimir "a questão social" ou, como querem outros, que é suficiente que o Estado reconheça o direito de homens e mulheres das classes subalternizadas a atenderem suas necessidades sociais, transformando-os em cidadãos, para que também a questão social seja solucionada — é este, aliás, o substrato do *novo contrato social* à moda de Rosanvallon.

As frações dirigentes da classe dominante — paralelamente à crise político-organizativa dos que vivem do seu trabalho — constroem, na atualidade, uma *outra* reforma social e moral; não mais sustentada pelo pacto fordista-keynesiano, mas orientada pelo neoliberalismo e pelo neocontratualismo, hipotecando à sociedade, ao mercado e às políticas de combate à pobreza a solução para o enfrentamento do pauperismo. Por isso mesmo, também as novas conceituações de questão social passam a ser chaves para esgarçar qualquer tentativa de vinculação entre pobreza e acumulação da riqueza.

Ocorre um verdadeiro *transformismo* (para continuar retomando a inspiração gramsciana) nos conteúdos que informam a questão social, passando a mesma a adquirir novos significados, tais como: questão social como exclusão; questão social como objeto da política social; questão social como ausência de cidadania e direitos sociais; questão social como desemprego.

Todas essas tendências estão subjacentes às respostas presentes no conjunto dos programas e iniciativas vigentes na atual conjuntura brasileira: só para lembrar, refiro-me ao neo-solidarismo, à refilantropização, à política dos mínimos sociais, aos projetos de emprego e renda, à emulação do empreendedorismo, ao binômio privatização/ assistencialização da seguridade social (Mota, 1995), para falar do que está no nosso cotidiano.

Em minha análise e avaliação, este conjunto de abordagens pragmáticas da questão social é responsável por um dado modo do seu enfrentamento — modo constituidor da hegemonia do capital, formador de cultura e que se espraia no Serviço Social como possibilidade de tratamento teórico e, especialmente, de proposições de enfrentamento da questão social dentro da ordem, dando corpo e substância à reforma social e moral levada a efeito, contemporaneamente, pela burguesia. É nesta encruzilhada que se encontra a relação entre questão social e Serviço Social.

E é precisamente aqui que ganham relevo as dificuldades e tensões que perpassam a intervenção sociopolítica através da atividade profissional, posto que a divisão social do trabalho medeia a relação do Serviço Social com os instrumentos e formas institucionais de enfrentamento da questão social. A tensão entre intervenções políticas mediatas e horizonte ético-político se reflete na cultura profissional e aponta para a necessidade de fortalecermos o núcleo teórico, estratégico e político da nossa profissão. Por isto mesmo, uma relação até agora pouco discutida — aquela entre questão social e o projeto ético-político, hegemônico no Serviço Social brasileiro — deve demandar atenção nos debates profissionais.

Referências bibliográficas

ABENDROTH, W. *A história social do movimento trabalhista europeu*. Rio de Janeiro: Paz e Terra, 1977.

ABESS/CEDEPSS. Diretrizes Gerais para o Curso de Serviço Social (com base no currículo aprovado em Assembléia Geral Extraordinária de 8 de novembro de 1996). In *Cadernos ABESS*, edição especial, n. 7. São Paulo: ABESS/CEDEPSS e Cortez Editora, 1997.

ALVES, G. *O novo (e precário) mundo do trabalho*. Reestruturação produtiva e crise do sindicalismo. São Paulo: Boitempo, 2000.

AMARAL, A. S. *Qualificação dos trabalhadores e estratégia de hegemonia*: o embate de projetos classistas. Tese de doutorado. Programa de Pós-Graduação em Serviço Social. Universidade Federal do Rio de Janeiro, 2006.

AMIN, S.; HOUTART, F. (orgs.). *Fórum Mundial das Alternativas*. Mundialização das resistências. O estado das lutas/2003. São Paulo: Cortez, 2003.

ANTUNES, R. (org.). *Neoliberalismo, trabalho e sindicatos*. Reestruturação produtiva no Brasil e na Inglaterra. São Paulo: Boitempo, 2002.

_____. *Riqueza e miséria do trabalho no Brasil*. São Paulo: Boitempo, 2006.

_____. *Os sentidos do trabalho*. São Paulo: Boitempo, 1999.

BANCO MUNDIAL. *Relatório sobre o Desenvolvimento Mundial*: Eqüidade e Desenvolvimento. Washington, DC: Banco Mundial, 2006.

BIRH, A. *Da grande noite à alternativa*. O movimento operário europeu em crise. São Paulo: Boitempo, 1998.

BRAGA, R. *A restauração do capital*. Um estudo sobre a crise contemporânea. São Paulo: Xamã, 1996.

CARDOSO, I. C. C. et alii. Proposta Básica para o Projeto de Formação Profissional — novos subsídios para o debate. *Cadernos ABESS*. São Paulo: Cortez, n. 7, 1997.

CARDOSO, M. L. *O Mito do Método*. Rio de Janeiro, mimeo, 1971.

CARVALHO, J. M. *Desenvolvimiento de la ciudadanía en Brasil*. México: Fondo de Cultura Económica, 1995.

CASTEL, R. *As Metamorfoses da questão social*. Uma crônica do salário. Petrópolis: Vozes: 1998.

CBCISS. *Teorização do Serviço Social*. Rio de Janeiro: Centro Brasileiro de Cooperação e Intercâmbio de Serviços Sociais, 1986.

_____. *Teorização do Serviço Social*. Rio de Janeiro: Centro Brasileiro de Cooperação e Intercâmbio de Serviços Sociais, 1988.

CLAUDÍN, F. *Marx, Engels y la Revolución de 1848*. México: Siglo XXI, 1975.

COUTINHO, C. N. *O estruturalismo e a miséria da razão*. Rio de Janeiro: Paz e Terra, 1972.

DUMENIL, G.; LÉVY, D. O imperialismo na era neoliberal. In: *Políticas Sociais: Alternativas ao Neoliberalismo*. Brasília: Gráfica e Editora Kaco, 2004.

DUQUE-ARRAZOLA, L. S. O sujeito feminino nas políticas de Assistência Social. In: *O mito da Assistência Social*: Ensaios sobre estado, política e sociedade. Recife: Ed. Universitária da UFPE, 2006

ENGELS, F. *Do socialismo utópico ao socialismo científico*. Lisboa: Estampa, 1976.

_____. *A Situação da Classe Trabalhadora na Inglaterra*. São Paulo: Global, 1986.

ESTENSSORO, L. *Capitalismo, desigualdade e pobreza na América Latina*. 2003. Tese (doutorado em Serviço Social) — Universidade de São Paulo, São Paulo, 2003.

FITOUSSI, J. P.; ROSANVALLON, P. *La nueva era de las desigualdades*. Buenos Aires: Manantinal, 1997.

FLORADORI, G.; PIERRE, N. *Sustentabilidad, desacuerdos sobre el desarrollo sustentable*. México: Universidad Autónoma de Zacatecas, Miguel Angel Porrúa Ed., 2005.

FOLADORI, G. *Limites do desenvolvimentismo sustentável*. São Paulo: Editora Unicamp, 2001.

GOUNET, T. *Fordismo e toyotismo na civilização do automóvel*. São Paulo: Boitempo, 1999.

HARVEY, D. *Condição pós-moderna*. São Paulo: Loyola, 1996.

_____. *O novo imperialismo*. São Paulo: Loyola, 2004.

HOBSBAWM, E. J. *A Era das Revoluções*. 1789-1848. Rio de Janeiro: Paz e Terra, 1988.

HUSSON, M. *Miséria do capital*. Lisboa: Terramar, 1999.

IAMAMOTO, M. V.; CARVALHO, R. *Relações Sociais e Serviço Social no Brasil*. São Paulo: Cortez/CELATS, 1982.

IAMAMOTO, M. V.; CARVALHO, R. *O Serviço Social na contemporaneidade*. São Paulo: Cortez, 1998.

_____. *Serviço Social em Tempo de Capital Fetiche*. São Paulo: Cortez, 2007.

KATZ, C. *Integración o Unidade latinoamericana*. Pagina de Claudio Katz. Publicado em 14.03.2008. Disponível em: <http://katz.lahaine.org>. Acesso em: 19 abr. 2008.

KEYNES, J. M. *Teoria geral do emprego, do juro e do dinheiro*. São Paulo: Abril Cultural, 1983.

KRISCHKE, P. J. (Org.). *O contrato social*. Ontem e hoje. São Paulo: Cortez, 1993.

KUCINSKI, B.; BRANFORD, S. *A ditadura da dívida*. São Paulo: Brasiliense, 1987.

LANDES, D. S. *Prometeu Desacorrentado*. Transformação tecnológica e desenvolvimento industrial na Europa ocidental, desde 1750 até a nossa época. Rio de Janeiro: Nova Fronteira, 1994.

LESSA, S. Serviço Social e Trabalho: do que se trata? *Temporalis*. Brasília: ABEPSS, v. 1, n. 2, jul./dez. 2000.

LUKÁCS, G. *História e Consciência de Classe*. Estudos sobre a dialética marxista. São Paulo: Martins Fontes, 2003.

MACEDO, G. Aproximação ao Serviço Social como complexo ideológico. *Temporalis*. Brasília: ABEPSS, v. 1, n. 2, jul./dez. 2000.

MACPHERSON, C. B. *A teoria política do individualismo possessivo*. Rio de Janeiro: Paz e Terra, 1979.

MANDEL, E. *O capitalismo tardio*. São Paulo: Abril Cultural, 1982.

_____. *A crise do capital*. Os fatos e sua interpretação marxista. São Paulo/Campinas: Ensaio/Unicamp, 1990.

MARANHÃO, C. H. Acumulação, trabalho e superpopulação: crítica ao conceito de exclusão social. In: *O Mito da Assistência Social*: Ensaios sobre Estado, Política e Sociedade. Recife: Ed. Universitária da UFPE, 2006.

MARQUES, R. M. *A Proteção Social e o Mundo do Trabalho*. São Paulo: Bienal, 1997.

MARX, K.; ENGELS, F. *Obras escolhidas em três volumes*. Rio de Janeiro: Vitória, 1, 1961.

MARX, K. *O 18 Brumário e Cartas a Kugelmann*. Rio de Janeiro: Paz e Terra, 1969.

_____. *Introdução à crítica da economia política*. Manuscritos econômico-filosóficos e outros textos escolhidos. São Paulo: Abril Cultural, 1974.

MARX, K. *O Capital*. Crítica da economia política. Rio de Janeiro: Civilização Brasileira, livro I, v. I, 1980.

_____. *O Capital*. Crítica da economia política. Rio de Janeiro: Civilização Brasileira, livro I, v. II, 1980.

_____. *O Capital*. Crítica da economia política. São Paulo: Abril Cultural, t. I, v. 1, 1983.

_____. *O Capital*. Crítica da economia política. São Paulo: Abril Cultural, t. I, v. 2, 1984.

_____. *O Capital*. Crítica da economia política. Rio de Janeiro: Civilização Brasileira, livro I, v. I e II, 1998.

_____. *As lutas de classes na França (1848-1850)*. São Paulo: Global, 1986.

MÉDA, D. *O trabalho*. Um valor em vias de extinção. Lisboa: Fim de Século, 1999.

MELLO, A. F. de. *Marx e a globalização*. São Paulo: Boitempo, 1999.

MISRHA, R. *O Estado-Providência na sociedade capitalista*. Oeiras: Celta, 1995.

MOTA, A. E. *Cultura da crise e Seguridade Social*. Um estudo sobre as tendências da previdência e da assistência social brasileira nos anos 80 e 90. São Paulo: Cortez, 1995.

_____. Seguridade Social Brasileira: desenvolvimento histórico e tendências recentes. In: *Serviço Social e Saúde*. São Paulo: Cortez, 2006.

_____. (Org.). O Fetiche da Assistência Social: um debate necessário. In: *O mito da Assistência Social*: ensaios sobre Estado, Política e Sociedade. Recife: Ed. Universitária da UFPR, 2006.

NETTO, J. P.; BRAZ, M. *Economia política*. Uma introdução crítica. São Paulo: Cortez, 2006.

NETTO, J. P. Serviço Social e a tradição marxista. *Serviço Social & Sociedade*. São Paulo: Cortez, n. 30, abr. 1989.

_____. *Ditadura e serviço social*. Uma análise do Serviço Social no Brasil pós-64. São Paulo: Cortez, 1990.

_____. *Crise do socialismo e ofensiva neoliberal*. São Paulo: Cortez, 1993.

_____. Cinco notas a propósito da "Questão Social". *Temporalis*. Brasília: ABEPSS/Grafine, 2001.

NETTO, J. P. Notas sobre a reestruturação do Estado e a emergência de novas formas de participação da sociedade civil. In: *Política Social: Alternativas ao Neoliberalismo*. Brasília: Gráfica e Editora Kaco, 2004.

_____. Transformações societárias e Serviço Social — notas para uma análise prospectiva da profissão no Brasil. *Serviço Social e Sociedade*, n. 50. São Paulo: Cortez, 1996.

PASSET, R. *A ilusão neoliberal*. Rio de Janeiro: Record, 2002.

PETRAS, J. *La izquierda contraataca*: Conflitos de clases en América Latina en la era del neoliberalismo. Madrid: Ediciones Akal, 2000.

PNUD. *Human development report 2001*. New York: Oxford University Press, 2001.

_____. *Relatório do Desenvolvimento Humano 2005*. Lisboa: Ana Paula Faria Editora, 2005.

PRZEWORSKY, A. *Capitalismo e social-democracia*. São Paulo: Cia. das Letras, 1991.

QUIROGA, C. *Invasão positivista no marxismo*. São Paulo: Cortez, 1991.

RAMOS, M. H. R.; GOMES, M. F. C. *Trabalho Produtivo e Trabalho Improdutivo*: uma contribuição para pensar a natureza do Serviço Social enquanto prática profissional. Temporalis. Brasília: ABEPSS, v. 1, n. 2, jul./dez. 2000.

REZENDE, P.; TAFNER, P. (Orgs.). *Brasil*: o estado de uma nação. Brasília: IPEA, 2005.

ROSANVALLON, P. *A nova questão social*. Brasília: Instituto Teotônio Vilela, 1998.

ROSDOLSKY. R. *Gênese e Estrutura de O capital de Karl Marx*. Rio de Janeiro: Contraponto, 2002.

RUBIN, I. *A teoria marxista do valor*. São Paulo: Brasiliense, 1980.

SADER, E.; GENTILI, P. (Orgs.). *Pós-neoliberalismo*. As políticas sociais e o Estado democrático. Rio de Janeiro: Paz e Terra, 1995.

SALAMA, P.; VALIER, J. *Uma introdução à economia política*. Rio de Janeiro: Civilização Brasileira, 1975.

SILVA E SILVA, M. O. (Org.). *O Serviço Social e o popular*: resgate teórico-metodológico do projeto profissional de ruptura. São Paulo: Cortez, 1995.

_____. *Renda mínima e reestruturação produtiva*. São Paulo: Cortez, 1997.

TAVARES, M. A. *Os fios (In)visíveis da produção capitalista*: informalidade e precarização do trabalho. São Paulo: Cortez, 2004.

THOMPSON, E. P. *A formação da classe operária inglesa*. A força dos trabalhadores. Rio de Janeiro: Paz e Terra, v. 3, 1987.

WERNECK VIANNA, L. J. *Liberalismo e Sindicato no Brasil*. Rio de Janeiro: Paz e Terra, 1978.

WERNECK VIANNA, M. L. *A americanização (perversa) da Seguridade Social no Brasil*. Rio de Janeiro: Revan/UCAM-IUPERJ, 1998.

2

A Categoria Sociedade Civil na Tradição Liberal e Marxista

*Ângela Santana do Amaral**

A problemática da sociedade civil é uma das que mais sofreram mistificações e deformações ao longo do tempo. Na sua origem, ela representava o campo do chamado "econômico", o reino do conflito, das necessidades. De Adam Smith a Hegel, a sociedade civil era o *locus* privilegiado das forças burguesas naquele tempo. Era, portanto, o lugar do conflito. Combatido, mas reconhecido, o conflito se dava em vários planos. Entre burgueses e classes trabalhadoras e entre os próprios burgueses.

A racionalidade da economia era atribuída a um mito fundacional, "a mão invisível" de Smith. Ou seja, à auto-regulação das relações sociais capitalistas, vulgarmente chamadas de "mercado". Esse mito requeria, no entanto, uma postura diferenciada do Estado (entendido como sociedade política). Da pretensa neutralidade a uma intervenção protetora dos interesses burgueses, passava-se automaticamente à formulação do "Estado

---

* Professora do Departamento de Serviço Social da Universidade Federal de Pernambuco. Pesquisadora do Grupo de Estudos e Pesquisas sobre o Trabalho – GET. E-mail: angela.amaral@openlink.com.br

guarda noturno", que deveria proteger os contratos, a propriedade, a liberdade. Esse processo foi sendo definido e redefinido já no período que vai de Hobbes à Revolução Francesa. Do *bom selvagem* ou *do homem lobo do homem* essas teorias confluíram para a idéia de uma oposição entre "estado de natureza" e "estado social". No primeiro, predominaria o conflito sem regras; no segundo, a ordem baseada na regulação dos interesses e necessidades (o chamado pacto social).

Essa é a matriz a partir da qual foi se moldando, conforme os interesses de classes em luta, um significado particularmente diferente sobre a sociedade civil. Esta passa a ser o lugar da harmonia, da coesão social e sua expressão é o mito da cidadania na pressuposição de que "todos somos iguais perante a lei", como se a racionalidade social, política, econômica e cultural fosse patrimônio uniforme de todos. Do Estado se requeria a não intervenção limitadora nos negócios da burguesia — embora fosse solicitada e mesmo exigida, quando essa intervenção potenciava os interesses dos dominantes — e se tolerava alguma forma de "proteção" aos trabalhadores, desde que isso não afetasse a lógica de funcionamento do mercado capitalista.[1]

A pretensão deste texto é narrar essa história conceitual e permitir que não se caia (pelo menos ingenuamente) na mistificação da igualdade formal reconhecida popularmente em duas frases: "há pessoas que são mais iguais que outras" e "existem leis que não pegam".

Introdução

A temática da "sociedade civil" nunca esteve tão em evidência como nos últimos decênios do século. A sua recuperação e a centralidade que ocupa nos debates intelectuais internacionais e nacionais, particularmente

---

1. Em seus escritos sobre "Sociedade civil e hegemonia", Acanda (2006), ao tratar da formação dos Estados-nacionais, sob a direção da ideologia liberal, vai nos explicar que estes adotaram, em grande medida, políticas protecionistas, somente mantidas até o momento em que as respectivas burguesias não precisavam mais delas para se expandir.

nos contextos de "Estado de Direito",[2] estão quase sempre vinculadas à idéia de expansão da democracia e cidadania.

Nos países da América Latina que vivenciaram processos de transição democrática, após resistências a longos períodos de ditadura militar, as lutas pela democracia resultaram na organização de amplos setores populares que chegaram aos anos 80 do século passado à margem das decisões políticas que deram fim ao regime militar. Ainda assim, nos finais dessa década, as lutas empreendidas pelos movimentos sociais organizados nesses países, e especialmente, no Brasil, com a Assembléia Nacional Constituinte, asseguraram importantes conquistas e direitos sociais hoje profundamente alterados tanto pelas Propostas de Emendas Constitucionais quanto pelas sucessivas Medidas Provisórias, sucedâneas dos Decretos-leis da época da ditadura. As Medidas Provisórias acabaram por alterar profundamente não apenas a Constituição, mas a própria relação Executivo-Legislativo retirando, deste último, as suas tarefas constitucionais, reduzindo-o, freqüentemente, a mero aparato referendatário.

Podemos considerar que esse processo, tratado por inúmeros autores — a exemplo de Florestan Fernandes — como uma "transição pelo alto", deixou à margem das decisões as camadas populares e promoveu, através da ação das elites, a atualização dos mecanismos democráticos formais, permanecendo intocado um outro conjunto de mecanismos, que, na linguagem liberal, são chamados de "entulho autoritário". Mantidos os instrumentos básicos do período anterior, esse "entulho" revelou-se a argamassa da ordem.

A partir daí, a sociedade civil — genericamente tratada — passou a designar formas de ampliar a representação da sociedade nos processos de gestão do Estado — vide as propostas de descentralização e a formação dos Conselhos de Gestão. Perde-se, portanto, a capacidade de pensar-se a conflitualidade como constituidora da trama social e reduz-se, tudo e todos, à institucionalidade vigente. Nesse sentido, a recorrência à sociedade civil corresponde à necessidade de envolver a sociedade nas ações estatais, con-

---

2. Estamos entendendo Estado de direito como expressão dos antagonismos sociais presentes na institucionalidade burguesa e enquanto espaço de afirmação da igualdade formal e do domínio da chamada lei positiva.

ferindo legitimidade aos ajustes e reformas requeridos pelo processo de reestruturação capitalista.

Nestas últimas duas décadas do século XX, especialmente, falar em sociedade civil é reportar-se ao contexto de ofensiva neoliberal nos países centrais e periféricos e apreender a dinâmica que esta realidade revela, tendo como uma das referências a apropriação ideológica do conceito e a necessidade de conferir às práticas de classe outros elementos, cujos conteúdos expressam a formação de um consenso nas sociedades.

Este consenso, a nosso ver, vem se formando, paulatinamente, dentre outras formas, a partir das propostas participativas que incluem a sociedade em alguns processos, numa clara tentativa de subordiná-la para dar legitimidade à reforma neoliberal do Estado. Trata-se de dar visibilidade ao movimento de afastamento do Estado das suas responsabilidades sociais e de trazer para o debate questões relevantes à garantia de direitos fundamentais, e, portanto, ampliar os processos de emancipação política na sociedade.

No plano teórico, a complexa reformatação das teorias sociais e das chamadas ciências sociais cumpre aqui um papel decisivo, ao "responder às crises dos paradigmas", expressão usada para considerar antiquadas as formulações em termos de classes e de sua conflitualidade.

Em outros termos, o que pretendemos qualificar é que a centralidade conferida à chamada sociedade civil está relacionada à conjunção de três aspectos: o primeiro deles, as determinações e exigências do atual processo de acumulação capitalista que expressa o movimento de reestruturação do capital; o segundo — articulado ao primeiro processo — as mudanças na relação entre Estado — Sociedade, que configuram a emergência de uma miticiplicidade de formas organizativas da sociedade, sociedade esta que se complexifica e que se vincula a processos sociais cujas referências centrais são o estímulo à participação, à adesão e à necessidade de colaboração das classes sociais presentes em determinadas conjunturas, especialmente, conjunturas em que se apresenta uma crise de hegemonia, e por último, mas não menos importante, a necessidade de adequar as estruturas burocráticas do Estado às exigências do atual estágio de desenvolvimento capitalista, conformando um amplo movimento de Reforma do Estado.

Este conjunto de questões apóia-se em argumentos que afirmam a necessidade de imprimir novas configurações à sociedade civil e aos meios de enfrentamento da desigualdade social. Esvaziadas de conteúdos classistas, estas configurações apresentam-se saturadas de um intenso debate genérico sobre democracia e cidadania. Por um lado, a justificativa de que a crise e a derrocada das sociedades do Leste Europeu mostraram ao mundo a aparente invencibilidade capitalista, sua inexorabilidade e o seu caráter "civilizatório", na realidade, altamente predatório; de outro, a complexificação das formas de ação política da sociedade, face à crise dos partidos políticos e das organizações sindicais, representações históricas dos trabalhadores que procuravam potenciar as possibilidades de transformações societárias.

Para materializar tais necessidades se opera uma radical reforma do Estado, num claro movimento de retirada e de redução do seu papel e atribuições históricas no sentido de atender às necessidades populares, nunca de deixar de beneficiar os interesses do capital.[3] E mais ainda: tece-se um discurso justificador das iniciativas de ajuste do Estado às funções da "nova economia", e, com isso, a necessidade de mobilização da sociedade civil para articular interesses gerais e particulares.

No âmbito do Serviço Social, esta tematização acerca da Sociedade Civil não passou ao largo das discussões profissionais e dos seus modos de inserção no processo de transição conservadora para o chamado Estado democrático de direito. Pelo contrário, a profissão tem encontrado espaços férteis de debate e intervenção, principalmente se considerarmos que a partir da segunda metade dos anos 80 do século passado, os assistentes sociais estiveram à frente de diversos movimentos sociais em defesa da democracia e da cidadania; nesse sentido, o tratamento teórico-político e prático-operativo dado à sociedade civil ora foi pensado como expressão da ação das classes e do Estado, como significou, muitas vezes, um conceito

---

3. Nos limites deste texto, não cabe a análise detalhada das chamadas políticas sociais que atualmente dão concretude a programas governamentais que buscam capturar a subjetividade antagonista, numa perspectiva de tornar universais os interesses particulares de uma classe. Também, não cabe a análise de iniciativas como o Programa de Aceleração do Crescimento, as Parcerias Público-Privadas e a Lei de Inovação Tecnológica, que abertamente atendem aos interesses do capital.

destituído de crítica e incorporado às práticas profissionais como ideário da profissão e como projeto profissional, que teria, na sociedade civil, a expressão ou mesmo a condição de exercício da cidadania e da democracia. Obviamente, ao custo de chamar cidadania uma gama diferenciada de significações.

Isto, contudo, permitiu instrumentalizar práticas sociais as mais distintas e criar um brutal esvaziamento: seja do conceito, seja das práticas que ele devia referir. Essa ambigüidade é necessária para escamotear projetos distintos e construir uma espécie de "naturalidade", ou seja, o fim da história.

Aqui, as políticas sociais, a luta pelos direitos sociais são exemplares desses referenciais.[4] Como argumenta Mota (1994, p.73), "o processo de reconceituação da cidadania sai da esfera ética (mesmo nos limites da ordem burguesa) e vincula-se com a esfera do consumo".

Assim, a "profissão", que desde a década de 80 forma uma massa crítica, cujo referencial incorpora a idéia de classe como fundante para a compreensão da sociedade, passa, paradoxalmente, a subtrair, no nível prático e metodológico, a concepção de classe, e a reificar o conceito de cidadania, e com ele, o de democracia.

Na nossa discussão, partimos do reconhecimento de que, a despeito das diversas configurações que assumem as práticas dos sujeitos coletivos na conjuntura atual, as várias dimensões que envolvem a tematização da sociedade civil já podem ser encontradas nas análises clássicas do pensamento político. Em outras palavras, estamos tratando de uma transição *"o velho já morreu, mas o novo não consegue nascer"*. Esta questão refere-se ao pensamento gramsciano no debate sobre as condições de crise de hegemonia. Ele relembra a *Introdução à crítica da economia política*, de Marx, na qual afirma que nenhuma forma social desaparece antes que se esgotem todas

---

4. Mota (1991, p. 72): "Nesses termos, a ampliação dos direitos sociais parece ter como requisito a realização de pactos de classe à base de uma prática, no mínimo, colaboracionista. Assim, a cidadania teria como requisito o colaboracionismo, o que implica na negação das identidades sociais de classe". Mais adiante, ela salienta: "[...] via de regra, a face visível da cidadania é aquela objetivada no processo distributivo, realizado pelas políticas sociais. Sua face subjetiva, aquela que requer transigência política – a aceitação ética do compromisso como *modus vivendi* de uma nova *'civiltà'* – permanece oculta" (p. 73).

as suas possibilidades. Nesse sentido, a dominação capitalista é, ainda, no Brasil, capaz de exercer não apenas o seu domínio, como obter a integração ativa dos partidos e sindicatos a sua ordem. Ilustrativo disso foi o debate da Reforma da Previdência, em 1996.[5]

Assumimos, a um só tempo, o entendimento de que, de fato, existem novos fenômenos que se agregam à dinâmica entre Estado—sociedade—mercado, mas, também, à permanência de situações que reafirmam, entre outros aspectos, a centralidade da luta de classes e as contradições centrais das relações sociais capitalistas.

Nossa preocupação, neste texto, é responder algumas indagações a respeito da revalorização, da centralidade e do tratamento indiferenciado dado ao conceito de sociedade civil e refletir sobre a tendência que vem se apresentando em deslocar a centralidade do conceito de classe em prol da noção de sociedade civil, localizando seus nexos com as atuais necessidades do processo de reestruturação do capital e com a construção dos processos políticos necessários para tal. Interesse acentuado pelo fato de que, principalmente a partir do final dos anos 80 do século passado, veio se acentuando a ideologia de pensar a sociedade como instância autônoma, independente das relações de classe.

Nessa direção, o conceito de sociedade civil adquire um valor estratégico que é, ao mesmo tempo, o de subsumir o conceito de classe ao de cidadania e democracia e o de naturalizar e universalizar os conteúdos classistas dominantes nas práticas da sociedade civil.

Estamos assistindo condições históricas, sociais, políticas e econômicas que condensam as relações sociais capitalistas sob novas formas e que complexificam o conceito de sociedade civil, levando o pensamento neoliberal a recuperá-lo, imprimindo uma outra direção que evidencia a dimensão universalizadora, integradora, ampliada e despolitizadora da sociedade civil, em contraposição às referências classistas que marcam a sociedade capitalista e que devem ser abandonadas para que os neoliberais realizem seu programa. Universalizadora porque, a um só tempo, reduz a política

---

5. Estamos nos referindo ao chamado Acordo da Previdência, realizado no governo FHC, quando o então presidente da CUT, Vicente Paulo da Silva, negociou com o governo mudanças nas regras de aposentadoria dos trabalhadores, em claro detrimento dos interesses destes.

basicamente ao plano institucional; porque passa — e essa é a pretensão — a ser o horizonte único do pensar e do agir nas sociedades capitalistas. Ao assim proceder, ela integra e despolitiza o social, negando as identidades dos subalternos que se vêem reduzidas a aspectos desviantes do padrão político dominante.

Mota (1991), no texto *A cidadania do fordismo*, já anunciara, no início da década de 90 do século XX, a pluralidade semântica do conceito de cidadania e sua possibilidade de utilização, seja pelos liberais, seja pela Igreja, seja por setores da esquerda. Essa pluralidade semântica permitirá que discursos de parte da esquerda deslizem sutilmente para o pensamento liberal, sem maiores problemas.

Vamos buscar na gênese das discussões sobre a sociedade civil os vetores teóricos que nos permitem conectar o pensamento predominante na atualidade com uma tradição referenciada em pensadores que constroem uma perspectiva teórica, ora estabelecendo uma relação mediada com o mercado, ora recorrendo à idéia de uma sociabilidade cuja direção é a constituição e ação do Estado.

Por isso, a trajetória que seguiremos neste texto recupera e mapeia a concepção de sociedade civil a partir das análises e críticas que se fazem das obras clássicas de autores consagrados tais como Hobbes, Locke, Hegel, Marx e Gramsci. Na interlocução com esses autores, sublinhamos questões fundamentais que inspiram o pensamento contemporâneo de que existe uma nova sociedade civil bastante dinâmica, participativa, cuja influência sobre o Estado levaria ao estabelecimento de um novo contrato social no interior da sociabilidade burguesa.

Tratar da sociedade civil, no nosso entendimento, implica, necessariamente, fazer os nexos com a ação do Estado, ou, no dizer de Gramsci, da inseparável relação existente entre sociedade civil e sociedade política. Relembremos que Gramsci salienta, com toda clareza, que essa separação é meramente metodológica e que, na sua totalidade, esse par teórico configura o conceito de Estado.

É nesse sentido que devemos compreender como a recorrência ao conceito de sociedade civil e as práticas que ele legitima atuam no interior da Reforma do Estado, transformando-se numa estratégia política, como tentativa para destruir a direção das classes trabalhadoras. Integrá-las à ordem significa destituir, no plano das ideologias das classes subalternas, a possibilidade concreta de ações de autonomia.

Finalmente, pretendemos compreender como este debate com o Estado, a partir de práticas indiferenciadas, faz com que aquelas direções sejam capturadas e passem a implementar o projeto das classes dominantes, dos seus intelectuais e representantes.

1. O campo liberal da discussão sobre a relação Estado—sociedade civil

Hobbes e Locke serão os autores clássicos privilegiados neste texto para tematizar e circunscrever a dimensão liberal sobre a Sociedade Civil. Estes vão analisá-la sempre em relação ao Estado, compreendendo-a a partir de uma construção teórica fictícia: o Estado de natureza. Nesse debate, as posições que assumem, embora encontrem identidades em alguns pontos, são diferenciadas e, desse modo, é importante reconstruir os principais vetores da discussão.

Em Hobbes, as linhas gerais de discussão do tema estão contidas no *Leviatã*, obra em que expõe os dilemas do homem, seus conflitos e as soluções que são dadas a estes problemas, cuja natureza reside na condição de obediência dos indivíduos face à sua desagregação e falta de referências.

Por sua vez, no "Segundo Tratado do Governo Civil", Locke apresenta os termos de análise que articulam "a origem, os limites e os fins verdadeiros do poder civil" (Locke, 1978, p. 37), problematizando acerca da liberdade, da igualdade natural dos homens, da limitação da soberania como base para a garantia dos direitos subjetivos dos indivíduos.

Tanto um como outro compartilham da idéia de que o Estado é a instância política normatizadora da vida social. Nesse sentido, os homens precisam transitar do Estado de natureza para viver em sociedade. A principal razão que os leva a abandonar essa condição é, segundo Hobbes, o fato de os homens viverem em permanente guerra contra os outros homens e por isso, predominam a incerteza, a insegurança, o sentimento de medo, e, principalmente, "o desejo de uma vida onde cada um possa garantir a posse do que é capaz de conseguir" (Teixeira, 1996, p. 199).

Para Macpherson (apud Chatelet et al., 1993, p. 504), é Hobbes quem, nos seus estudos, vai referir-se, pioneiramente, à idéia de "sociedade em marcha", dominada pelo individualismo possessivo.[6] É essa idéia que Bobbio (1991, p. 51), mais adiante, interpreta enquanto momentos afirmativo e negativo, sempre em contraposição, não implicando, absolutamente, em nenhum tipo de "progresso histórico" — as coisas se passam entre o bem e o mal.

Na medida em que os indivíduos não sabem a quem entregar o comando das suas ações, ou seja, a quem eles devem obedecer na sua vida em sociedade, desenha-se um quadro de desordens que os levam a serem dominados pelo amor-próprio, pela vaidade, pela necessidade de serem superiores em relação aos demais homens.

É exatamente esse núcleo teórico que faz com que Hobbes acredite ser o Estado a instância fundamental capaz de assegurar a paz, intervir nos arroubos autodestrutivos que são imanentes aos homens e superar sentimentos negativos que são próprios das leis naturais. Tal é o contexto de desunião estabelecido na vida social, que se prevê a disputa de facções inimigas lutando contra "o bem e o mal", como descreve o *Leviatã*, interpretado por Chatelet et al. (1993, p. 495):

> Se o soberano for contestado e incerto, se a guerra civil se instalar e esses amores-próprios, até então contidos pelo temor da força pública, se tornarem destruidores e mortíferos, atacando os bens e até mesmo a vida de seus rivais, a rivalidade de cada um com cada um tornar-se-á então a guerra de todos contra todos.

Para resolver essas questões, Hobbes acredita que os homens, espontaneamente, aceitam ingressar na sociedade, mediada pela figura individual de um outro homem ou uma assembléia de homens, cuja função seria a de proteger uns aos outros. Nesse sentido, a guerra entre o bem e o mal seria

---

6. Para Macpherson (1979, p. 283), a sociedade de "mercado possessivo" é constituída de "uma série de relações competitivas e invasivas entre todos os indivíduos, independente das classes: coloca cada um por sua conta própria".

superada, posto que se ultrapassa também o estado natural em que vivem os homens, cuja mediação passa pelo poder público, poder este que estabelece leis, as quais regulam as relações sociais, em contraface ao direito ilimitado.[7]

Longe disso se constituir possibilidade de "controle dos homens" sobre o Estado, o que ocorre é exatamente o contrário: os homens remetem à figura jurídica do Estado a administração das suas vontades e, com isso, eliminam o campo de desenvolvimento da particularidade, apostando, unicamente, nas ações de caráter universal, sob a forma de normatização da vida social. Precisamente, esta é a condição do contrato proposto por Hobbes, para levar a termo a "paz civil": os homens renunciam a esse direito ilimitado sobre todas as coisas e o transfere ao soberano para que ele o administre por concessão daquilo que foi abandonado pelos outros homens, por meio de convenções estabelecidas.

O princípio do consentimento implica na conseqüente obediência ao soberano e, nesses termos, a legitimidade da coerção exterior tem por fim a liberdade. De tal modo que os elos de ligação entre os indivíduos se definem não pelas relações de uns com os outros, mas, fundamentalmente, pela unidade que mantém com o seu Representante, ou, como discorre Chatelet et al. (1993, p. 497): "enquanto eles o reconhecem como seu representante legítimo e lhe obedecem. Sua unidade é rigorosamente exterior".

Tal concepção leva Hobbes a postular a defesa de um Estado absolutista e a questionar os princípios balizadores da sociedade capitalista, pois, para ele, de um sistema da divisão social do trabalho e o conseqüente intercâmbio de mercadorias não derivam quaisquer normas que resultem da interatividade dos indivíduos. Para este autor, não importa a qual regime político tais normas devem estar vinculadas — se à monarquia, aristocracia ou democracia. Fato é que, independente de qual desses regimes se estabeleça, a legitimidade destes é assegurada mediante o consentimento que os indivíduos depositam no comando. É precisamente essa idéia que afirma tanto a noção de democracia como de liberalismo moderno. De um lado, o consentimento de cada um é que dá lugar à soberania; de outro, a lei exterior aos indivíduos, princípio da idéia liberal.

---

7. Entende-se, com base nessa perspectiva, que sociedade civil e sociedade política são tratadas como sinônimos. A *sociedade natural* era que estava sendo posta em xeque.

Diferente dos argumentos apresentados por Hobbes, é Locke quem vai dar o tom do que pode ser considerado como sendo a origem da tradição liberal sobre o Estado e a sociedade civil. Parte do princípio de que a sociabilidade se constrói no âmbito da troca de mercadorias, e como desdobramento dessa troca, os indivíduos constituem uma instância política administradora dos conflitos individuais, que é o Estado, que, nessa perspectiva, é complementar ao mercado.

A condição de cidadão é reconhecida na medida em que os direitos naturais dos indivíduos são garantidos pelo Estado e, através dele, podem cobrar o cumprimento desses direitos de modo que nada poderá impedir o livre exercício da liberdade, compreendida como possibilidade de assegurar os interesses individuais através do mercado, da sua expansão e da conseqüente troca de mercadorias.

Vale lembrar que as condições sócio-históricas com as quais tanto Hobbes quanto Locke estavam trabalhando eram a de expansão da sociedade mercantil, e, portanto, de construção de uma sociedade onde a relação entre os homens se dava, prioritariamente, através das trocas de produtos dos trabalhos que realizavam. Nesse sentido, não existia uma preocupação com uma convivência social totalizadora, já que o próprio mercado cuidava de garantir as relações entre os homens. Aqui, a economia já se apresenta como campo de definição da sociabilidade humana.[8] Ou seja, o próprio mercado conforma a sociabilidade, pois, nele, relações sociais se desenvolvem a partir da divisão social do trabalho, que torna os indivíduos dependentes uns dos outros. Em outros termos, o mercado significando a articulação contraditória entre as classes sociais e as relações sociais que as originam e legitimam.

O princípio de cooperação, nestas relações, é reafirmado e está profundamente ancorado no da dependência. Se temos claro a prática capita-

---

8. O conceito de sociabilidade está apoiado nas idéias desenvolvidas por Gramsci, em "Americanismo e Fordismo" e se relaciona à necessidade de instauração de um "modo de vida" para construção da hegemonia e à necessidade de elaborar um novo tipo humano, um novo trabalhador para o capital que supere a mera lógica econômica e o subordine completamente àquele, agora com sua personalidade histórica destruída. A racionalização da produção, nesse sentido, implica racionalizar o modo de vida. Segundo a concepção gramsciana, "os novos métodos de trabalho são indissolúveis de um determinado modo de viver, de pensar e de sentir a vida: não se podem obter sucessos em um campo sem obter resultados tangíveis no outro" (Gramsci, 2001, p. 266).

lista como unidade contraditória entre exploração e opressão, isto fica perfeitamente evidente, já que, fora da cadeia de troca de mercadorias, segundo Locke, é impossível pensar a sobrevivência dos indivíduos. Daí a necessidade "natural" que conduz os homens a produzirem, a permutarem e a desenvolverem o sistema de produção de mercadorias. Conseqüentemente, a construir, no interior e a partir do mercado, as suas sociabilidades.

No Estado de natureza, os indivíduos são portadores de direitos naturais, dentre os quais o mais importante é o direito de propriedade. Vemos aqui a introdução de um pressuposto fundamental para o desenvolvimento da sociabilidade liberal-burguesa: a propriedade — e o direito correlato — são naturais e, portanto, eternos. Trata-se, fundamentalmente, de regulamentá-los. Na medida em que interesses individuais e egoístas se sobrepõem à possibilidade de convivência social harmoniosa, surge a necessidade da figura do Estado, exatamente para assegurar estes direitos e legitimar, politicamente, as ações individuais dos produtores de mercadoria.

Para Locke, o direito de propriedade é aquele que é fruto do esforço individual realizado por cada um. Portanto, tem no trabalho a sua principal fonte de valor. Com o desenvolvimento do sistema de troca entre os indivíduos, não mais o trabalho, mas o dinheiro é que comanda o intercâmbio entre os homens. Nesse processo, emergem os conflitos sociais, à medida que se institui a desigualdade na apropriação e acesso à terra.

A propriedade é, pois, para Locke, a base sobre a qual se funda a liberdade humana e, em decorrência, o suposto para a cidadania. Por essa razão, o Estado deve trabalhar no limite das condições asseguradoras dos direitos dos cidadãos. Segue-se daí a construção de um Estado de direito, cuja ação fundamental é exercer o poder a partir da definição de normas jurídicas preestabelecidas. Constituído dos poderes executivo, legislativo e judiciário com conteúdos e práticas imparciais, este Estado estaria situado acima dos interesses individuais e do desejo de dominação, que, impulsionados a se desenvolver livremente, levaria à destruição da vida comunitária (Teixeira, 1995, p. 137).

Assim, as atribuições do Estado estariam voltadas a garantir o processo de produção e reprodução de mercadorias, aí incluídos a proteção do mercado dos seus efeitos autodestrutivos, a preservação da propriedade etc.

Na construção de Locke, interpretada por Bobbio (1991), o Estado é alçado à condição de perfeição, porque construído como melhor alternativa à convivência social. Os conflitos, que nascem das leis naturais, estariam resolvidos pela mediação do Estado. Para Chatelet et al (1993, p. 679), o pensamento de Locke guarda uma originalidade em relação ao de Hobbes: no primeiro, há uma identificação natural entre o contrato social e o soberano; já no segundo, o que existe não é um contrato, mas o que ele vai chamar de *trust*, que significa a determinação de uma "missão de confiança" ou um cargo que o povo concede para aqueles que o representa.

Um aspecto importante a ressaltar é aquele que, ao identificar elementos comuns no pensamento de Hobbes e Locke, toma como referência a idéia de sociedade. Para eles, sociedade aqui é equalizada à sociedade civil. A natureza civil do conceito ganha uma dimensão central na determinação da socialização.

Em Locke, especialmente, é a comunidade que detém o poder absoluto sobre o Estado, de modo que os interesses privados estejam salvaguardados de influências exteriores, como argumenta no "Segundo Tratado sobre o Governo": "... e não é sem razão que procura [o homem] de boa-vontade juntar-se em sociedade com outros que estão já unidos, ou pretendem unir-se, para a mútua conservação da vida, da liberdade e dos bens a que chamo de "propriedade" (1978, p. 89).

A propriedade será, portanto, o núcleo fundante dos objetivos finais do contrato social. Propriedade concebida para além da posse dos bens materiais, pois inclui a vida, a liberdade, os bens, em suma, um conjunto de elementos subjetivos que se constituem em propriedade particular e que não podem ser violados, a menos que se tenha a aceitação, o consentimento dos seus proprietários.

Interessante observar o movimento que a Economia Política Clássica vai fazer, utilizando-se do mesmo artifício do qual partiram Locke e Hobbes — Estado fictício — para configurar o princípio da "mão invisível", ou seja, o livre funcionamento da economia sem a interferência direta do Estado. Aqui também vamos encontrar as referências como interesse pessoal, auto-estima, relações de troca e dependência como elementos constitutivos da sociabilidade humana. Em outros termos, são estes elementos que permitem a construção de laços sociais e garantem a coesão social entre os indivíduos. Tanto em Locke e Hobbes quanto em Adam Smith, tratam-se de mitos fundacionais, leituras do momento vigente que aparecem como sendo a origem. A invenção da tradição é aqui vital.[9] A legitimação é dada pela "naturalidade" aparente dos "fatos" expostos.

Com estas posições, estes autores, e, particularmente, Locke, inauguram o que pode ser chamado de concepção liberal de Estado e sociedade. Ao considerar o Estado apenas como guardião dos interesses privados, e, portanto, somente reclamado quando apoiado na forma das leis civis, o que está se reafirmando são duas direções: a primeira, a que coloca o indivíduo como figura central na construção da sociabilidade, e a segunda que vê o Estado como mediação necessária à vida em sociedade, onde "quer se trate de riquezas materiais, das instituições políticas ou das noções morais, é a subjetividade humana que é criadora e que funda o valor econômico, a legitimidade política ou a validade conceitual" (Chatelet et al., 1993, p. 684).

São essas perspectivas que retornam na contemporaneidade, sob a vulgata de teoria neoliberal e às quais iremos contrapor alguns argumentos da obra gramsciana, que, no nosso entendimento, oferece elementos fundamentais para discutir a relação Estado-sociedade.

2. O debate sobre a sociedade civil em Hegel: os elementos de cisão entre Estado e sociedade civil

As formulações teóricas apresentadas por Hegel a respeito da sociedade civil ocuparam parte da sua produção, sintetizada nos *Princípios da Filosofia do Direito*. Objeto de críticas marcantes, esta obra é referência primeira para Marx desencadear um conjunto de idéias que se contrapõem ao pensamento hegeliano, evidenciando as contradições presentes nesses escritos para pensar a relação entre Estado e Sociedade Civil.

---

9. Em outra perspectiva analítica, Weber trabalha a idéia de tipos-ideais, que sintetizam práticas sociais. A Economia Política é, entre outros, a tipificação da prática mercantil e, obviamente, o mesmo se passa com o pensamento político liberal.

Para Hegel, o ponto de partida é o Estado. Neste, a família e a sociedade civil desdobram-se e tornam-se seus supostos, como subordinadas às suas leis e aos seus interesses. "O estado surge da multidão tal como esta existe enquanto membros da família e da sociedade civil" (Hegel *apud* Marx, s/d, p. 13).

Alguns autores, a exemplo de Chatelet, indicam que o grande mérito de Hegel nesse debate foi o de descobrir a dinâmica da sociedade burguesa e seus princípios, cuja expressão mais significativa é a identificação do cidadão e da propriedade; a liberdade que passa a ter o cidadão na busca de satisfazer suas necessidades individuais e a exigência de uma instância superior que administre os conflitos e os organize num sistema geral que assegure, com a máxima competência, a propriedade, a família, a hierarquia social. A esta posição, Marx será extremamente crítico, e os seus textos se contrapõem, de modo incisivo, a estas idéias.

Hegel vai reconhecer que o Estado necessita da disposição dos cidadãos para a plena realização dos seus fins. Nessa perspectiva, não dita apenas obrigações aos indivíduos. Se assim o fosse, o que existiria a predominância de uma esfera totalitária que, de modo arbitrário, buscaria, incessantemente, impor vontades particulares aos indivíduos. Aqui, a sociedade teria, exclusivamente, que obedecer às "ordens" do Estado e estaria objetivado o seu caráter arbitral.

Interessante acompanhar o pensamento de Hegel no que se refere à edificação do que ele define como sendo a formação da "substancialidade ética" da vida social.[10] Para Hegel, a família se constitui como uma relação ética imediata, porque é através dela que o indivíduo elabora o sentido de pertencimento a uma comunidade. Esse seu ponto de partida até a sua reflexão sobre a dissolução da família, que, para ele, não se trata, apenas, de um processo natural, acaba, pela via da educação, por lançar os membros da família em um processo de independência. Daí o nascimento da sociedade civil, que para Hegel, se constitui pela existência de inúmeras famílias que trazem consigo os interesses os mais diversificados.

---

10. Para Hegel, os membros da sociedade deviam reconhecer a existência de normas morais, condição indispensável para a harmonia social do Estado moderno.

De certo modo, são estes interesses que modificam as relações anteriores baseadas na estrutura familiar e põem em seu lugar formas de integração que compõem um outro mosaico de interesses, que são os interesses particulares. Esse movimento, no entanto, não significa o movimento automático de passagem da dissolução da família para a instauração da sociedade e, nesse sentido, na sociedade civil, a família continua a exercer suas funções básicas. Em seguida, apresenta-se o caráter universal da vida em sociedade, cristalizado nas corporações e nas classes sociais — em especial nas classes médias.

Nessa equação, tem-se o seguinte movimento: primeiro, o Estado incorpora, no seu campo de universalidade, os variados e antagônicos interesses da sociedade civil, para, depois, tornar-se vontade geral personificada na figura do monarca. Exatamente neste momento, o Estado se efetiva plenamente.

Segue-se daí a compreensão de que a sociedade civil se relaciona ao sistema de necessidades dos indivíduos e aos meios para satisfazê-las. Nesse contexto, as vontades particulares se tornam predominantes, resultando em conflitos e interesses diversos, em uma "desordem", só resolvida com a constituição de uma instância superior, externa, que é o Estado. Sociedade Civil não se configura em um todo relacionado ao Estado. Pelo contrário, é um apêndice do Estado.

Hegel atribui à sociedade civil tanto o poder policial como o poder jurídico. Para ele, o poder governativo está circunscrito à administração, às formas burocráticas que organizam os indivíduos e, na verdade, expressam o conteúdo do Estado e da sociedade. E é esse campo da burocracia que ele vai explorar para explicar o papel das corporações e sua relação com a democracia.

Parte do princípio de que existe uma separação entre o Estado e a sociedade civil, interesses particulares e interesses universais. Por essa razão, faz-se necessário um mecanismo de agregação desses interesses, em torno dos quais se formam as corporações, as comunidades, as municipalidades, os grêmios etc. De outro lado, também o Estado constrói seu aparato, de modo a integrar diversas funções e, assim, tratar harmonicamente a relação entre Estado e sociedade civil.

Em síntese, a noção de Estado apresentada por Hegel parte do suposto de que a complexificação das sociedades exige um sistema de decisões que devem ser tomadas, prioritariamente, por um corpo de funcionários devidamente selecionado, com competência para analisar os interesses gerais que se colocam nessa sociedade. A idéia da burocracia moderna aparece aqui como fundamental ao desenvolvimento das formas estatais.

Para o autor, os selecionados para julgar tais interesses e decidirem pelas modalidades de sua aplicação devem estar investidos de uma inquestionável competência, de modo a que estes funcionários discutam com "os representantes das corporações, dos grêmios e das coletividades locais os meios de coordenar o interesse geral e os interesses particulares, prevalecendo sempre o primeiro" (Chatelet, 1989, p. 204).

O espírito corporativo, que se gera na legitimação dos interesses particulares, converte-se em si mesmo no Espírito do Estado, dado que "é no Estado que encontra o meio de alcançar seus fins particulares" (Hegel *apud* Coutinho, 1996, p. 67). Aqui, a burocracia comparece como um tipo de corporação, cuja condição é de "classe geral", e, portanto, no seu interior, a idéia de constituição de uma esfera pública, onde sejam possíveis a socialização e democratização do poder, é recusada. Enquanto "classe universal", cabe à burocracia recolher, canalizar e definir quais as questões, demandas, que se colocam como correspondentes ao "interesse comum", provindas das corporações, e levadas para o campo da administração dos burocratas. Este é o vetor de construção da vontade geral, em Hegel.

Algumas questões bem instigantes e que suscitam reflexões para pensar na pertinência de construção de chamado "pensamento democrático" nos chamam atenção, enquanto elaboração, digamos, positiva, em Hegel: primeiro, o fato de ele entender a questão do "interesse comum" não como mera oposição ao "interesse privado". Nesse sentido, o autor já aponta para a necessidade do movimento das mediações, que possibilita articular o universal e o singular, atravessado pelo movimento do particular.

Depois, a sua compreensão de que é o ator coletivo e/ou instituição o sujeito portador material dessa vontade geral. Assim sendo, é possível pensar em uma "equalização" do interesse singular-privado até sua efetiva transformação em interesse comum, ou universal, de modo que essa passagem signifique um movimento de potenciação/expansão no processo de identificação dos referidos interesses.

Um importante debate sobre o papel da sociedade civil e a questão da democracia, feito por Hegel, é aquele que se reporta à formação do interesse geral.

Claramente, Hegel vai sustentar que o povo não sabe o que propor, e que:

> [...] as assembléias — que surgiram dos indivíduos, do ponto de vista privado e dos interesses particulares — se inclinam a ter uma atividade a favor de si mesmas e a expensas do interesse geral, enquanto que os outros elementos do poder do Estado perfilham necessariamente o ponto de vista do Estado e se consagram a objetivos gerais. (Hegel *apud* Marx, s/d, p. 97)[11]

Um dos grandes dilemas de que trata Hegel se relaciona à questão da participação da sociedade nos assuntos gerais do Estado. Hegel apresenta tal dilema, considerando que a participação dos indivíduos ou se efetiva através dos delegados ou todos o fazem na condição de indivíduos.

A nosso ver, tal questão pretende desqualificar a participação direta de todos no processo legislativo, considerando-a como inviável. Na verdade, o que está aqui em questão é a participação na discussão sobre o Estado, enquanto assunto real, participação esta que é possível na medida em que se deveria levar em conta os indivíduos como membros do Estado.

Para Hegel, "o significado particular das classes consiste no fato de através delas o Estado entrar na consciência subjetiva do povo e este começar a participar no Estado" (Hegel *apud* Marx, s/d, p. 103). Nesse aspecto, Marx considera positiva e acertada a posição de Hegel, uma vez que o Estado participa como algo que é exterior à consciência subjetiva do povo.

O ponto de partida dessa participação se efetiva, segundo Hegel, na medida em que considera as classes instrumentos mediadores entre povo e governo. "Consideradas como órgão mediador, as classes estão colocadas

---

11. Não cabe nos limites do presente documento examinar o quanto esta formulação tem de atual em certos debates sobre o corporativismo. Ademais de toda a reflexão sobre o Estado como construtor da racionalidade da sociedade, independentemente dos indivíduos (marcados pelo signo da particularidade).

entre o governo em geral, por um lado, e o povo decomposto em esferas particulares e em indivíduos" (Idem, p. 103). Devemos sublinhar que, ao trabalhar a questão das classes, Hegel está bebendo na fonte da Idade Média, em que classes da sociedade civil em geral, e as classes, vistas sob uma perspectiva política, eram a mesma coisa: "[...] a sociedade civil era a sociedade política: de fato, o princípio orgânico da sociedade civil era o princípio do Estado" (Hegel, *apud* Marx, s/d, p. 111).

Tendo a compreensão de que a classe privada é a "classe da sociedade civil contra o Estado", daí se depreende a concepção de que a sociedade civil também não constitui uma classe política, Hegel (p. 118) vai mostrar que "as diferenças de classes da sociedade civil são diferenças não-políticas, e conseqüentemente, vida política e vida civil estão em oposição".

Da mesma forma que sociedade civil e Estado estão separados, a relação entre o cidadão do Estado e o cidadão que é apenas membro da sociedade civil também é uma relação de cisão.

> Como cidadão real, encontra-se numa organização dupla, a burocrática... e a social, a organização da sociedade civil. Mas, nesta, encontra-se como homem privado, fora do Estado; não toca o Estado político como tal (p. 119).

De tal modo que a única alternativa que lhe resta, na condição de cidadão, e reivindicando o seu significado político, é, segundo Hegel,

> sair da sua realidade cívica, a abstrair dela, a retirar-se de toda esta organização na sua individualidade; de fato, a única existência que se encontra para a sua qualidade de cidadão de Estado é a sua individualidade pura e simples, dado que a existência do Estado enquanto governo constrói-se sem ele e que a sua existência na sociedade civil se completa sem o Estado. (p. 119)

3. A crítica à construção teórica de Hegel sobre a relação Estado–sociedade civil

A idéia geral assinalada por Marx no seu texto *A crítica da filosofia do Direito de Hegel*, de 1843, inaugura um constructo teórico que permite pensar a sociabilidade na sua dimensão de prática social, superando uma visão meramente filosófica que marcava a compreensão da sociedade moderna e o lugar dos indivíduos nessa sociedade.

É possível notar que a crítica a Hegel é centrada, fundamentalmente, no trato teórico que é dado à realidade. Ou seja: para Marx, o movimento do pensamento expressa tão-somente a reflexão do movimento do real, ao contrário do que pensava Hegel, que concebe o pensamento como produtor da realidade.

Quando Marx está escrevendo a *Crítica da Filosofia do Direito de Hegel*, seu principal interesse é apreender e desvendar a relação existente entre os aparatos estatais e os processos asseguradores da ordem política e jurídica (cf. Netto, 2004).

É com Hegel, portanto, que Marx vai estabelecer seu diálogo, no sentido de que, com a "Filosofia do Direito" de Hegel, o Estado será problematizado, operando uma inversão com as concepções jusnaturalistas até então dominantes.

Com efeito, é a partir das elaborações hegelianas sobre o Estado moderno que Marx conseguiu avançar as suas reflexões, salientando que "não há que criticar a Hegel por descrever a essência do Estado moderno, tal como é, mas por fazer passar o que é pela essência do Estado"[12] (Marx, *apud* Netto, 2004, p. 24).

A essência da sua polêmica com Hegel radica no fato deste reiterar a natureza jurídica das instituições políticas. Para Marx, todavia, para descortinar o constructo de Hegel sobre o Estado, e conseqüentemente, sua dimensão de crítica filosófica, é absolutamente necessário analisá-lo para além das formas jurídico-políticas que o constituem. Para tanto, Marx empreende a crítica social, apoiado na compreensão de que a relação entre Estado e Sociedade Civil é uma relação essencialmente dialética, diferentemente da posição de Hegel, que sustenta a idéia de que existe uma concepção orgânica entre Estado e Sociedade Civil.

---

12. É importante ressaltar que quando Marx vai trabalhar com a análise de Estado, o faz sempre referenciado ao Estado burguês e sua análise é historicamente datada.

A dialeticidade da qual Marx vai tratar comporta contradições ao nível da ordem civil. São delas que derivam a gênese do Estado bem como a natureza coercitiva e opressora deste.

Nestes termos, para Marx, o Estado não se caracteriza mais como uma mediação universal dos interesses privados e gerais, como pensava Hegel, mas como "instância alienada da representação da contraposição público/privado" (Netto, 2004, p. 29). Seguindo este mesmo eixo de discussão, onde antes era conferida uma absoluta autonomia do Estado, passa-se agora a pensar em sua relação com a sociedade civil.

Aqui, como bem lembra Netto (1990), Marx pensa a sociedade burguesa como sociedade específica do capitalismo, onde a soberania do indivíduo frente à comunidade corresponde simetricamente à soberania do Estado frente ao cidadão — portanto, onde a contraposição privado/público alcança a universalidade.

Na confrontação com as idéias de Hegel, Marx vai se opor à idéia de que o Estado é um elemento universalizador que compreende a sociedade, que o Estado funda a sociedade. Aí está presente a idéia da relação entre universalidade do Estado e particularidade dos interesses. É por isso que, para Marx, faz-se necessário romper com a propriedade privada e com a noção de que este Estado é um momento da universalidade.

A argumentação de Marx, ao fazer a análise da *Crítica,* evoca a alienação como um processo permanente da relação Estado e sociedade civil, dado que os indivíduos e suas particularidades só são reconhecidos e ganham sentido, "enquanto degraus de acesso ao Estado" (Frederico, 1995, p. 59). Nessa direção, estes se encontram destituídos de consciência crítica, de personalidade e de reconhecimento.

4. O debate e a ruptura de Marx com Hegel e a esquerda hegeliana

Marx já inicia na *Crítica* seu debate com Hegel, situando o campo de análise que mapeia suas diferenças com a filosofia política moderna. Nesse sentido, elabora sua crítica sobre o Estado: ao contrário do que pensava Hegel — o Estado como fundamento da sociedade civil —, Marx sustenta a idéia de que "a família e a sociedade civil são pressupostos do Estado" (Hegel *apud* Marx, s/d, p. 11). Razão porque pensa a democracia como princípio que possibilita a ultrapassagem da universalidade alienada do Estado, a supressão da separação entre o social e o político, o universal e o particular (Netto, 2004).

Ao se referir ao Estado conceituado por Hegel — como instância unificadora, universal, que nessa sua generalidade dá expressão às diferenças, às particularidades da sociedade civil — Marx vai afirmá-lo enquanto uma construção falsa e artificial, sem correspondência com a realidade, sem existência de sujeitos históricos que têm interesses antagônicos.

Para Marx, a idéia de um Estado exterior que possui um poder de arbitrar sobre determinadas situações é, ela própria, conseqüência de um contexto de "violência histórica" que caracteriza a relação entre a sociedade burguesa e seus elementos.

Em tal relação, coloca-se a nu o poder da classe burguesa industrial e comerciante e a luta do proletariado contra as condições de exploração e opressão. Nessa luta, a superação de tais condições vai se efetivar através do fundamento de toda opressão: a eliminação da propriedade privada dos meios de produção.

Nos vários textos publicados,[13] pode-se concluir que, a despeito de não ter elaborado, de modo detalhado e sistemático, o que se pode chamar de uma teoria da sociedade civil, do Estado, das classes, Marx está, o tempo todo, trabalhando, a partir do movimento do real e nas condições de desenvolvimento do seu tempo, como tais questões aparecem e se encadeiam na dinâmica das formações sociais capitalistas. Quer seja para entender os elementos que estão operando no que Gramsci viria a chamar, posteriormente, de "formação da hegemonia", quer seja para reafirmar a possibilidade histórica de construção de um projeto societário que supere a ordem burguesa, e cujo sujeito da transformação das relações sociais seja o proletariado.

---

13. Aqui, destacamos "A Questão Judaica", a "Crítica ao Programa de Gotha" e "O 18 Brumário".

5. Gramsci e o debate sobre as formas de natureza estatal: a articulação da sociedade civil e da sociedade política

As elaborações de Gramsci sobre a sociedade civil foram construídas a partir das intensas mobilizações e transformações políticas da sua época. Nesse sentido, foi a sua militância como dirigente político-revolucionário que tornou possível a ele anunciar, amadurecer e consolidar conceitos fundamentais à análise da totalidade social, com especial destaque para a questão da sociedade civil, da hegemonia, do Estado, da democracia e do socialismo, aprofundando o debate iniciado por Marx para pensar tais questões numa perspectiva de superação da ordem burguesa.

Para tanto, suas reflexões procuravam dar inteligibilidade às grandes questões políticas do seu tempo, sobretudo àquelas que tratavam da organização do proletariado, seus avanços e refluxos face às investidas e ao poder das classes dominantes e, fundamentalmente, propor elementos críticos para que as classes trabalhadoras pudessem construir suas estratégias de luta e sua própria visão de mundo. Como dirá Dias (1999, p. 14), "é necessário afirmar que Gramsci parte de questões/problemas seus para enfrentar os problemas colocados à sua reflexão pelos campos político e ideológico (contraditórios) do seu tempo".

É exatamente nesse contexto histórico que Gramsci vai se debruçar para formular propostas políticas e estratégias de luta para a superação do liberalismo — estratégias estas compreendidas no bojo de um processo complexo e de longa duração e que envolvia ações voltadas para a elevação das massas e o autodesenvolvimento da sociedade. Nesse sentido, tornava-se constante objeto de suas preocupações as questões culturais, o papel dos intelectuais junto às classes trabalhadoras, a formação das ideologias, as necessárias alianças entre campo—cidade, as transformações no ocidente, os movimentos políticos da sociedade civil.

Ao pensar sobre momentos históricos da revolução socialista na Itália, Gramsci, a partir da perspectiva internacionalista, enriquece o debate sobre a sociedade civil e a sua relação com o Estado, este compreendido como instituição contraditória, como campo de construção de dominação ideológica da burguesia e das ações e reações das classes subalternas. Razão porque torna-se, também, campo de possibilidades para que o proletariado se afirme enquanto classe e construa sua própria ideologia para enfrentamento da dominação.

Entendemos, também, que o pensamento de Gramsci revela uma profunda atualidade e conexão para pensar os processos sociopolíticos ocidentais, dentre os quais os que se configuram na sociedade brasileira.

Não é nosso propósito particularizar, aqui neste texto, os nexos que consideramos importantes e atuais para compreender, como, no Brasil, diversas situações históricas podem ser clarificadas com as reflexões feitas pelo autor. No entanto, é absolutamente necessário tratar do seu pensamento, especialmente aquelas questões que dizem respeito às nossas indagações sobre a centralidade da sociedade civil, tendo como referência os problemas e necessidades colocados na sociedade contemporânea: a participação das classes na política, em especial, as classes subalternas; a organização da sociedade, sob o ponto de vista das práticas da institucionalidade vigente; da construção de mecanismos institucionais capazes de captar os elementos contraditórios do Estado e enfrentar a ofensiva neoliberal, posta como único horizonte de sociabilidade.

Gramsci vai elaborar sua teoria e pautar sua prática política enfrentando as questões do liberalismo e da ideologia enquanto mecanismos utilizados pela burguesia para sobrepor sua visão de mundo às demais classes sociais, para ampliar sua esfera de classe, tornando-se, assim, o horizonte no qual todas as demais classes devem mover-se. Para tal, uma reflexão central é a leitura que o autor faz da relação Estado-sociedade, cuja elaboração permite, além de rejeitar a concepção instrumental do Estado, compreender o jogo contraditório em que se movem as forças presentes na sociedade. Sociedade civil, portanto, como dimensão que ultrapassa as relações estritamente econômicas.

Nesse sentido, parte da observação de que se faz necessário canalizar as lutas sociais populares segundo um projeto próprio de sociedade. Projeto este que potencializasse a identidade das classes subalternas na perspectiva de transcender a visão de mundo imposta pela cultura dominante, na busca incessante pela conquista de hegemonia. São exatamente estes mecanismos de hegemonia, indicados na articulação "governo de massas" e "economia programática" que Gramsci vai explicitar como sendo eixos estratégicos para a consolidação dessa hegemonia. Vale dizer, na perspectiva da reconstrução do bloco histórico capitalista ou da construção de um novo bloco histórico.

Do ponto de vista liberal, a sociedade civil é pensada como momento autônomo da sociedade política, identificada com a concepção que assemelha Estado e governo, e, portanto, separando o Estado da esfera da sociedade civil. Dado que tal concepção parte da idéia de que a sociedade civil deve estar vinculada às regras econômicas, ou, melhor dizendo, às leis naturais, cabe ao Estado a combinação de funções: a de guardar, preservar os interesses econômicos e a de limitar-se à tutela da ordem pública, com a conseqüente obediência às leis. É o chamado "Estado-gendarme, guarda-noturno" — segundo expressão de Lassalle[14] — considerado como o máximo de liberdade às expressões da sociedade.

É contra essa concepção que Gramsci vai trabalhar, construindo o conceito de Estado como articulador das diversas formas de política, dos mecanismos de burocracia e coerção. Ao mesmo tempo, pensa os elementos atinentes à diversidade presente nas organizações sociais, igrejas, partidos, escolas, empresas, sistemas de comunicação etc., enquanto organismos que compõem a chamada sociedade civil. Ou, os aparelhos *privados* de hegemonia, através dos quais se difunde a ideologia dominante e se tenta obter a adesão e o consentimento das classes subalternas para o projeto das classes que dominam o Estado.

É preciso, contudo, ter sempre presente que para Gramsci a sociedade civil não é uma mera junção de representações e práticas homogêneas, mas, sobretudo, um dos espaços privilegiados da luta de classe. Nesse sentido, a afirmação das identidades e práticas classistas é fundamental para escapar da leitura liberal que reduz a sociedade civil à superestrutura, ignorando seu papel decisivo na articulação da totalidade do social.

A essa concepção de Estado integral, alguns autores como Christine Buci-Glucksmann, Carlos Nelson Coutinho, Marco Aurélio Nogueira, en-

---

14. A concepção de Estado guarda-noturno ou gendarme está referenciada na organização de base coercitiva que irá proteger o desenvolvimento de elementos da sociedade regulada em contínuo crescimento, o que levará à redução gradativa das suas intervenções de caráter autoritário e coercitivo.

tre outros, passam a chamar Estado-ampliado, por oposição à visão reducionista de Estado-coerção, pura e simplesmente. O que importa destacar, para Gramsci (2000, p. 244), é que "o elemento estado-coerção" pode ser imaginado em processo de desaparecimento, "à medida que se afirmam elementos cada vez mais conspícuos da sociedade regulada (ou Estado ético ou sociedade civil)". Trata-se, obviamente, da construção de uma nova sociabilidade em escala planetária.

Este conceito de Estado que abomina os reducionismos exige e implica, necessariamente, que se considerem as imbricações existentes entre o aparelho estatal e a sociedade civil. Ademais, expressa um conjunto de atividades, entre as quais se incluem as elaborações feitas pelos intelectuais sobre os aparelhos hegemônicos.[15]

Em síntese, o Estado se constitui em uma combinação que reúne tanto o aparelho estatal propriamente dito — ou seja, o elemento coerção — quanto o aparelho privado de hegemonia, ou, a dita sociedade civil, que é o lugar privilegiado de disputas de projetos societários e onde se determina a hegemonia. Para Dias (1996, p. 33), o Estado — entendido como política concentrada das classes dominantes — cria e recria permanentemente as classes sociais, determinando, entre outros, os novos nexos psicofísicos e potencia a possibilidade de hegemonia, elemento de sua própria permanência enquanto Estado. Este não é, portanto, um mero efeito da estrutura econômica: toda forma produtiva requer um conjunto institucional que a potencie, afirma Gramsci em *Americanismo e Fordismo*.

Aqui, a função ética do Estado decorre do seu papel de promover o crescimento da sociedade civil sem eliminar suas liberdades; esta, ao amadurecer, pode dispensar as intervenções exteriores ao Estado, porque o grau de socialização e o de responsabilidades alcançado inaugura os tempos novos de uma sociedade regulada pelas suas próprias iniciativas (cf. Gramsci, 2001).

---

15. Sobre o papel dos intelectuais na elaboração dos aparelhos hegemônicos, ressaltem-se os argumentos gramscianos de que não existe organização sem intelectuais e que a formação destes exige um longo processo, eivado de contradições, limites e possibilidades, avanços e recuos. A importância de entender os intelectuais nessa relação Estado—sociedade civil constitui tarefa fundamental, à medida que são eles os responsáveis por determinar e organizar a reforma moral e intelectual requerida para adequar a cultura à função prática das classes sociais.

A hegemonia, para Gramsci, se relaciona às possibilidades de uma classe se afirmar como concepção de mundo diferenciada diante das demais classes. Trata-se, pois, da construção de uma ampla reforma intelectual e moral que contenha uma racionalidade nova, ou seja, uma civilização capaz de modificar as condições de vida das classes subalternas e que leve em conta as condições sócio-históricas e políticas presentes em dada conjuntura. Todavia, esta reforma não se dá sem embates de projetos de sociedades. Pelo contrário, esses embates exigem que os antagonismos devam ser enfrentados sem ocultamentos; que fiquem claras as distinções de que tratam os referidos projetos. Confundir ou reduzir os embates pode ser a chave da subalternidade estrutural.

O processo de formação de hegemonia, em suma, deve ter como referência práticas pedagógicas que viabilizem a consolidação da democracia. Segundo o pensamento gramsciano, "no sistema hegemônico, existe democracia entre os grupos dirigentes e os grupos dirigidos na medida em que o desenvolvimento da economia, e, por conseguinte, da legislação, que exprime este desenvolvimento, favoreçam a passagem (molecular) dos grupos dirigidos aos grupos dirigentes" (Gramsci, 2001, p. 287). É, pois, nessa perspectiva que as classes se movem e que é possível explicitar, com clareza, os projetos, os horizontes ideológicos que se conformam, definindo o lugar dos sujeitos enquanto protagonistas de sua própria história.

Aqui, reivindica-se pensar as classes enquanto campo de diversidade de indivíduos coletivos que carregam sua história e vão enriquecendo suas experiências enquanto construtores de racionalidades sociais (Dias, 1996, p. 39).

A conquista da hegemonia, para Gramsci, se trava na prática plural das organizações da sociedade civil e, desse modo, a sua consolidação não se dá a curto prazo — é uma tarefa longa e duradoura que envolve grandes embates até que um grupo se coloque acima de toda sociedade —, conquistando uma hegemonia política e cultural, assumindo a função de verdadeiro "conteúdo ético do Estado" (2000, p.225).

A essa idéia, compreende a noção de "sociedade regulada", materialização das práticas autodeterminadoras dos indivíduos, concebidos na sua capacidade de construírem coletivamente a nova civilização.

Nesse plano, a permanência de mecanismos práticos do "fazer político" — partido, Estado, instituições etc. — supõe uma fase transitória, em que se redefinem as estruturas políticas e sociais, desta feita, com a construção de organizações articuladas organicamente à formação de uma vontade coletiva.

A construção dessa vontade coletiva relaciona-se diretamente à reforma intelectual e moral das massas e supõe a desconstrução da velha racionalidade, que leve em conta a autonomia dos indivíduos. Assim, podemos dizer que, somente quando:

> Uma classe que se considere capaz de assimilar toda a sociedade, e ao mesmo tempo seja realmente capaz de exprimir este processo, leva à perfeição esta concepção de Estado e do direito, de tal modo a conceber o fim do Estado e do direito, em virtude de terem eles completado a sua missão e de terem sido absorvidos pela Sociedade Civil. (2001, p. 287)

É verdade que nesse contexto devem ser alteradas desde as relações sociais de produção, ou, na linguagem gramsciana, "a estrutura e as relações reais entre os homens e o mundo econômico ou da produção" (Gramsci, 2000, p. 286). Somente assim poder-se-á fazer a crítica dos elementos passados, criar um Estado ético e um novo tipo de homem e de cidadão. Em outras palavras, o projeto de hegemonia das classes subalternas deriva, entre outros elementos, da construção de uma rica e complexa sociedade civil que seja capaz de "pôr fim às divisões internas de dominados etc. e a criar um organismo social unitário técnico-moral" (idem, 2000, p. 285).

Observemos que, ao tratar dessas questões, longe de fazer a distinção entre sociedade civil e sociedade política, Gramsci está entendendo essa relação como uma unidade, não de conflito, mas de "complemento orgânico", cuja referência é a emancipação das massas, a criação e ampliação de valores sociais que privilegiem a liberdade, a autonomia, a participação dos indivíduos nos processos sociopolíticos, num constante embate de projetos entre burguesia e trabalhadores, que culmine na construção das identidades das classes trabalhadoras.

Reconhecidos enquanto expressão dessa diversidade de formas de organização, de culturas, de práticas políticas, enfim, de modos de inserção na vida coletiva, esses indivíduos estarão consolidando suas conquistas de liberdade, autonomia e se projetando para a transformação da sociedade.

Nos termos de Acanda (2006, p. 178), para Gramsci, "o conceito de sociedade civil não é utilizado para designar apenas relações associativas contratuais, voluntárias, entre as pessoas — pois a produção tornara-se algo muito mais complicado -, mas o conjunto de todas as relações sociais produtoras de sentido.

A possibilidade concreta de transformação dessa sociedade significa a superação da passividade dos indivíduos através de formas associativas que, mobilizadas no interior da sociedade, possam inventar um novo homem, sujeito e construtor da sua própria história, que é rica em contradições e que permite desmistificar a pseudo-universalidade que as classes dominantes tentam impor, enquanto universalidade, às classes subalternizadas.

Parece-nos que um dos grandes méritos do pensamento de Gramsci nessa discussão sobre a sociedade civil é o de mostrar que essa dicotomia entre sociedade civil e sociedade política, tão bem construída pelo discurso liberal, expressa a existência de uma relação plena de contradições, e, portanto, terreno de conflitos e não de colaboração, face à racionalidade dos dominantes. Razão pela qual sociedade civil deve ser pensada no conjunto articulado das ideologias, das instituições que operam essas ideologias e dos projetos que constituem o horizonte e a proposta da ordem. Como afirma Dias (1996, p. 114), "mais do que 'neutralidade', ela expressa a luta, os conflitos e articula, conflitiva e contraditoriamente, interesses estruturalmente desiguais".

É exatamente esse caminho contraditório que se pretende reforçar, na perspectiva de negar o tratamento indiferenciado e desideologizador que perpassa as análises conservadoras, as quais insistem em ocultar as diferenças classistas existentes nas práticas sociais dos indivíduos e colocar-se como única alternativa político-ideológica, cuja adesão é vital para a preservação da ordem. Nessa discussão, insere-se a questão dos intelectuais. A nossa compreensão é a de que estes trabalham com a classe e não sobre ela na construção da nova sociabilidade. Por isso, a necessidade de decifrar as tendências e contratendências do real. Agir de outra forma — pensar a sociedade civil como construtora de consensos e não como expressão dos conflitos — significa reafirmar o domínio das classes dominantes e a negação dos subalternos como possíveis sujeitos (e não meramente atores) de sua história.

A título de considerações

O tema proposto para discussão procurou recuperar as idéias centrais de autores imprescindíveis à compreensão da Sociedade Civil. Nas análises que fizemos das suas principais reflexões sobre a temática, identificamos os vetores teóricos do debate e as articulações necessárias para localizar os nexos e os elementos de contraposição problematizados.

No âmbito do Serviço Social, a Sociedade Civil tornou-se interesse de nosso estudo dada à centralidade e revalorização que esta adquire, em particular na década de 90 do século passado, no conjunto das práticas sociais, como expressão de uma dinâmica cujos contornos vêm sendo determinados por mecanismos de ajustes e reformas que refundam a relação entre Estado, mercado e sociedade, alterando, significativamente, a natureza e os conteúdos das práticas de classe.

No Brasil, no trânsito dos anos 80 para a década de 90, as expressões de recorrência à sociedade civil estiveram sempre associadas a um projeto social de ampliação da democracia e da cidadania. O discurso da democratização do Estado e os novos arranjos institucionais decorrentes do pós-64 compõem o quadro em que se organizam e articulam os diversos movimentos sociais, os quais estiveram, em grande medida, submetidos à forte repressão e, portanto, tiveram imensa dificuldade em colocar-se como interlocutores em um campo institucional que os negava.

Para além disso, também uma determinada linha teórico-prática afirmava a necessidade de "dar as costas ao Estado", afirmando um enorme espontaneísmo desses movimentos. Apesar disso, tiveram importante papel na reconstrução da participação política das classes subalternas.[16]

---

16. Ilustrativo desse processo foi a chamada experiência do "Método Belo Horizonte", a qual, segundo Netto (1990), constituiu-se em uma alternativa às práticas tradicionais do Serviço Social, repôs, com novo conteúdo, "um procedimento eticista-voluntarista", além de comportar um viés que dotava a profissão de um caráter messiânico.

A rigor, nestas duas últimas décadas, a racionalidade dominante criou uma noção de institucionalidade, que, a um só tempo, ampliou as esferas de participação nos processos de gestão estatal, integrando a "sociedade organizada"[17] aos seus projetos de reforma e reduziu, quando não suprimiu, as formas de dissenso na sociedade.

Com efeito, a complexificação da sociedade e as suas novas formas de organização, mediadas pelo contexto de crise e de Reforma do Estado, apresentam-se como realidade justificadora para a retórica da necessidade de mudanças na relação entre Estado e Sociedade. Particularmente, no Brasil, no interior dessa relação, o que se constata é uma interpelação recorrente à sociedade civil para que esta, na condição de partícipe, colabore com o Estado na execução das políticas sociais. Este apelo à colaboração com o propósito de legitimar as ações estatais e integrar a sociedade à ordem dominante é uma das principais estratégias que se constroem para neutralizar os conflitos e apagar as diferenças de projetos societários.

E, nesse jogo, opera-se com a retradução do velho. No processo atual de subsunção real do trabalho ao capital vemos serem reinstituídas velhas formas consideradas ultrapassadas. O mais-valor relativo e o absoluto se combinam para dar possibilidade de existência ao capitalismo. O argumento da modernização do capitalismo e também do Estado implica articular interesses que dêem maior flexibilidade à implementação de mudanças. As recentes modificações na legislação do trabalho são exemplares para nos mostrar como a institucionalidade tenta "apagar" um século de lutas sociais e de conquista de direitos.

Na realidade, pode-se pensar, ancorada no pensamento gramsciano, que as iniciativas de envolver a sociedade nas ações estatais são constituidoras da hegemonia dominante. As idéias de *passivização* e de *transformismo* parecem ser interessantes e apropriadas para pensar a conjuntura atual: as transformações operadas na sociedade implicam na absorção da

---

17. Há uma curiosa questão que se faz presente quando se fala de sociedade civil organizada. Pode ela existir sem organicidade? Outra coisa, contudo, será entender que as classes se manifestam também no interior dessa famosa sociedade civil como movimentos sociais organizados, cujos limites estão dados pela institucionalidade, mas, cujas práticas permitem escapar, muitas vezes, das formulações legalistas.

tendência antagonista, na neutralização das suas lutas, na destituição do caráter de classe das suas práticas sociais.

O que, então, este "novo" trato da sociedade civil está implicando? Do ponto de vista das reflexões que fizemos acerca do pensamento dos autores estudados, é relevante enfatizar que todos eles pensam a sociedade civil como um conceito referido à constituição do Estado — quer seja o Estado burguês, quer seja um novo tipo de regulação que apresente outros conteúdos de organização social. Nessa análise, o curso dos debates parece-nos apontar para a construção da racionalidade das classes, ora para pensá-las enquanto forças sociais dominantes (Hegel, Hobbes e Locke), ora para superar o Estado burguês (Marx) ou mesmo apresentá-lo como parte incorporada à sociedade de novo tipo — sociedade regulada (Gramsci).[18]

Assim compreendida, o debate sobre sociedade civil incorpora um espectro de possibilidades e desdobramentos que a constituição desse Estado supõe: os direitos e suas salvaguardas, a relação entre os interesses universais e particulares, as imbricações entre o público e o privado, o exercício do poder e os mecanismos de controle político para legitimar esse poder em relação às forças sociais em presença.

A mediação desses processos, incontestavelmente, passa pela questão da democracia e das formas de representação dessa sociedade nas ações do Estado. Democracia e cidadania, na retórica liberal, são os vetores universais, genéricos e indiferenciados que encaminham a discussão da sociedade civil na perspectiva de homogeneizar os interesses e de torná-la relação que encobre as reais necessidades de integração à ordem e aceitação das desigualdades.

Por outro lado, a sociedade civil é pensada, pelo campo da tradição marxista, como um lugar de movimento, de contradições e forma de articulação social, em que se revelam as possibilidades de construção de hegemonia das classes subalternas e "a elevação intelectual, moral e política dos dominados".

---

18. É interessante salientar que o neoliberalismo busca construir o discurso único onde o conflito ou não cabe, ou então é sempre visto como desviante, disfuncional, ou seja, como criminalizável. Já os liberais da velha estirpe afirmam outro ponto de vista: o conflito é histórico e deve buscar-se regulá-lo.

Essa contraposição exterioridade/unidade da sociedade civil em relação ao Estado nos coloca diante dos argumentos que sinalizam para uma democracia e uma cidadania que ora mantém os indivíduos vinculados à racionalidade do mercado e, em conseqüência disso, expressam a ideologia dominante, ora se constituem como supostos da existência política real da sociedade civil, e, nesse sentido, são constituidoras de um projeto societário diferenciado e emancipador, cujos protagonistas são os movimentos sociais organizados e a hegemonia que estes constroem nos processos de crítica à ordem dominante e na negação dos supostos e práticas que reificam a subsunção do trabalho ao capital.

Como síntese dessa discussão, no atual momento de reestruturação capitalista e de reforma do Estado, aparece em destaque uma sociedade civil que, impulsionada pelo pensamento neoliberal, postula uma autonomia em relação ao Estado e que se movimenta com base em pressupostos que têm o propósito de desideologizar as práticas classistas e de ocultar as diferenças sociais em prol da legitimação das ações das forças dominantes.

Colocada de tal maneira, e sob o discurso apologético da sociedade civil, tenta-se eliminar, ou, no limite, reduzir as possibilidades que têm os mecanismos de ampliação do Estado de se constituírem em meios estratégicos de fortalecimento da sociedade civil, e, em substituição a essa perspectiva, desloca-se a questão para a criação de mecanismos de subordinação que retiram o caráter contraditório da sociedade civil e resgatam elementos de colaboração e consenso que determinam a natureza e o conteúdo da sua intervenção na sociedade.

Referências bibliográficas

ACANDA, J. L. *Sociedade civil e hegemonia*. Rio de Janeiro: Editora UFRJ, 2006.

BOBBIO, N. *Estudos sobre Hegel*. Direito, Sociedade Civil, Estado. São Paulo: Brasilienese/UNESP, 1991.

CHATELET, F. *Preguntas y réplicas*. Em busca de las verdaderas semejanzas. México: Fondo de Cultura, 1989.

CHATELET, F.; DUHAMEL, O.; PISIER, E. *Dicionário das Obras Políticas*. Rio de Janeiro: Civilização Brasileira, 1993.

COUTINHO, C. N. A dimensão objetiva da vontade em Hegel. *Revista Lua Nova*. São Paulo, n. 38, 1996.

DIAS, E. et al. *O outro Gramsci*. São Paulo: Xamã, 1996.

DIAS, E. F. *A liberdade (im)possível na ordem do capital*. 2. ed. Campinas: UNICAMP/IFCH, 1999.

FREDERICO, C. *O jovem Marx*. As origens da ontologia do ser social. São Paulo: Cortez, 1995.

GRAMSCI, A. *Cadernos do Cárcere*. Rio de Janeiro: Civilização Brasileira, v. 3, 2000.

_____. *Cadernos do Cárcere*. Rio de Janeiro: Civilização Brasileira, v. 4, 2001.

LOCKE, J. *Segundo tratado sobre o governo*. São Paulo: Abril Cultural, 1978.

MACPHERSON, C. B. *A teoria política do individualismo possessivo de Hobbes até Locke*. Rio de Janeiro: Paz e Terra, 1979.

MARX, K. *Crítica da Filosofia do Direito de Hegel*. Lisboa: Editorial Presença, s/d.

MOTA, A. E. *A cidadania do fordismo*. Revista História e Perspectivas. Uberlândia, n. 5, 1991.

_____. Do operário padrão ao operário patrão. *Revista Temáticas*, Campinas, ano 2, n. 3, jan./jun. 1994.

NETTO, J. P. *Ditadura e Serviço Social*. Uma análise do Serviço Social no Brasil pós-64. São Paulo: Cortez, 1990.

_____. *Marxismo impenitente*. Contribuição à história das idéias marxistas. São Paulo: Cortez, 2004.

TEIXEIRA, F. J. S. *Economia e filosofia no pensamento político moderno*. Campinas: Pontes, 1995.

_____ (org.). *Neoliberalismo e reestruturação produtiva*. As novas determinações do mundo do trabalho. São Paulo: Cortez, 1996.

3

Acumulação, trabalho e superpopulação: crítica ao conceito de exclusão social

Cézar Henrique Maranhão*

1. Introdução

O mundo atual vive cada vez mais um paradoxo: de um lado, as maravilhas da ciência e, de outro, a barbárie da miséria. Os atuais avanços científicos são incalculáveis em campos fecundos como a informática, a biotecnologia, a microeletrônica, a ciência dos materiais, dentre outros exemplos da atual capacidade produtiva da humanidade.

No entanto, esse mesmo sistema, que ampliou sem precedentes a técnica, a ciência e a riqueza, tem se deparado, em escala ascendente, com um crescimento exponencial da desigualdade social, da pobreza e da miséria. As Nações Unidas estimam que, atualmente, em torno de 2,5 bilhões de pessoas no mundo se encontram na situação de ter que subsistir com menos de dois dólares por dia. Destes, uma parcela de 1,3 bilhão vive em esta-

---

* Professor Assistente do Departamento de Serviço Social da Universidade Federal da Paraíba — UFPB e doutorando do Programa de Pós-Graduação em Serviço Social da UFPE. E-mail: cezarmaranhao@uol.com.br

do de indigência, carecendo das necessidades mais básicas como, por exemplo, o acesso à água potável (PNUD, 2001).

Enquanto a economia capitalista vem demonstrando uma enorme capacidade de reestruturar continuamente seus mecanismos de acumulação, com o objetivo de aumentar a taxa de lucros das empresas transnacionais, o tempo médio de procura por trabalho tem crescido ano a ano. O mundo industrializado se caracteriza, cada vez mais, pelo desemprego de longa duração, que está privando uma parcela considerável de trabalhadores da possibilidade de sustento.

O próprio desenvolvimento histórico das estatísticas oficiais de desemprego demonstra a atual cumplicidade das organizações multilaterais com as taxas elevadas de desocupação. Segundo Teixeira (2000), na década de 50 do século XX, uma taxa de desemprego considerada normal pelos diversos órgãos competentes limitava-se a 2,5% da população ativa; na década seguinte, 3% a 4% de desempregados era a taxa média aceita pelos pesquisadores. Nos anos 70 e 80, o "normal" passou a ser uma taxa de 5%. Hoje, o nível "aceitável" de desocupação gira em torno de 6% a 7 % que, traduzido em números absolutos, corresponde a mais de 800 milhões de pessoas desempregadas no mundo.

Atualmente, a realidade do desemprego assume um quadro tal que um país como a Índia, considerado por muitos organismos multilaterais como exemplo de desenvolvimento econômico, é obrigado a conviver com um inacreditável número de 336 milhões de desempregados, enquanto que o contingente de trabalhadores ocupados não passa dos 307,6 milhões no mesmo país (Mészáros, 2007).

Mesmo para as economias ditas "desenvolvidas", os efeitos do desemprego são inegáveis. Hoje existem mais de 40 milhões de desempregados nos países industrialmente desenvolvidos. E, desse número, só a Europa conta com mais de 20 milhões de desocupados atualmente. Mais do que nunca, o contraste entre o pauperismo endêmico e o crescimento vertiginoso das riquezas produzidas é visivelmente assustador. O mundo contemporâneo observa a proliferação de uma desigualdade social latente, em que:

> (...) 20% da população do mundo detém 82,7% do conjunto da renda; os 20% seguintes, 11,7%, e os 60% restantes da população mundial dividem entre si

somente 5,6% da riqueza produzida pelo conjunto do planeta (Salama; Destremau, 1999, p. 22).

Nos Estados Unidos, modelo de estabilidade, crescimento econômico e oportunidades, as coisas não são diferentes. Aproximadamente 50 milhões de norte-americanos, ou seja, 19% da população vivem abaixo da linha de pobreza. No último ano, a renda dos 40% mais pobres da população estadunidense equivalia a 1% da renda dos mais ricos (Mészáros, 2007).

Diante desse quadro contraditório da economia capitalista contemporânea, diversos autores das mais variadas correntes sociológicas têm desenvolvido teorias que oferecem explicações e subsidiam respostas práticas para o atual crescimento do desemprego e da pobreza. Nessa trilha é que surge o conceito de "exclusão social", largamente utilizado por acadêmicos, intelectuais e meios de comunicação, das mais diferentes posições, para tentar oferecer uma explicação do quadro social atual de ampliação do desemprego e da miséria.

Na década de 90 do século passado, multiplicam-se designações como "nova pobreza", "nova questão social" e "exclusão social". À medida que o desemprego e a pauperização avançam, o que se caracterizava como um fenômeno residual e limitado aos países periféricos ganha relevo e necessidade de ser explicado.

Ao resumir a heterogeneidade das teses dos "teóricos da exclusão", mesmo correndo o risco de generalizações, poderíamos dizer que o que une seu pensamento é a defesa de uma espécie de neocontratualismo. Para eles, a transição de uma sociedade industrial para uma sociedade pós-industrial ou pós-salarial rompeu com o "contrato social" que vigorou na época do *Estado de Bem-Estar* e isso gerou uma crise filosófica do Estado, que, por usa vez, tem como conseqüência a desagregação dos princípios de solidariedade e coesão social.

Essa inadequação da gestão estatal desenvolveu mecanismos de "exclusão social" que apartam os cidadãos dos laços de *solidariedade* construídos durante a fase gloriosa do *Welfare State*. Ou seja, para esses teóricos, os *excluídos* são pessoas que estão desprovidas de alguma *propriedade* ou de alguma espécie de *contrato*, seja ele relativo ao trabalho, à terra, à renda, ao consumo ou ao sistema de seguridade social.

Além dessas explicações, essas teorias reforçam a leitura de que o atual quadro de "exclusão" traria um caráter inédito aos conflitos sociais contemporâneos. Para um desses teóricos, Rosanvallon (1998), a antiga "questão social" representada pelo conflito entre proletariado e burguesia já teria sido completamente superada pelo *Estado Social* europeu e, por isso, falar em contradição entre capital e trabalho seria algo velho e ultrapassado. Mesmo expoentes que criticam a noção de *exclusão*, como Castel (1998), assumem a idéia de que este é um processo novo e totalmente diferenciado dos antigos conflitos sociais entre capital e trabalho.

Para esses autores, o que estaria em curso seria uma "Nova Questão Social", portadora de novíssimos conflitos e determinações. De acordo com essa análise, estaríamos assistindo à gestação de uma nova dicotomia social: ao lado das clássicas divisões entre exploradores e explorados, ou burguesia e trabalhadores, estaríamos vivenciando o aparecimento de uma nova cisão, aquela que opõe, de forma abstrata e genérica, incluídos e excluídos.

Para além da generalização de aspectos específicos da realidade européia e das sérias implicações políticas dessas teses, o conceito de *exclusão social*, ao se ater aos fatos empiricamente observáveis, fragmenta a realidade social e mistifica as determinações imediatas desse fenômeno. O que é mera aparência se transforma em essência, o que seria o começo de uma análise se transforma em seu fim, o que é mera expressão empírica se metamorfoseia em refinadas teorias sociológicas que se limitam a descrever expressões imediatas do fenômeno.

Com a teoria da "exclusão social", temos diante de nós um conceito que mais obscurece do que esclarece a totalidade das relações sociais em que o fenômeno está envolvido e, por isso, deixa de apreender as condições concretas que fazem do desemprego crescente, e da pauperização ampliada, parte constitutiva da dinâmica social contemporânea.

Minha intenção neste texto é desenvolver, mesmo que introdutoriamente, uma alternativa às teses da "exclusão social" que procure analisar a totalidade em que está inserido o fenômeno atual do desemprego e do pauperismo. Com base na *lei geral de acumulação capitalista*, elaborada por Marx, tento apreender, ainda que de forma aproximativa, as complexas mediações que ligam as expressões fenomênicas do desemprego e do pauperismo à configuração do capitalismo atual e sua dinâmica de integração/expulsão da força de trabalho.

Para expor de forma satisfatória a multiplicidade de questões presentes nesse processo, o texto foi dividido em três partes principais. Na primeira parte, com base na *lei geral de acumulação capitalista* formulada por Marx, busco apreender, no interior da dinâmica do capital, os mecanismos e as mediações que fazem do desemprego e do pauperismo partes constitutivas do modo de produção e reprodução capitalista. Numa segunda parte, procuro desvendar as particularidades históricas do imperialismo e as conseqüências dessa fase superior do capital para a dinâmica de ampliação e retração da superpopulação relativa. Na terceira e última parte, exponho as atuais determinações da mundialização financeira que, ao acirrar o caráter expropriador do capital, transforma a força de trabalho excedente numa condição inerente à expansão mundial do capitalismo.

2. O contraponto às teses da "exclusão social": lei geral de acumulação, superpopulação relativa e a complexa anatomia da "questão social"

A "questão social" tem sido alvo de inúmeros debates na atualidade. Freqüentemente, as análises que têm sido desenvolvidas se limitam a descrever as condições aparentes em que esse fenômeno se apresenta. Diante da forma abstrata e pouco reveladora presente no conceito, inúmeras análises se perdem na multiplicidade de mediações envolvidas neste processo. Para não incorrermos nessa abstração, que mais oculta do que revela o movimento concreto do objeto, acreditamos que somente uma análise que leve em consideração o conhecimento rigoroso do processo de produção capitalista pode apreender com precisão a dinâmica da "questão social". Como ressalta José Paulo Netto (2004, p. 45):

> A análise marxiana da "lei geral de acumulação", contida no vigésimo terceiro capítulo d'*O capital*, revela a anatomia da "Questão Social", sua complexidade, seu caráter de corolário (necessário) do desenvolvimento capitalista em todos os seus estágios.

Por isso, desde a crítica da economia política, elaborada por Marx, sabemos que as expressões da chamada "questão social" como o fenômeno do desemprego e da pauperização, não são estranhos nem novos para um sistema que se baseia na exploração do trabalho e na apropriação privada da riqueza socialmente produzida, deixando aos trabalhadores a venda da força de trabalho como possibilidade única de obter sua reprodução física e espiritual.

O processo histórico de concentração dos meios de produção e subsistência nas mãos de poucos capitalistas significou uma violenta batalha das classes dominantes européias contra o trabalho dos camponeses e artesãos. Como bem ressalta Marx,

> Dinheiro e mercadoria (...) requerem sua transformação em capital. Mas essa transformação mesma só pode realizar-se em determinadas circunstâncias, que se reduzem ao seguinte: duas espécies bem diferentes de possuidores de mercadorias têm de defrontar-se e entrar em contato; de um lado, possuidores de dinheiro, meios de produção e meios de subsistência, que se propõem a valorizar a soma valor que possuem mediante compra de força de trabalho alheia; do outro, trabalhadores livres, vendedores de sua própria força e trabalho e, portanto, vendedores de trabalho. (...) Com essa polarização do mercado estão dadas as condições fundamentais da produção capitalista. A relação-capital pressupõe a separação entre os trabalhadores e a propriedade das condições da realização do trabalho. (Marx, 1985, p. 262)

Esse longo curso histórico de expropriação das terras, instrumentos de trabalho e meios de subsistência dos trabalhadores atravessou gerações, possibilitando a existência de grandes quantidades de capital e de força de trabalho disponíveis.[1] Esse processo chamado de "acumulação primitiva ou originária", desvendado por Marx (1999), foi responsável por uma vio-

---

1. "A invenção de trabalhadores excedentes, considerando-se homens sem propriedade e que trabalham, é própria da época do capital" (Rosdolsky, 200, p. 215). Para um aprofundamento mais sistemático e histórico sobre o processo de separação dos trabalhadores perante os meios de produção e subsistência ver: MARX, Karl. *O capital*. Livro I, capítulo XXIV ("A Chamada Acumulação Primitiva"). Rio de Janeiro: Civilização Brasileira, 1999. Para complementação ao estudo desse tema, indicamos DOBB, Maurice. *A evolução do capitalismo*. Rio de Janeiro: Editora LTC, 1987.

lência brutal que converteu antigos camponeses e artesãos em "homens potencialmente pobres", destituídos de qualquer propriedade, e que só dispunham da venda de sua força de trabalho. Como explica ironicamente Marx (1999, p. 827):

> Essa acumulação primitiva desempenha na economia política um papel análogo ao do pecado original na teologia. Adão mordeu a maçã e contaminou a humanidade inteira. (...) A lenda teológica conta-nos que o homem foi condenado a comer o pão com o suor do teu rosto. Mas a lenda econômica explica-nos o motivo por que existem pessoas que escapam a esse mandamento divino. Aconteceu que a elite foi acumulando riquezas, e a população "vadia" ficou finalmente sem ter outra coisa para vender além da própria pele. Temos aí o pecado original da economia. Por causa dele, a grande massa é pobre e, apesar de se esfalfar, só tem para vender a própria força de trabalho, enquanto cresce continuamente a riqueza de poucos, embora tenham esses poucos parado de trabalhar há muito tempo.

Através da chamada "acumulação primitiva", as manufaturas e as primeiras fábricas tiveram a seu dispor os braços ociosos necessários para pôr em movimento uma produção em larga escala sem precedentes na história da humanidade. Para Engels (1981), nesse período, a rápida expansão da indústria demandava trabalhadores e os salários oferecidos faziam com que grandes contingentes humanos emigrassem do campo para a cidade, produzindo uma ampla oferta de força de trabalho. Essa voracidade do capital por força de trabalho e lucro produz um quadro contraditório em que o comércio e a indústria avançam em detrimento da miséria e da degradação de grandes contingentes humanos. O capital, nesse sentido, cria uma verdadeira *superpopulação relativa* de trabalhadores, reunindo-a em torno de um centro urbano e fazendo dele um inesgotável reservatório de força de trabalho.

Em um escrito de juventude, Marx ressalta esse caráter da sociedade burguesa e define, por sua vez, o caminho contraditório que o desenvolvimento das forças produtivas atinge sob a égide do capital.

> O trabalhador torna-se tanto mais pobre quanto mais riqueza produz, quanto mais a sua produção aumenta em poder e extensão. O trabalhador torna-

se uma mercadoria mais barata, quanto maior número de bens produz. Com a valorização do mundo das coisas, aumenta em proporção direta a desvalorização do mundo dos homens. (Marx, 2002, p. 111)

Essa dinâmica negativa do capital de empobrecer os trabalhadores diante da riqueza social que eles mesmos produzem é uma das características fundamentais do modo de produção capitalista e da consolidação de seu maior instrumento de acumulação privada, a grande indústria moderna.

A contradição essencial entre capital e trabalho, que move todo o desenvolvimento das riquezas na sociabilidade capitalista — do período chamado de acumulação primitiva até os dias atuais — é a base mais simples sob a qual se ergue todo o edifício da produção e reprodução nessa sociedade. Pelo lado do trabalhador, sua reprodução física e espiritual está subsumida às limitadas circunstâncias de reprodução do capital. Apenas no momento em que este vende sua força de trabalho e recebe seu salário é que terá condições de se reproduzir enquanto indivíduo social e desenvolver suas potencialidades criativas. O capital, por sua vez, objetiva, com a compra de força de trabalho, produzir mercadorias que contenham mais trabalho do que ele paga ao trabalhador e cuja venda realiza a mais-valia obtida gratuitamente.

Como ressalta Marx (1999, p. 721), "produzir mais-valia é a lei absoluta desse modo de produção". Assim, a força de trabalho só é vendável quando conserva os meios de produção como capital, reproduz seu próprio valor como capital e proporciona, com o trabalho não-pago, uma fonte de capital adicional a ser reinvestida na produção, acumulada para proveito dos capitalistas e reproduzida intermitentemente (Marx, 1999).

Em outras palavras, por causa da *alienação* do produtor direto em relação aos meios e instrumentos de produção e da *subsunção formal e real* do trabalho ao capital, o estabelecimento das necessidades e potencialidades dos trabalhadores está subordinado às demandas de lucro e exploração capitalista.

A dinâmica contraditória da reprodução das condições de produção capitalistas é percebida com maior rigor quando Marx conclui que na *lei geral de acumulação* o capital possui um paradoxo singular e inerente a sua lógica. Enquanto forma alienada de relação social, em que a produção da mais-valia subordina todas as outras necessidades, o capital afirma a força de trabalho como momento nele incluído, já que ela é a fonte de exploração da mais-valia, mas, por outro lado, a nega e exclui enquanto possível. Ou seja, de um lado, busca incessantemente por uma valorização do dinheiro adiantado, uma mais-valia ilimitada, através da incorporação da força de trabalho. Por outro lado, o impulso da mais-valia relativa, intensificado pelos investimentos em tecnologias que leva à incorporação de novos maquinários e novos métodos de organização da produção, induz o capital a negar relativamente o potencial do trabalho e a colocar como não necessários ou *supérfluos* muitos desses trabalhadores.

Longe de conceber que o aumento exponencial da taxa de natalidade em relação às forças produtivas estaria na razão da existência dessa massa populacional sobrante, como queria Malthus e como querem seus novos seguidores (neomalthusianos), desde a crítica à economia política, feita por Marx, sabemos que a transformação de trabalhadores em *força de trabalho excedente* tem suas determinações baseadas na própria *lei geral de acumulação capitalista*. Esta lei tem seu desenvolvimento ancorado no aumento da *composição orgânica do capital*, que, com a incorporação constante de novos maquinários e técnicas, empreendeu, desde o surgimento da grande indústria, uma ampliação considerável de sua parte constante e realizou um gradativo decréscimo de sua parte variável, aumentando a descartabilidade da força de trabalho.

A luta histórica travada entre capitalistas e operários em torno da intensificação das formas de extração da mais-valia, o crescimento da ciência moderna e a ampliação dos capitais extras disponíveis para investimento possibilitaram um salto na produção capitalista. A revolução industrial, que começa em meados do século XVIII, ampliou as formas de extração da mais-valia relativa, possibilitando o surgimento da grande indústria e do maquinário moderno. A luta política dos capitalistas para realizar a subsunção real do trabalho ao capital e a necessidade de encurtar o tempo de rotação do capital foram o estopim para o investimento e a procura cada vez mais intensa por tecnologias poupadoras de trabalho.

A necessidade de adquirir continuamente mais-trabalho obriga ao capital a encurtar cada vez mais o tempo de rotação do valor.[2] Ou seja, para que o capital possa extrair o máximo de mais-valia possível, é necessário transformar dinheiro em mercadoria e mercadoria em dinheiro no menor tempo possível. Quanto menos demorado é esse movimento, mais rapidamente o capital se valoriza (Teixeira, 2007).

A melhor forma de encurtar o tempo de rotação do capital é tornando o processo de produção o mais independente possível das mãos e da mente do trabalhador. Isto acontece através da introdução de inovações tecnológicas que tanto transformam o trabalhador em mero apêndice da máquina, quanto diminuem as imperfeições e o tempo do processo produtivo, criando movimentos uniformes e contínuos.

Por isso, a maquinaria foi incorporada definitivamente à indústria e utilizada como forma de extrair maior quantidade de mais-valia relativa, diminuindo o tempo de trabalho necessário e aumentando a capacidade de extrair trabalho excedente. Sendo assim, foi necessário ao capital criar não só uma população maior de trabalhadores aptos a desenvolver o trabalho repetitivo, desgastante e mal pago das fábricas, mas também construir uma *superpopulação relativa* (população acima da necessidade imediata de incorporação à produção).

No desenrolar da história de consolidação da indústria moderna, o capital cria para si uma população a ser utilizada e consumida como força de trabalho pela grande indústria capitalista. E também constrói as condições para expulsar, cada vez mais, uma parte dessa população, tornando-a desnecessária aos imperativos de acumulação e reprodução ampliada do capital.

Assim, segundo Marx, opera-se uma contradição no seio da reprodução do capital. "Com o aumento do capital global, cresce também sua parte variável, ou a força de trabalho que nele se incorpora (...)". Porém, com a

---

2. Por rotação do valor ou do capital, entendemos: "o tempo em que o capital industrial percorre suas três formas, desde o momento em que ele foi adiantado como capital-dinheiro até seu regresso a essa mesma forma. Ou, nas palavras de Marx, a rotação do capital é o período em que o valor-capital se move, a partir do momento em que é adiantado sob determinada forma até o momento em que volta à mesma forma" (Teixeira, 1995, p. 220).

incorporação do maquinário, observa o autor que esse aumento é "(...) em proporção cada vez menor" (Marx, 1999, p. 734). Ou seja, apesar de criar a necessidade social de aumentar a população de trabalhadores ativos para ocupar os postos de trabalho, gerando mais sobretrabalho, os capitais individuais, empenhados em aumentar os lucros, contraditoriamente realizam um movimento oposto.

A introdução massiva de novos maquinários e novas formas de organização do trabalho expulsam continuamente a força de trabalho das fábricas, gerando uma superpopulação de trabalhadores. Contudo, ao contrário da tese malthusiana, que prevê um crescimento absoluto dessa superpopulação em comparação com a atividade produtiva em geral, Marx tinha a clareza que o movimento histórico do capital permite que essa superpopulação passe a flutuar de acordo com a dinâmica de acumulação. Assim, ela cresce ou diminui sempre em conformidade com o quadro de reprodução ampliada do capital. Exatamente por isso Marx a nomeou de superpopulação *relativa.*

Podemos afirmar que, numa sociedade subordinada aos imperativos da *alienação capitalista,* quanto mais os avanços científicos progridem, o trabalhador torna-se proporcionalmente, peça cada vez mais supérflua dentro da engrenagem da grande indústria.[3] Assim, continua Marx (1999, p. 732),

[...] a verdade é que a acumulação capitalista sempre produz, e na proporção da sua energia e de sua extensão, uma população trabalhadora supérflua relativamente, isto é, que ultrapassa as necessidades médias da expansão do capital, tornando-se, desse modo, excedente.

Por conta disso, "a população trabalhadora, ao produzir a acumulação do capital, produz, em proporções crescentes, os meios que fazem dela, relativamente, uma população supérflua" (Marx, p. 734). Com isso,

Quanto maiores a riqueza social, o capital em função, a dimensão e energia de seu crescimento e, conseqüentemente, a magnitude absoluta do proleta-

---

3. Cf. "Para el obrero no sólo se trata de la eliminación de la especialización y de la devaluación de la fuerza de trabajo, sino también de la eliminación de la única mercancía en posesión de la parte de obreros constantemente oscilante: la fuerza de trabajo que, dado que ya es superflua, es sustituida por las máquinas." (Marx, 1980, p. 114).

riado e da força produtiva de seu trabalho, tanto maior o exército industrial de reserva. A força disponível é ampliada pelas mesmas causas que aumentam a força expansiva do capital. (Marx, p. 748)

Portanto, a criação de uma *superpopulação relativa* deve ser entendida não como produto exterior ou mero distúrbio do sistema de produção, mas, antes, como produto histórico, necessário à acumulação e ao desenvolvimento da riqueza no sistema capitalista. Como ressalta o velho filósofo alemão, ela se torna "a alavanca da acumulação capitalista e, mesmo, condição de existência do modo de produção capitalista." (Marx, 1999, p. 735).

Mas essa superpopulação não se caracteriza por um grupo homogêneo e inerte. Na verdade, a *superpopulação relativa,* de que fala Marx, é composta por um conjunto de grupos heterogêneos, abrangendo uma multifacetada população de trabalhadores que se encontram tanto desempregados ou parcialmente empregados. Por isso, torna-se essencial para nossa análise uma exposição das múltiplas características dessa categoria.

Em uma tentativa de categorizar as condições concretas sob as quais se desenvolve a *superpopulação relativa*, Marx afirma existir três formas principais: 1) a *flutuante*, 2) a *latente* e 3) a *estagnada*.

1) A *forma flutuante da superpopulação relativa* responde pela situação em que os trabalhadores da indústria, fábricas e empresas em geral são ora repelidos, ora contratados por estas. Marx cita o exemplo das fábricas do século XIX que contratavam em grandes quantidades rapazes e crianças, aptos ao trabalho, até atingirem a fase adulta. Quando isto ocorria, só um número muito pequeno continuava empregado e os demais eram despedidos.

2) A *superpopulação relativa latente* é composta pelos trabalhadores rurais que são expulsos gradativamente do campo através da expansão do grande capital na agricultura. Assim, "parte da população rural encontra-se sempre na iminência de transferir-se para as fileiras do proletariado urbano [...] e na espreita de circunstâncias favoráveis a essa transferência" (Marx, 1999, p. 746). Essa população está sempre fluindo para as cidades, e pressupõe a existência de uma superpopulação latente no campo. Isso, segundo Marx, explica o rebaixamento salarial dos trabalhadores rurais que são obrigados a sempre permanecerem "com um pé no pântano do pauperismo" (Marx, 1999, p. 746).

3) A terceira categoria de *superpopulação relativa* é a *estagnada*, que possui dois componentes. O primeiro é caracterizado pelo exército de trabalhadores com ocupações irregulares, a exemplo dos trabalhadores a domicílio. Segundo Marx,

> Ela proporciona ao capital reservatório inesgotável de força de trabalho disponível. Sua condição de vida se situa abaixo do nível médio normal da classe trabalhadora, (...) duração máxima de trabalho e o mínimo de salário caracterizam sua existência. (Marx, 1999, p. 746)

O segundo componente da *superpopulação relativa estagnada* é integrado pelo mais profundo sedimento da superpopulação relativa que vegeta no inferno da indigência. Este segmento, por sua vez, é caracterizado por possuir dois grupos: um deles é composto pelos filhos e órfãos de indigentes e são recrutados para diversos tipos de atividades temporárias e pontuais. O outro é composto pelos degredados, desmoralizados e já incapazes de realizar qualquer trabalho. Assim, para Marx "o pauperismo constitui o asilo dos inválidos do exército ativo dos trabalhadores e o peso morto do exército industrial de reserva"[4] (Marx, p. 747 e 748).

A *superpopulação relativa* e a pauperização de amplos seguimentos populacionais dela decorrente são, pois, condição de existência e estímulo à acumulação privada e sua reprodução faz parte das despesas extras da produção capitalista. Porém, "o capital arranja sempre um meio de transferi-las para a classe trabalhadora e para classe média inferior" (Marx, p. 748).

Com a expansão da *superpopulação relativa*, cria-se assim tanto uma população proletarizada, sempre pronta a atender aos anseios do capital por trabalho, como, também, uma massa de desocupados duradouros e miseráveis que estão totalmente espoliados dos mais básicos meios de subsistência.

As conseqüências da ampliação dessa imensa massa de seres humanos disponíveis são diversas. Para o capital, ela tem efeitos positivos sobre várias esferas que compõem a produção global do capital social total, ao

---

4. Para uma análise das diferenças entre as categorias de superpopulação relativa e exército industrial de reserva, ver o artigo: SOUZA, Paulo Renato de. "Salário e mão-de-obra excedente". In: *Emprego, salários e pobreza*. São Paulo: Hucitec, 1980.

passo que: *1) dinamiza os ciclos de rotação do capital (D — M — P... — M' — D')* deixando à disponibilidade dos diversos investimentos e créditos capitalistas uma quantidade sempre renovável de força de trabalho; *2) barateia o custo da força de trabalho*, ao despejar continuamente no mercado uma grande quantidade de oferta dessa mercadoria; *3) aumenta a produtividade* através da intensificação da extração de mais-valia absoluta e relativa, fazendo com que os trabalhadores se autopoliciem e trabalhem com mais constância.

Além disso, o papel da superpopulação relativa na regulação e flutuação do preço da força de trabalho a transforma em um instrumento eficaz e necessário de ampliação da extração de mais-valia e na contenção dos efeitos da lei da queda tendencial na taxa de lucros. No livro III de *O Capital*, Marx, ao esclarecer as conseqüências da passagem de um período de prosperidade a um período de recessão e crise, afirma:

> [...] com a paralisação causada na produção (ou seja, nas crises, conseqüência da queda brusca na taxa de lucros — CHM) é colocada parte da classe trabalhadora em alqueive,[5] deixando, desse modo, a parte ocupada numa situação em que teria de aceitar uma redução do salário, mesmo abaixo da média; uma operação que, para o capital, tem o mesmo efeito que se, com salário médio, tivesse sido elevada a mais-valia relativa ou absoluta. [...] A queda do preço e a luta pela concorrência teriam, por outro lado, estimulado cada capitalista a reduzir o valor individual de seu produto global — mediante utilização de máquinas novas, métodos novos e aperfeiçoados de trabalho, novas combinações — abaixo do seu valor geral, ou seja, a elevar a força produtiva de dado *quantum* de trabalho, a reduzir a proporção do capital variável em relação ao constante e, com isso, a liberar trabalhadores, em suma, a criar uma *superpopulação artificial*. (Marx, 1986, p. 192, grifos nossos)

Assim, o aumento da superpopulação relativa em períodos de recessão tem como resultado uma ampliação da taxa de exploração dos trabalhadores ocupados e, conseqüentemente, um incremento na extração da mais-valia e na superação das crises cíclicas do capital. Um exemplo atual dessa função da superpopulação relativa como "causa contrariante" (Marx,

---

5. No Dicionário Aurélio, a palavra *alqueive* significa: terra que se lavra e se deixa em pouso para se tornar mais produtiva.

1986) das crises são as recentes demissões nos Estados Unidos. Segundo dados do Departamento de Trabalho dos EUA, só nos três primeiros meses da "crise imobiliária" em 2008 foram extintos 178 mil postos de trabalho.

Por isso, além de conter traços extremamente heterogêneos, a superpopulação relativa possui, também, diversos elementos que se modificam no decorrer do movimento histórico. Como afirma Marx (1999, p. 744), "As fases do ciclo industrial fazem-na aparecer ora em forma aguda, nas crises, ora em forma crônica, nos períodos de paralisação".

Portanto, para os trabalhadores, os efeitos da ampliação da superpopulação relativa são diametralmente opostos e se caracterizam: 1) *pela intensificação da exploração*, expondo os trabalhadores às formas mais bárbaras de superexploração, sob pena de perderem seu único meio de subsistência, o salário; 2) *pelo rebaixamento salarial*, devido ao crescimento da oferta da mercadoria força de trabalho; 3) *pela pressão exercida sobre a organização política dos trabalhadores*, que, cada vez mais preocupados com a subsistência, são pressionados a abrir mão da luta política.

Como visto, é na dinâmica de consolidação da superpopulação que se desenvolvem mecanismos que empurram os salários dos empregados para baixo, pressionam para que eles trabalhem com mais afinco,[6] criam uma grande massa humana pronta a ser convocada quando assim desejar o capital e condenam uma parte da classe trabalhadora à ociosidade forçada e à miséria potencial.

Mas a complexidade da dinâmica da superpopulação relativa e o acirramento das contradições implícitas ao sistema de capital ganham impulso ainda maior com a chegada do século XX e a entrada do modo de produção capitalista na sua fase imperialista.

---

6. Sobre isso, ratificava com extrema clareza o pastor anglicano Mr. J. Towsend, na Londres de 1817, o conteúdo conveniente da pobreza e da fome para o capital: "O trabalho obtido por meio de coação legal exige grande dose de aborrecimentos, violência, barulho, enquanto a fome pressiona pacífica, silenciosa e incessantemente e, sendo o motivo mais natural para a sua diligência e para o trabalho, leva a que se façam os maiores esforços" (Marx, 1999, p. 751). Pode-se dizer, nestes termos, que o "capataz" que cuida para que o trabalho assalariado produza incessantemente é a falta de meios de subsistência do trabalhador, ou seja, a fome e a miséria que zelam para que o trabalhador tenha que necessariamente vender sua força de trabalho ao capitalista sob pena de não conseguir suprir suas necessidades.

3. A fase imperialista e a dinâmica da lei geral de acumulação

Quando escreveu *O Capital*, Marx demonstrou que a livre concorrência gera a concentração da produção, e que esta, num certo grau de desenvolvimento, conduz a um processo de monopólio. Em fins do século XIX e início do XX essa assertiva marxiana se transforma na forma dominante de expansão do sistema produtivo. O modo capitalista de produção, até então construído sob a lógica da livre concorrência, passa a adotar gradualmente formas concentradas e centralizadas de atuação. Essas modificações atingem o núcleo do desenvolvimento capitalista e configuram novas determinações aos processos de reprodução do capital.

As transformações apontadas primeiramente por Hilferding, em seu livro *O Capital financeiro* (1985), e analisadas posteriormente por Lênin no célebre ensaio sobre o Imperialismo (1982), permitem afirmarmos que a fase imperialista recoloca em patamar superior todas as contradições presentes na dinâmica do capital.

As principais mutações que caracterizam a entrada do capitalismo na sua fase imperialista podem ser resumidas em dois processos paralelos e convergentes. O primeiro, como foi dito anteriormente, é caracterizado pelo impulso de concentração e centralização dos capitais. Este diz respeito à associação em uma só empresa de diferentes ramos da indústria que representam fases sucessivas da elaboração de uma matéria-prima.[7] Isto se torna um grande instrumento para conter a queda tendencial da taxa de lucros e incrementar a acumulação. Como resume Hilferding (1985, p. 192), em primeiro lugar,

> [...] a associação compensa as diferenças de conjuntura e consegue, por isso, uma maior constância nas taxas de lucro para a empresa associada. Segundo, a associação abre a possibilidade de progresso técnico e, com isso, da obtenção de lucro extra em comparação com a empresa simples. Terceiro, a associação fortalece a posição da empresa associada ante à empresa simples, na

---

7. [...] entendemos por associação a união daquelas empresas capitalistas das quais uma fornece matéria-prima à outra, e distinguimos essa união, que se origina da diversidade das taxas de lucro em distintos setores da indústria, da união de empresas do mesmo ramo industrial (Hilferding, 1985, p. 193).

luta competitiva na época de uma depressão forte, quando a queda de preços na matéria-prima não se dá no mesmo nível que a queda dos preços dos produtos fabricados.

Surgem nessa fase os grandes trustes e cartéis[8] da economia capitalista, reunindo em torno de si grandes somas de investimentos produtivos. No bojo desse processo de monopolização ocorre articuladamente uma intensa concentração e centralização das instituições bancárias. Bancos pequenos são absorvidos por grandes bancos que logo se transformam em grupos e consórcios. Antigas unidades bancárias e creditícias são subordinadas a um centro único que agora assume a figura de um capitalista coletivo, aglutinando capitalistas antes dispersos. Todo esse processo faz com que os bancos aglutinem em torno de si grandes somas de capital-monetário convertendo-se de simples intermediários do processo de produção em monopolistas onipotentes que dispõem de todo o capital para investimento, bem como da maior parte dos meios de produção e das fontes de matérias-primas (Lênin, 1982).

Com o aumento da concentração de capitais nas mãos das grandes instituições bancárias nasce o segundo processo típico da fase imperialista: a união entre o capital bancário e o capital industrial, dando origem ao capital financeiro.

As operações de simples intermediação de crédito, desconto de letra de câmbio, abertura de conta corrente etc., quando consideradas isoladamente, não diminuem em nada a independência do empresário industrial e o banco não passa de um modesto intermediário. Porém, a partir do momento em que essas operações ganham em freqüência e concretude, quando o banco reúne em torno de si capitais imensos e as contas correntes de uma empresa permitem-no conhecer a situação econômica dos seus clientes empresários, o resultado é uma dependência cada vez maior do capitalista industrial em relação ao banco.

Segundo Lênin (1982), da dependência crescente das indústrias em relação aos bancos nasce a união pessoal dos banqueiros com as maiores

---

8. Sobre essas duas formas de monopólio capitalista, ver capítulo XII de Rudolf Hilferding, em *O capital financeiro*. São Paulo: Nova cultural, 1985.

empresas industriais e comerciais. Ou seja, a fusão do capital-bancário com o capital-industrial mediante a posse das ações e tendo em vista a participação dos diretores dos bancos nos conselhos de supervisão ou administração das empresas industriais e comerciais. A partir da fase imperialista do capitalismo será normal acompanhar a participação de vários banqueiros e rentistas nas reuniões presidenciais das grandes indústrias capitalistas.

Assim, uma parte cada vez maior do capital industrial não pertence aos industriais que o utilizam. Gradativamente, os industriais só vão ter acesso ao capital por intermédio dos bancos, e estes, por sua vez, serão obrigados a depositarem continuamente seus investimentos na indústria. Como afirma Hilferding (1985, p. 219),

> A dependência da indústria com relação aos bancos é, portanto, conseqüência das relações de propriedade. Uma porção cada vez maior do capital da indústria não pertence aos industriais que o aplicam. Dispõem do capital somente mediante o banco, que perante eles representa o proprietário. Por outro lado, o banco deve imobilizar uma parte cada vez maior de seus capitais. Torna-se, assim, em proporções cada vez maiores, um capitalista industrial.

Assim é que Hilferding (1985) vai chamar de "capital financeiro" essa condição em que o capital bancário, ou seja, o capital em forma de dinheiro, é associado ao capital industrial. Essa nova configuração do sistema capitalista faz com que uma parte cada vez maior do capital empregado na indústria seja "capital financeiro", em outras palavras, "capital à disposição dos bancos e pelos industriais" (Hilferding, p. 219).

Essas novas determinações da produção global capitalista carregam consigo a exacerbação da relação alienada que se estabelece entre o capital produtivo e aquilo que Marx chamava de "capital portador de juros".

Marx já havia tratado do "capital portador de juros" no capítulo XXI do livro III de *O Capital*, no qual analisa os novos processos que surgem quando o próprio capital se converte ele mesmo em mercadoria. Naquele capítulo, Marx reafirma o caráter produtor de riqueza do trabalho ao enfatizar que os juros nada mais são que uma parte do lucro, ou seja, da mais-valia produzida.[9] No entanto, segundo Marx, o próprio desenvolvimento capitalista produziu uma separação entre o investimento (crédito monetário e juros) e a extração da mais-valia. Esta fez com que o capital-monetário (sob a forma de capital portador de juros), apartado da esfera produtiva, exija continuamente uma maior e mais acelerada extração de mais-valia na produção. Assim, o capital-monetário concentrado nos bancos, mesmo distante dos processos produtivos, converte seus credores (empresários industriais) em espécies de *agentes funcionantes* para a extração de mais-valia.

Constrói-se assim a possibilidade de existência da forma mais alienada de capital. Segundo um recente e importante estudo de Fontes (2008) trata-se de um tipo de capital que aglutina para si grande parte dos recursos sociais totais de produção sob a forma monetária e que realiza um tipo de lucro especulativo e peculiar, transformando dinheiro (D) em mais dinheiro (D') sem uma relação direta, mas intermediária, com os processos de produção e circulação de mercadorias. Só interessa ao detentor dessa forma de capital-monetário (D) o dinheiro a mais (D') que o mutuário lhe paga sob a forma de juros, não interessando o que fez o empresário para perseguir o lucro a ser repartido com ele no final do processo.

Na fase imperialista, com a ampliação das sociedades anônimas, a crescente monopolização das empresas de vários ramos e a fusão entre o capital bancário e o capital industrial, cria-se condições para que o comércio de dinheiro na forma D — D' expanda-se e ganhe relativa independência. Segundo Lênin (1982), é próprio do sistema capitalista separar a propriedade do capital da sua aplicação na produção, separar o capital-monetário do industrial e criar a figura do rentista, que agora vive apenas dos rendimentos provenientes do capital-monetário investido à custa dos que participam diretamente da gestão do capital na produção. Assim, tomar dinheiro emprestado e emprestá-lo (seja na forma monetária, de ações ou títulos) torna-se, cada vez mais, um negócio lucrativo para os grandes detentores de capital-monetário (bancos ou outras instituições).

---

9. Para Marx, o juro "[...] nada mais é que um nome particular, uma rubrica particular para uma parte do lucro, ao qual o capital em funcionamento, em vez de pôr no próprio bolso, tem que pagar ao proprietário de capital". (1985, p. 256)

É importante afirmar que a lógica do capital financeiro não contrapõe ou muito menos antagoniza banqueiros e industriais; pelo contrário, realiza uma associação hierarquizada entre ambos em que o capital-bancário subordina o capital-industrial aos seus interesses. A partir dessa fase, o sonho de qualquer industrial é tornar-se um financista.

A função de extrair mais-valia antes controlada exclusivamente pelo capitalista industrial é complexificada e subordinada a nova força social das grandes massas concentradas de capital. Nasce uma nova fração da classe capitalista, a "oligarquia financeira" (LÊNIN, 1982), composta por poucos grupos de "rentistas" que, concentrando grandes somas de crédito, subordinam seus mutuários (industriais, governos, empresários comerciais etc.) e, através da participação nos diversos conselhos administrativos, orientam as escolhas estratégicas de diversas áreas do sistema capitalista.

Nesse quadro, o capital ganha uma força expansiva e expropriadora sem precedentes. Gigantescas somas de capital estão agora disponíveis para os grandes monopólios financeiros e industriais expandirem seus negócios por áreas anteriormente intocadas. Se o comércio internacional inaugurou a exportação de mercadorias, a fase imperialista abriu as portas para a exportação de capitais. Isso permitiu que a "oligarquia financeira" internacional, à procura de novos mercados, proporcionasse uma verdadeira "partilha do mundo", ampliando seus investimentos industriais para os países periféricos e elevando a subordinação desses países que passam de antigas colônias a credores do sistema mundial de comércio de capitais.

Com o imperialismo, o capital atinge uma etapa superior em que amplia seu potencial de expropriação e expansão transformando, cada vez mais, os produtos da ação humana em mercadorias vendáveis. Contudo, a fase imperialista do capitalismo, além de proporcionar o aumento da acumulação de capital, também desenvolve e hiperdimensiona as antigas contradições presentes no sistema.

Com a mudança do capitalismo da concorrência para o capitalismo do monopólio, as crises tornam-se mais intensas e a dinâmica de ampliação e retração da superpopulação relativa alarga sua importância para a reprodução ampliada do capital.

O gradativo acúmulo de capital nas mãos dos bancos e instituições financeiras permitiu a ampliação dos investimentos em máquinas e tecnologias poupadoras de trabalho. Surgem os grandes investimentos em pesquisa e desenvolvimento, descobertas revolucionárias na ciência dos materiais e os primeiros passos no desenvolvimento das telecomunicações, entre outras formas de contração do espaço e do tempo de circulação das mercadorias e do capital. Estes investimentos oferecem um renovado impulso à composição orgânica do capital e permitem uma redução sem precedentes de seu tempo de rotação, ampliando, por sua vez, a lei tendencial capitalista de tornar o trabalho vivo relativamente supérfluo para as demandas de acumulação.

Um paradoxo torna-se evidente com a fase imperialista: ao lado da grande soma de dinheiro e capitais, sempre disponíveis para os investimentos lucrativos, acumula-se também uma massa de trabalhadores sem emprego e "livres" para serem incorporados pelo capital.

Contudo, apesar da história do capitalismo apontar para um quadro de intensificação da superpopulação relativa existem mediações políticas importantes que também determinam o grau de variabilidade do potencial negador do capital em relação ao trabalho. Nesse sentido, a correlação de forças políticas entre as classes sociais é uma importante determinação a ser considerada na ampliação ou retração da superpopulação em cada fase histórica.

4. Luta de classes e a dinâmica histórica da superpopulação relativa

Não obstante a fase imperialista complexificar e intensificar as determinações da lei geral de acumulação capitalista, cabe aqui uma observação importante para não cairmos em imputações vulgares ao real. Como diz Marx, "Esta é a lei geral, absoluta, da acumulação capitalista.", no entanto, continua ele "[...] como todas as outras leis, é modificada em seu funcionamento por muitas circunstâncias [...]" (Marx, 1999, p. 748). Assim, apesar da imensa utilidade que tem a superpopulação relativa para o funcionamento capitalista, ela possui particularidades históricas e o grau de variação da parcela populacional que a compõe é condicionada por várias determinações sociais e políticas. Estas não podem ser compreendidas sob a forma de uma lei absoluta, linear e inevitável. Ou seja, a composição da superpopulação relativa tem entre seus determinantes principais a correlação de forças entre as classes sociais.

Em vários trechos de *O capital*, e de outros escritos, Marx deixa claro que sua teoria sempre leva em consideração um empobrecimento relativo da classe trabalhadora perante as riquezas socialmente produzidas. Em outras palavras, os trabalhadores podem erguer barreiras políticas e sociais que impeçam a degradação absoluta do salário e até mesmo às condições deploráveis da população excedente. Nesse sentido, Engels, em sua crítica ao programa de Erfurt, insistia em afirmar que "a organização dos trabalhadores e sua resistência sempre crescente podem operar como um dique de contenção contra o aumento da miséria" (Engels apud Rosdolsky, 2001, p. 254).

No sentido de afastar análises deterministas, ressaltamos que, em primeiro lugar, "a diminuição relativa da parte variável do capital não permite, por si só, tirar conclusões sobre a magnitude e o peso específico do exército industrial de reserva" (Rosdolsky, 2001, p. 249).

Tudo depende das condições concretas e históricas, como diz Rosdolsky (2001, p. 250),

> É bastante possível que, ali onde o capital se expande intensamente e onde a classe capitalista tem à sua disposição um mercado interno (ou externo) suficientemente grande, a demanda de força de trabalho cresça durante períodos prolongados, a ponto de restringir fortemente os efeitos desfavoráveis do exército industrial de reserva.

Assim, em alguns períodos de prosperidade, em que a luta dos trabalhadores encontra-se em ascensão, a "população trabalhadora supérflua" pode eventualmente ser absorvida em grandes quantidades. Em segundo lugar, é necessário levar em conta a capacidade de organização dos sindicatos que procuram organizar a cooperação entre empregados e desempregados, para anular ou diminuir as terríveis conseqüências associadas a essa lei natural da produção capitalista.

Para Mandel (1982), é claramente observável, em uma suposta e pouco desenvolvida *teoria marxiana da população*, que a relação de forças dos combatentes é um dos determinantes principais da distribuição do valor recém-criado entre capital e trabalho, condicionando, na mesma medida, a taxa de mais-valia a ser produzida. Isso quer dizer que a luta travada entre, de um lado, os capitalistas, objetivando o aumento indiscriminado da taxa de lucros e, de outro, os trabalhadores lutando por melhores condições de vida e trabalho, em conjunturas de alto crescimento produtivo, podem desempenhar uma determinação essencial na distribuição do excedente gerado, incorporando novas necessidades e elevando o padrão de vida dos trabalhadores.

Isso ajuda a entender o que aconteceu no período pós-Segunda Guerra. Na época, em alguns países da Europa, como resultado de uma intensa pressão dos trabalhadores, a dinâmica de criação da força de trabalho excedente foi amenizada. Nesse período, os mecanismos exteriores de controle político exercidos nesses países, quando não atingiram seu objetivo de estabelecer um pleno emprego da força de trabalho, conseguiram fazer com que os efeitos perversos de criação da superpopulação permanecessem apenas de uma forma latente e controlada. Essa foi a base para a criação de um ambiente relativamente estável na economia capitalista que conseguiu, através do ideário keynesiano de "eutanásia do rentista", conter ou pelo menos transferir para os países periféricos o ímpeto do capital financeiro por uma extração de mais-valia acelerada e intensa.

Essa dinâmica civilizatória — saturada de situações históricas muito peculiares à época e que se limitou a um número reduzido de países centrais — parece não fazer mais parte da lógica de reprodução do capitalismo contemporâneo. Algo mudou na suposta "face humana" do capital, que tanto seduziu os revisionistas e reformistas da esquerda trabalhista européia. A dinâmica de integração/expulsão da força de trabalho, a partir da década de 90 do século passado, volta a criar, continuamente, e em grande escala — mesmo nos países de capitalismo avançado e com uma força ainda maior na periferia capitalista — uma massa populacional de desocupados e trabalhadores instáveis que Marx com certeza classificaria como pertencentes à *superpopulação relativa*.

Mas, que processos históricos fizeram com que o capital abandonasse a condição em que poderia ufanar-se de ter expurgado o desemprego e construído o "Estado de Bem-Estar Social" para se transfigurar hoje num sistema internacional que investe na expulsão e na precarização maciça de trabalhadores como condição para a acumulação?

5. A mundialização financeira e a expansão global da superpopulação relativa

A partir de meados da década de 70 o capital, que vinha obtendo saltos de acumulação e crescimento com a "onda longa de expansão" (Mandel, 1982), começa a entrar num período de crises. A princípio, o que parecia uma crise passageira revela-se, nos termos de Mandel (1982), numa "onda longa de estagnação", trazendo sérios problemas para o processo de acumulação capitalista.

Com o objetivo de retomar as taxas de lucro desencadeia-se a partir da década de 80/90 uma dura batalha no terreno das lutas de classes para dissolver as barreiras que limitaram a expansão capitalista.

Sem a presença incômoda da União Soviética e através da vitória eleitoral de vários governos neoliberais, as diversas "personificações do capital" conseguiram consolidar a hegemonia dos modelos econômicos de livre mercado, empreendendo a sua direção política na condução dos ajustes imperativos para a retomada dos lucros capitalistas. Os chamados ajustes estruturais neoliberais retiraram grande parte dos mecanismos regulatórios das economias nacionais e criaram o ambiente necessário à integração internacional dos mercados financeiros.

> Sem a intervenção política ativa dos governos Thatcher e Reagan, e também do conjunto dos governos que aceitaram não resistir a eles, e sem a implementação de políticas de desregulamentação, de privatização e de liberalização do comércio, o capital financeiro internacional e os grandes grupos multinacionais não teriam podido destruir tão depressa e tão radicalmente os entraves e freios à liberdade deles de se expandirem à vontade e de explorarem os recursos econômicos, humanos e naturais, onde lhes for conveniente. (Chesnais, 1996, p. 34)

Nessas condições a ascensão do capital financeiro atinge continuamente um caráter mundializado. Abre-se, assim, um período em que para superar sua crise, o capital deve transformar de alto a baixo o seu modo de produção e reprodução, expandindo seus domínios para todos os espaços do globo.

Entramos numa nova fase predatória em que as classes capitalistas para continuarem acumulando devem construir permanentemente mecanismos de expansão financeira e de expropriação do trabalho e dos bens públicos. A hegemonia do capital financeiro mundializado desenvolve transformações tão intensas e avanços tão violentos sobre o trabalho que alguns autores têm comparado o período atual com a etapa da *acumulação primitiva ou originária*.[10]

O que tem ocorrido nos últimos tempos é que o complexo sistema de reprodução ampliada do capital assimilou uma estratégia renovada de expropriação, desenvolvendo-a em escala mundial e com mais vigor nos países periféricos. O principal veículo dessa expropriação ampliada foi a constituição, sob liderança dos EUA, de um sistema financeiro internacional capaz de desencadear sucessivos surtos de desvalorização em certos setores ou mesmo em territórios inteiros.

Através de uma hegemonia político-econômica da oligarquia financeira, o capital tem criado, nas últimas décadas, mecanismos artificiais para gerar crises financeiras controladas e forçar a transferência de fundos públicos ou domésticos para as mãos das empresas transnacionais.

A cada nova crise financeira, o receituário do Fundo Monetário Internacional e do Banco Mundial é empreendido pelos Estados nacionais com maior energia, liberalizando a economia dos países, reforçando a dependência financeira através da dívida interna e externa (com a ajuda de juros extorsivos), limitando os investimentos governamentais no serviço público, privatizando os bens, serviços e fundos públicos, desenvolvendo novas formas de *investimentos externos diretos* e concentrando nas mãos das transnacionais uma grande quantidade de capital que antes era de domínio coletivo.

Para Chossudovsky (1999), os planos de ajustes estruturais constituem um meio de aquisição de ativos para o capital através das privatizações. Segundo este autor, as paraestatais mais lucrativas são assumidas pelo capital estrangeiro ou por *joint-ventures* freqüentemente em troca da renegociação da dívida externa. O produto dessa venda é depositado no Tesouro e canalizado para os Clubes Financeiros de Londres e Paris.

---

10. Sobre isso ver: HARVEY, David. *A produção capitalista do espaço*. São Paulo: Annablume, 2006.

O capital internacional obtém o controle e/ou a propriedade das empresas estatais mais lucrativas a um custo muito baixo. Além do mais, quando um grande número de países endividados está negociando suas empresas públicas ao mesmo tempo, o preço do ativo estatal cai. (Chossudovsky, 1999, p. 55)

Mas, toda essa expropriação empreendida pelo capital financeiro internacional não só liberou os fundos públicos para serem reinvestidos no circuito privado de mercadorias. No interior desse processo também foram desenvolvidos mecanismos que possibilitaram a liberação, a baixo custo, da mercadoria mais importante para o processo de valorização do capital: a força de trabalho.

Com o intuito de criar uma economia mundializada baseada na intensificação dos regimes de extração da mais-valia e de barateamento da força de trabalho, o capital financeiro mundializado tem desenvolvido e comandado mecanismos de desvalorização dos salários com o intuito de atingir superlucros. Conforme Chesnais (1996, p. 16-17),

> A ascensão do capital financeiro foi seguida pelo ressurgimento de formas agressivas e brutais de procurar aumentar a produtividade do capital [...], a começar pela produtividade do trabalho. Tal aumento baseia-se no recurso combinado às modalidades clássicas de apropriação da mais-valia, tanto absoluta como relativa, utilizadas sem nenhuma preocupação com as conseqüências sobre o nível de emprego, ou seja, o aumento brutal do desemprego.

É por isso que a criação ampliada da superpopulação relativa — ou seja, de uma ampla oferta de braços ociosos que ocupem os novos postos de trabalho precarizados e empurrem os salários dos trabalhadores ativos para baixo — tem se tornado um fator fundamental para a atual constituição de uma economia mundial baseada na força de trabalho barata e precária. Assim, a reestruturação capitalista tem desenvolvido novos mecanismos de expulsão da força de trabalho e criado novas formas de integração desses trabalhadores excedentes.

A fusão de vários grupos financeiro-empresariais e o investimento massivo em ciência e pesquisa possibilitou a incorporação de maquinários ultramodernos nas fábricas e de tecnologias informacionais para monitorar a produção. Isso tem oferecido uma nova dinâmica e uma nova força do capital financeiro sobre o processo produtivo. Para Teixeira (2007, p. 35),

> Com o monitoramento telecomandado do processo de produção, o capital financeiro tornou-se o centro cerebral de todo o processo de valorização, porque pode, agora, vigiar e comandar os investimentos de qualquer lugar do mundo, deslocando massas de valor de um negócio para o outro, sempre que as oscilações das moedas nacionais abrem oportunidades de ganhos extras. Não sem razão, o processo de produção do valor transforma-se numa montanha de papel, em que são registradas as informações sobre as diferentes taxas de câmbio, de juros, e do valor das ações em todo o mundo.

Ao patrocinar um maior controle do processo produtivo global pelo capital financeiro, intensificar a extração de mais-valia e contrair o tempo de rotação do capital, o incremento de tecnologias poupadoras de trabalho reafirma a *lei geral de acumulação,* elaborada por Marx, e transforma uma parcela cada vez maior de trabalhadores em força de trabalho supérflua, trazendo consigo a possibilidade de inovadores métodos de organização e gestão da produção.

Cada passo dado pelos capitalistas individuais na automação dos aparelhos produtivos, baseada hoje na introdução dos microprocessadores, foi uma oportunidade para destruir postos de trabalho, formas anteriores de relação contratual e as resistências dos operários à exploração no local de trabalho.

Segundo Chesnais (1996, p. 35)

> Em cada fábrica e em cada oficina, o princípio de *"lean production",* isto é, *"sem gorduras de pessoal"* tornou-se a interpretação dominante do modelo ohnista japonês de organização do trabalho.

Porém, não apenas o incremento tecnológico e sua conseqüente mudança na composição orgânica do capital contribuíram para o aumento das demissões. Com a mundialização financeira e a conseqüente contração do espaço/tempo (Harvey, 1992) ocorreu uma espécie de "implosão" do tempo de rotação do valor no qual limitava o consumo da força de trabalho aos muros das fábricas (Teixeira, 2007). Agora de qualquer lugar do mundo, a qualquer hora do dia e da noite, o capital financeiro mundial pode monitorar seus investimentos no processo de produção do valor. De acordo com Teixeira (2007, p. 35),

> Pode porque o processo de trabalho saiu das fábricas, para ganhar as ruas, os lares, os espaços públicos, as escolas. De qualquer lugar, o indivíduo (no nosso caso a oligarquia financeira — CHM) tem poder para alimentar o processo de produção com informações sobre fatos políticos, bélicos ou comerciais que podem direta ou indiretamente afetar os negócios.

Essa liberdade do capital, fruto da mundialização financeira, tem impacto na situação subalterna de países periféricos como o Brasil. Depois de décadas de governos neoliberais, o próprio desenho da política macroeconômica nos países periféricos — com a liberalização do câmbio, as altas taxas de juros, a falta de crescimento e a hegemonia do capital financeiro — contribuem para o incremento e ampliação da superpopulação relativa, jogando na ociosidade forçada uma quantidade significativa de trabalhadores.

Casos exemplares foram duas das principais ações desenvolvidas pela política neoliberal brasileira: as privatizações e os Programas de Demissão Voluntária — PDV's das empresas públicas. Essas duas estratégias não só garantiram o ajuste fiscal imposto pelo FMI, como também geraram o enxugamento do quadro de funcionários públicos do Estado, lançando no mercado uma grande quantidade de trabalhadores qualificados.

Na situação atual de mundialização do capital financeiro, a economia brasileira, que se encontra amplamente subordinada aos desígnios dos especuladores internacionais, está fadada a produzir altas taxas de desemprego, subemprego e precarização das relações salariais.

As estatísticas têm freqüentemente indicado uma ampliação considerável da força de trabalho excedente. Segundo César Benjamim, em 2002, a taxa de desemprego aberto esteve em nível recorde: 20,6% em São Paulo e 20,7% no Recife; enquanto que a taxa oficial de desemprego brasileira ficou em 12,9% em setembro do mesmo ano. Para o mesmo autor (2002), o desemprego é inversamente proporcional à idade, chegando a atingir a espantosa taxa de 50% entre os mais jovens, que sequer conseguem entrar no mercado de trabalho. Em metrópoles como Salvador e Recife, o desemprego total, medido pelo método mais amplo (e mais realista) do DIEESE (2005), se aproxima de 30%, mas fora das capitais já está em 40%. Estas estatísticas demonstram as grandes dimensões que assume a *superpopulação relativa* e o *exército industrial de reserva* em países periféricos como o Brasil e demonstram os efeitos nefastos da mundialização do capital.

Contudo, o capitalismo conseguiu se afirmar enquanto um poderoso modo de produção que reuniu a humanidade num sistema mundial de produção de mercadorias, não por sua capacidade de excluir pessoas e gerar desemprego, mas, exatamente o contrário. O que garantiu a contínua renovação deste sistema foi exatamente a sua capacidade de criar condições de integrar na produção e consumo de mercadorias uma imensa quantidade de seres humanos.

Enquanto rapidamente foram criadas as condições que possibilitaram tornar excedentes e supérfluos uma parcela considerável de trabalhadores, lentamente o capital tem forçado e expandido as condições políticas e econômicas para utilizar-se dessa massa de trabalhadores ociosos e aumentar seus superlucros.

Ao transnacionalizar as novas formas "flexíveis" de produção (e circulação) de mercadorias e mundializar as diretrizes político-econômicas do FMI, o capital gerou uma superoferta de força de trabalho que, por sua vez, fez o preço dessa mercadoria cair drasticamente. A partir daí, foram dadas as condições para que se erguesse uma nova divisão internacional do trabalho e uma *economia mundial baseada na exploração da força de trabalho barata* advinda de regiões no interior de cada país ou, muitas vezes, exportadas das nações periféricas.

Paralelo à expansão global do capital financeiro ocorre uma, não menos importante, mundialização da superpopulação relativa, que possibilita uma lei tendencial extremamente necessária ao capitalismo contemporâneo. A queda das barreiras comerciais e a mundialização do capital produzem uma espécie de *lei da equalização por baixo da taxa diferencial de exploração* (Mészáros, 2007), fazendo com que o preço da força de trabalho, em qualquer lugar do mundo, seja comparado com os preços praticados em países como a Índia e a China. Devido à internacionalização econômica, essa comparação realizada pelas grandes transnacionais força o rebaixamento do preço da mercadoria força de trabalho mesmo nos países centrais.

Segundo Vasapollo (2005), as grandes empresas italianas, para burlar a legislação trabalhista de seu país, rebaixar os custos da força de trabalho e intensificar o trabalho dos operários estão se utilizando do denominado *outsourcing*, ou seja, externalizando as fases e processos produtivos com o fim de aumentar a eficiência, a produtividade e diminuir os custos com o trabalho. Esse modelo "flexível", além de gerar desemprego ampliado, tem aumentado o número de trabalhadores temporários, subcontratados e precarizados. Em 2002, essa forma de contrato de trabalho "flexível" já atingia 25% dos trabalhadores italianos.

A economia mundial transnacionalizada também não conhece mais barreiras nacionais e tem se caracterizado pela transferência de parte substancial das indústrias dos países centrais para regiões periféricas em que os salários são baixos. Segundo Chossudovsky (1999), desde a década de 70 que o capitalismo desenvolve uma reconfiguração de sua estrutura geoeconômica, desenvolvendo uma "nova geração" de áreas periféricas de livre comércio.

Enquanto os países centrais têm se especializado cada vez mais na produção e desenvolvimento de pesquisas em tecnologias avançadas, a transnacionalização da produção industrial tem demandado um novo papel aos países periféricos. Embora as nações da periferia continuem a desempenhar o papel de produtores primários, uma parte cada vez maior da manufatura mundial é realizada no Sudeste Asiático, no Extremo Oriente, na Índia, na China, no Brasil, no México e no Leste Europeu.

A primeira onda de transferências industriais de países centrais para periféricos englobava apenas a "manufatura de trabalho intensivo", limitada a poucas regiões como Hong Kong, Cingapura, Taiwan e Coréia do Sul. Mas, conforme Chossudovsky (1999), a partir da década de 1980 quase todos os setores da economia ocidental participam dessa dinâmica, inclusive os de alta tecnologia, como a produção aeroespacial e de automóveis.

Nesse processo, as transnacionais japonesas estão transferindo suas indústrias de manufaturados para a Tailândia ou as Filipinas, onde os trabalhadores podem ser contratados por 3 ou 4 dólares ao dia. A OIT estima que nas linhas de montagem do antigo Leste Europeu (Hungria, República Tcheca e Eslováquia) o custo do trabalho seja da ordem de 120 dólares mensais enquanto na Alemanha um trabalhador médio ganha 28 dólares por hora. As mulheres e crianças que trabalham nas fábricas de Bangladesh recebem aproximadamente 20 dólares por mês, pelo menos cinqüenta vezes abaixo do salário mensal de um trabalhador no mesmo setor nos EUA. Contabiliza-se que com as manufaturas de *maquilas*[11] as corporações norte-americanas têm reduzido seus custos do trabalho em 80% (Idem).

No Brasil, dados do IBGE revelam ter ocorrido, a partir dos anos 1990, uma acelerada queda dos salários na renda nacional. Para o conjunto da economia, os salários (incluindo os encargos sociais) passaram de 45% em 1990 para cerca de 30% da renda em 1998. Em 2002, a renda dos trabalhadores brasileiros caiu mais 14,6%.[12]

Ao se considerar a importância dos baixos salários para a configuração da economia mundial — e como vimos o mecanismo mais eficaz de baratear o preço da força de trabalho é a criação sistemática de uma superpopulação — podemos concluir que a imensa quantidade de trabalhadores excedentes é uma condição *sine qua non* para possibilitar a reprodução atual do capital.

Nessa dinâmica, os países periféricos têm se transformado em imensos reservatórios de força de trabalho barata e precária para as megacorporações transnacionais. Com a ampliação da liberdade do capital restringem-se as possibilidades de escolha do trabalhador.

Mesmo onde a lógica do capital não conseguiu, através de uma acirrada luta de classes, derrubar as barreiras jurídico-políticas que o impedem de legitimar as mais variadas formas de extrair mais-valia, os donos do capital tratam de criar seus subterfúgios. Dados do IPEA (2005) mostram que praticamente metade da força de trabalho no Brasil é empregada no chamado "setor informal". Entre 1992 e 2004, o percentual de trabalhadores subcontratados e informais cresceu de 38,3% para a impressionante taxa de 51,2% (PNAD, 2005). No interior desse mesmo processo, em vários países periféricos, têm aumentado as denúncias de grandes corporações que se utilizam de pequenas empresas terceirizadas para desenvolver trabalho imigrante ilegal e trabalho forçado ou "escravo".

---

11. O termo *maquilas* é ligado às industrias "maquiadoras" existentes na fronteira entre EUA e México. Nessas empresas, o capital é estadunidense e a força de trabalho inteiramente mexicana.

12. IBGE — Instituto Brasileiro de Geografia e Estatística. Disponível em: <http://www.ibge.gov.br>. Acesso em: out. 2007.

Em audiência realizada em 2005, o Ministério Público do Trabalho (MPT) da 2ª Região (Grande São Paulo e Baixada Santista) alertou 80 fornecedores da rede de lojas C&A sobre a possibilidade de estarem comprando produtos de confecções que exploram "mão-de-obra" de imigrantes ilegais latino-americanos para a produção de roupas. Em algumas dessas oficinas clandestinas, houve, inclusive, constatação de trabalho escravo. Depois de diligências do Ministério do Trabalho e Emprego e do MPT, foram encontradas etiquetas da multinacional holandesa C&A em confecções que exploravam imigrantes latino-americanos.[13]

Em uma dessas fiscalizações, realizada em 2004, foram libertados 32 bolivianos, todos ilegais, que trabalhavam em situação precária, perfazendo uma jornada de 14 horas por dia para ganhar, em média, R$ 300,00 por mês. Estimativas da Pastoral do Migrante Latino-Americano apontam que existem, hoje, 200 mil bolivianos vivendo no município de São Paulo, dos quais 12 mil em situação de "escravidão".

Mas, toda essa configuração da nova economia mundializada que parece constituir-se em um círculo perfeito de reprodução gera também suas contradições. Se, por um lado, o padrão de acumulação atual necessita cada vez mais da força de trabalho barata e superexplorada e, por isso, deve criar as condições para continuar gerando desemprego e pobreza em larga escala, por outro, essas condições realizam uma grande retração do mercado consumidor. Isso quer dizer que o capitalismo contemporâneo é caracterizado por uma ilimitada capacidade de produzir, mas, o próprio ato de expandir a produção — transferindo indústrias de economias de "altos salários" para economias de "baixos salários" — contribui para a retração do consumo o que, por sua vez, ocasiona um ciclo vicioso que enveda a economia mundial para o caminho da estagnação.

Por isso, alguns capitais fugindo da recessão têm investido na produção de bens de luxo como: automóveis, produtos eletrônicos e de telecomunicações revolucionários ou até viagens e cruzeiros luxuosos por ilhas paradisíacas. Segundo Chossudovsky (1999, p. 74),

---

13. Matéria publicada pela agência de notícias Repórter Brasil no dia 06/06/2006, disponível em: http://www.reporterbrasil.com.br/exibe.php?id=617.

no terceiro mundo e no leste europeu, a estagnação da produção de alimentos, da construção de moradias e dos serviços sociais básicos contrasta com o desenvolvimento de pequenas bolhas de privilégio social e de consumo de bens de luxo.

Claro que a economia capitalista madura, seu moderno sistema de crédito e seu conhecido departamento de consumo de bens de produção, têm os mecanismos para superar a onda de estagnação causada pela queda do consumo. No entanto, a relativa queda dos *consumidores de bens de consumo* produz impactos negativos na economia, retraindo ainda mais os níveis de emprego e ampliando o empobrecimento de grande parte da população.

Assim, o crescimento de uma camada da população trabalhadora que sofre com o pauperismo e a miséria extrema é uma determinação cada vez mais presente na dinâmica do capitalismo contemporâneo. No Brasil, pesquisas revelam o grau de barbárie e a grave escassez de recursos materiais que atingem atualmente uma parcela considerável dos trabalhadores. Segundo as estatísticas, o país possui 33% (ou seja, cerca de 1/3) de sua população sobrevivendo com uma renda mensal de R$ 79,00 (setenta e nove reais), correspondendo, mais ou menos, a 50 milhões de brasileiros (FGV, 2004).

Todas as evidências até agora explicitadas parecem corroborar para a tese de que em meio ao processo de consolidação da mundialização financeira capitalista e das diversas transformações que a acompanham se verificou uma verdadeira reorganização do mercado da força de trabalho no mundo. Em outras palavras, paralelo ao processo de mundialização e reestruturação do capital deu-se um processo de expansão mundial da superpopulação relativa que tem permitido aos diversos capitalistas garantirem seus "superlucros" devido aos salários baixos proporcionados pela imensa massa de trabalhadores disponíveis no mercado.

Nessas condições, a dinâmica articulada de reprodução do capital social total se revela como um metabolismo que se reproduz independente de qualquer preceito moral ou racional. Contrariando a teoria ética de Adam Smith, a ânsia de cada capitalista individual em procurar o maior lucro possível redunda em um sistema irracional que torna descartáveis uma soma considerável de trabalhadores, condenando-os ao pauperismo e à miséria.

Mas, assim como no mito grego em que Sísifo foi condenado pelos deuses a rolar eternamente uma pedra morro acima, o capital é obrigado a criar mecanismos políticos, ideológicos e culturais de legitimação para a reprodução contínua dos trabalhadores que compõem a superpopulação relativa atual.

Na esteira das necessidades de reprodução do sistema é que nascem as novas respostas políticas das classes capitalistas e dos diversos Estados nacionais às sérias conseqüências de uma superpopulação relativa mundializada. O que está em jogo é a capacidade das classes dominantes, através principalmente do Estado, reorganizarem as formas de legitimação política e ideológica em torno das pesadas contradições do capitalismo atual.

Nesse sentido é que as agências multilaterais, junto com os Estados nacionais, têm desenvolvido formas renovadas de políticas sociais direcionadas aos trabalhadores desempregados e pobres. No Brasil, dentre essas principais políticas podemos citar duas: 1) as diversas formas de políticas de renda mínima que têm o objetivo de oferecer uma renda, alternativa à renda salarial, que se transforma em meio de subsistência para aqueles trabalhadores considerados pobres pela estatística oficial; 2) as várias políticas de formação profissional, que desenvolvidas por governos, centrais sindicais e instituições empresariais, têm possibilitado a qualificação contínua da força de trabalho disponível de acordo com as demandas do capital.

No âmbito da reprodução moral e cultural, as burguesias investem na divulgação de ideologias justificadoras do novo mercado de trabalho capitalista. Faz-se necessário, às diversas frações burguesas, apagar da memória dos trabalhadores o ideário de um emprego seguro e estável e aos poucos construir uma cultura da "empregabilidade".[14] Ou seja, um conjunto ideológico que defende a adaptação do trabalhador perante as novas configurações de insegurança, precarização e desemprego.

---

14. Para um conhecido divulgador do termo: "Empregabilidade é a condição de ser empregável, isto é, de dar ou conseguir emprego para os seus conhecimentos, habilidades e atitudes intencionalmente desenvolvidas por meio de educação e treinamento sintonizados com as novas necessidades do mercado de trabalho. Um profissional com empregabilidade tem as suas chances de atuação ampliadas pela grande atratividade que exerce em contratantes potenciais, devido à sua contribuição ajustar-se às novas demandas empresariais" (Minarelli, 1995, p. 11).

Mas, mesmo com um aparato ideopolítico que pretende construir uma "nova pedagogia da hegemonia" (Neves, 2005) as contradições capitalistas insistem em revelar-se.

Longe das teses dos teóricos da "exclusão social", as determinações, resumidamente analisadas aqui, mostram que, em pleno século 21, o capital não conseguiu livrar-se de uma lei tendencial básica de seu desenvolvimento: quanto mais se acumula riqueza em forma de capital de um lado mais se aglutina a massa de trabalhadores despossuídos do outro. Essa é a lei geral da acumulação capitalista que se contraí, repõe ou se renova de acordo com as peculiaridades de cada tempo. A história mostrou que ela não pode ser expurgada do sistema de produção e reprodução do capital. Seu prosseguimento depende da continuidade das relações sociais que alienam os trabalhadores dos meios e frutos de seu trabalho. E, por isso, sua superação é uma tarefa política e social dos próprios trabalhadores e condição do livre desenvolvimento de todos.

Referências bibliográficas

BENJAMIN, César. *Globalização e periferia*: América Latina em perspectiva histórica. Belo Horizonte: Mimeo, 2002.

CASTEL, R. *As metamorfoses da questão social*: uma crônica do salário. Petrópolis: Vozes, 1998.

CHESNAIS, François. *A mundialização do capital*. São Paulo: Xamã, 1996.

CHOSSUDOVSKY, Michel. *A globalização da pobreza*: impactos das reformas do FMI e do Banco Mundial. São Paulo: Moderna, 1999.

DIEESE, *Departamento Intersindical de Estatística e estudos Sócio-econômicos*. Anuário dos Trabalhadores: 2005. 6ª edição. São Paulo, 2005.

ENGELS, F. La situación de la clase obrera en Inglaterra. In: *Escritos de Juventud de Frederico Engels. Obras Fundamentales de Marx e Engels*. v. 2, México: Fondo de Cultura Economica, 1981.

FGV. Fundação Getúlio Vargas. *Mapa do fim da fome II*. Rio de Janeiro: FGV, 2004.

FONTES, Virgínia. Marx, expropriações e capital monetário — notas para o estudo do imperialismo tardio. In: *Revista Crítica Marxista*, n. 26, 2008.

HARVEY, David. *Condição pós-moderna*. São Paulo: Loyola, 1992.

_____. *A produção capitalista do espaço*. São Paulo: Annablume, 2006.

HILFERDING, R. *O capital financeiro*. São Paulo: Nova Cultural, 1985.

IPEA. Instituto de Pesquisa Econômica Aplicada. Boletim de Mercado de Trabalho. Informalidade. In: http://www.ipea.gov.br/. 2005.

LÊNIN, V. I. O Imperialismo: fase superior do capitalismo (ensaio popular). In: *Lenine: obras escolhidas*. vol. I, p. 569 — 671, Lisboa: Alfa-Omega, 1982.

MANDEL, Ernest. *O capitalismo tardio*. São Paulo: Nova Cultural, 1982.

MARX, Karl. *Capital y Tecnologia:* manuscritos inéditos (1861 — 1863). San Francisco, México, 1980.

_____. *O Capital*: crítica da economia política. Livro I, Tomo 2. São Paulo: Nova Cultural, 1985.

_____. *O Capital*: crítica da economia política. Livro I, volume I e II. Rio de Janeiro: Civilização Brasileira, 1999.

_____. *O Capital*: crítica da economia política. Livro III. Tomo IV. São Paulo: Nova Cultural, 1986.

_____. *Manuscritos econômico-filosóficos*. São Paulo: Martin Claret, 2002.

MÉSZÁROS, I. Desemprego e Precarização "Flexível". In: *O desafio e o fardo do tempo histórico*. São Paulo: Boitempo, 2007.

MINARELLI, José Augusto. *Empregabilidade*: o caminho das pedras. São Paulo: Editora Gente, 1995.

NETTO, J. P. Cinco notas a propósito da "questão social". *Revista Temporalis*. Brasília: ABEPSS/Grafline, n. 3, p. 41-50, 2004.

NEVES, L. *A nova pedagogia da hegemonia*. São Paulo: Xamã, 2005.

OIT, Organização Internacional do Trabalho. *Anuário de Estatísticas do Trabalho*. 2001.

PNUD, Programa das Nações Unidas para o Desenvolvimento. *Relatório sobre o Desenvolvimento Humano*. ONU/PNUD, 2001.

PNAD, Pesquisa Nacional por Amostra de Domicílios. IBGE, v. 26, 2005.

ROSANVALLON, P. *A nova questão social*. Brasília: Instituto Teotônio Vilela, 1998.

ROSDOLSKY, Roman. *Gênese e estrutura de O capital de Karl Marx*. Rio de Janeiro: EDUERJ / Contraponto, 2001.

SALAMA, Pierre; DESTREMAU, Blandine. *O tamanho da pobreza*: economia política da distribuição de renda. Rio de Janeiro: Garamond, 1999.

TEIXEIRA, F. J. *Pensando com Marx*: uma leitura critico-comentada de O Capital. São Paulo: Ensaio, 1995.

_____. O capital e suas formas de produção de mercadorias: rumo ao fim da economia política. In: BOITO JR. et alii (orgs.)+. *A obra teórica de Marx*: atualidades, problemas e interpretações. São Paulo: Xamã, 2000.

_____. Escravos da ciência: os porões da crise do trabalho. In: MACAMBIRA, J. ; Santos, S. M. (orgs.). *Brasil e NE*: ocupação, desemprego e desigualdade. Fortaleza: IDT, Banco do Nordeste do Brasil, 2007.

VASAPOLLO, Luciano. *O trabalho atípico e a precariedade*. São Paulo: Expressão Popular, 2005.

Segunda Parte

4
A centralidade da assistência social na Seguridade Social brasileira nos anos 2000*

Ana Elizabete Mota**

Meu propósito neste ensaio é realizar uma análise política da política de Seguridade Social, retomando algumas das idéias que venho trabalhando desde 1995, quando publiquei *Cultura da crise e Seguridade Social* (Mota, 1995). Abordo a temática destacando suas tendências a partir dos anos 80 e, em seguida, trato sobre o significado político da expansão da assistência social, indicando as implicações da sua centralidade na seguridade social brasileira a partir dos 1990 e 2000.

O argumento central é o de que as políticas que integram a seguridade social brasileira longe de formarem um amplo e articulado mecanismo de proteção, adquiriram a perversa posição de conformarem uma unidade contraditória: enquanto avançam a mercantilização e privatização das po-

---

* Parte do conteúdo deste ensaio foi publicado na Revista *Em Pauta*, n. 20, em 2007, sob o título "Serviço Social e Seguridade Social: uma agenda política recorrente e desafiante". Agradecemos ao conselho editorial a autorização para uma nova divulgação do ensaio, desta feita revisto e ampliado.

** Doutora em Serviço Social. Professora Titular do Departamento de Serviço Social da UFPE. e-mil: bmota@elogica.com.br

líticas de saúde e previdência, restringindo o acesso e os benefícios que lhes são próprios, a assistência social se amplia, na condição de política não contributiva, transformando-se num novo fetiche de enfrentamento à desigualdade social, na medida em que se transforma no principal mecanismo de proteção social no Brasil.

Esta afirmação encontra amparo na expansão da assistência social e nas condicionalidades restritivas da previdência e da saúde, movimentos que vêm sendo sustentados por uma razão instrumental, circunscrita ao argumento do crescimento da pobreza e à impossibilidade de equilíbrio financeiro destas últimas, o que determina a necessidade de sistemas privados complementares — planos de saúde e previdência privada complementar — concomitante à redução e/ou não ampliação de serviços e benefícios compatíveis com o aumento das necessidades da população.

Essa nova engenharia da Seguridade Social, ao focalizar os segmentos mais pobres da sociedade, imprime um outro desenho à política de Assistência Social, principalmente porque na expansão tiveram centralidade os programas de transferência de renda, como demonstra estudo realizado por Boschetti e Salvador em 2005 (Boschetti e Salvador, 2006), donde extraí a seguinte afirmação relativa à execução orçamentária da Assistência Social:

> Tais dados revelam] as principais orientações dos programas e ações planejadas no PPA do atual governo: fortalecimento de benefícios de transferência de renda como BPC e Bolsa-Família; apenas manutenção de ações protetivas e sócio-educativas, com crescimento pífio de recursos que não alcançam mais de 5% dos recursos do FNAS (...). Este quadro indica, assim, aumento dos recursos repassados pelo governo federal em forma de transferência de renda diretamente aos beneficiários e manutenção ou pífio crescimento dos recursos destinados a ações que devem ser coletivamente executadas pelos CRAS na modalidade de proteção básica e/ou especial conforme a PNAS e a NOB (Boschetti e Salvador, 2006, p. 50).

Isso não significa que outros mecanismos presentes na Política Nacional de Assistência Social não venham sendo implementados; ao contrário, a criação do Sistema Único de Assistência Social robusteceu e reordenou as ações da assistência. A questão reside no fato de que ao fazê-lo subtraiu direitos de outras frações da classe trabalhadora.

E isso não se faz aleatoriamente. Ora, se considerarmos a seguridade social como uma das mediações do processo de reprodução social, como um mecanismo que tem uma base material, fundado em necessidades objetivas, mas que ao transitar na esfera das superestruturas, como instituição social e mecanismo de enfrentamento da desigualdade, adquire um caráter ideológico e político, tal desenho adquire outro significado político.

Por isso mesmo, ao conceber a seguridade social como mediação da reprodução social, não estou me referindo especificamente à reprodução material da força de trabalho, mas à totalidade da esfera da reprodução das relações sociais, nela incluída a reprodução das contradições sociais e as lutas de classe. O processo histórico de desenvolvimento da Seguridade brasileira ampara a assertiva ao indicar como a burguesia brasileira, subordinando o Estado aos seus interesses, utilizou medidas relacionadas à proteção social para legitimar-se. São indicativas as da era Vargas, a expansão de políticas na ditadura militar e, mais recentemente, os governos FHC e Lula.

Aliás, a tendência referida anteriormente confirma o estudo que realizei nos anos iniciais da década de 1990 quando identifiquei nos argumentos pró-reforma da seguridade a propensão de uma clivagem da política social em torno de dois pólos: *a privatização* e a *assistencialização da proteção social,* instituindo, ao mesmo tempo, as figuras do cidadão-consumidor e do cidadão-pobre, este último objeto da assistência social (Mota, 1995). Naquela ocasião, embora meu objeto de estudo fosse a reforma da Previdência Social, ao conhecer o discurso dos Organismos Internacionais, do Estado e das organizações empresariais e de trabalhadores, deparei-me com dois argumentos centrais: o da privatização da Previdência e da Saúde e a defesa da expansão da assistência social. Considerado o lapso de tempo decorrido desde a realização daquela pesquisa é possível constatar que aquela tendência dos anos 1990 se concretizou.

Desde então vimo acompanhando o surgimento das mediações políticas que permitiram tal ocorrência e que se expressam em discursos eivados de recorrências morais como "reparar injustiças", "combater marajás da seguridade", "acabar com a fome", "incluir os excluídos", todos em nome da cidadania, da democracia e da justiça social, plasmando o que Neves (2005, p. 34) conceituou de repolitização da política pelas classes dominantes e seu Estado.

É oportuno destacar que autoras como Ivanete Boschetti (2000 e 2003) e Beatriz Paiva (2006) fazem incursões sobre o tema da seguridade social, apresentando elaborações que nos auxiliam ao tratar a tese central deste texto. Embora Boschetti[1] não esteja discutindo o mérito da expansão da Assistência Social em face da privatização da previdência e da saúde, apresenta uma interessante discussão sobre o modelo de seguridade social adotado no Brasil, criticando a ausência de uma concepção universal de proteção social. A autora identifica uma relação contraditória entre previdência e assistência em função da vinculação das coberturas da previdência com a existência de vínculos com o trabalho assalariado e da assistência com os não-inseridos no mundo do trabalho, os pobres. Afirma que a combinação entre previdência — decorrente do exercício do trabalho — e assistência aos pobres inaptos para o trabalho pode parecer coerente e garantir proteção social universal nos países onde predomina ou predominou o *Welfare*, mas numa sociedade do trabalho precarizado como o Brasil, ela deixa completamente a descoberto os pobres economicamente ativos,[2] ou seja, os que têm trabalho, mas com renda insuficiente para garantir suas condições de vida (2000, p. 9-10).

Paiva, por sua vez, reconhece que a expansão do desemprego impactou na perda de vínculos com a seguridade contributiva (Previdência), pressionando os sistemas de proteção a acionarem "outras redes de segurança, mais precisamente a assistência social" (2006, p. 14) e admite que alguns direitos preexistentes foram progressivamente abandonados e "introduzidos mecanismos de mercadorização sutilmente incorporados". Com esta colocação a autora demonstra tanto o aumento da demanda por Assistência Social, como sinaliza a possibilidade de uma nova fratura na universalidade da seguridade social que deveria ser assegurada pelo conjunto articulado das políticas de saúde, previdência e assistência que a integram.

---

1. É oportuno ressaltar que os textos de Boschetti foram publicados antes da aprovação da PNAS e do SUAS, razão de a autora não incorporar a discussão do redimensionamento da assistência social.

2. A respeito da discussão dos "pobres economicamente ativos" recomendo a leitura do artigo de Áurea Carvalho Costa (2002), que faz uma interessante crítica ao conceito de exclusão, aprofundando esse debate.

Ora, se historicamente a política de assistência social, no caso da seguridade social brasileira, ocupava uma posição residual, a sua ampliação e reorganização, expressas na Política Nacional de Assistência Social e no SUAS recomporiam a lógica da universalidade da proteção social brasileira. Neste caso, tanto as considerações de Boschetti como as de Paiva seriam, em tese, contempladas e com elas concordaríamos.

Mas não é isso que a realidade está apresentando: de um lado, o mercado passa a ser uma mediação explícita; de outro, a expansão da assistência recoloca duas novas questões: o retrocesso no campo dos direitos já consolidados na esfera da saúde e da previdência e a relação entre trabalho e Assistência Social em tempos de desemprego e precarização do trabalho. O desdobramento no *Brasil real* parece indicar que, mais uma vez, o grande capital utiliza o social como pretexto para ampliar seu espaço de acumulação como discorre um jovem e promissor intelectual,

> O aumento dos investimentos em uma política social para os pobres esconde a abertura de novos e lucrativos mercados de investimentos para o capital privado, em detrimento do serviço público. Assim é que, atualmente, a "inclusão dos excluídos" serve de discurso de legitimação para o avanço do capital sobre os ativos públicos e para o andamento das reformas neoliberais. (Maranhão, 2006)

Arma-se a burguesia de instrumentos para esgarçar a histórica relação entre trabalho e proteção social, posto que a partir de então a tendência é ampliar as *ações compensatórias* ou de *inserção*, antes restritas àqueles impossibilitados de prover o seu sustento e, ao mesmo tempo, impõe novas condicionalidades de acesso aos *benefícios sociais e materiais* nos casos de afastamento do trabalho por doenças, acidentes, invalidez e desemprego temporário, para não falar da perda do poder aquisitivo das aposentadorias e pensões por velhice, morte, invalidez e tempo de contribuição/idade. No caso da saúde, a despeito do estatuto universal, a realidade aponta para o acesso a serviços privados como parte dos benefícios ocupacionais oferecidos pelos empregadores e a expansão de planos de saúde populares, com oferta precária e restrita a serviços ambulatoriais de baixo custo operacional.

É importante lembrar que embora a seguridade brasileira pós-1988 incorpore a orientação das políticas de proteção social nos países desenvolvidos e que seguiram a tradição beveridgiana, no Brasil, a adoção da concepção de seguridade social, como um sistema de proteção integrado e universal, não aconteceu nem do ponto de vista da sua organização administrativa e financeira, nem do posto de vista do acesso (Vianna, 2003).

Sob a ótica do funcionamento não se vislumbra nenhuma iniciativa de mudança, permanecendo a estrutura atual com administrações e orçamentos distintos; do ponto de vista da cobertura universal, a despeito da nova política de assistência, e dos inúmeros avanços que ela contém, tememos pela inversão da equação que apontou Boschetti e sobre a qual nos referimos anteriormente, ou seja, se antes a centralidade da seguridade girava em torno da previdência, ela agora gira em torno da assistência, que assume a condição de uma política estruturadora e não como mediadora de acesso a outras políticas e a outros direitos, como é o caso do trabalho.

Apesar de tudo, é importante destacar que o momento político que marcou a definição da Seguridade Social na Constituição de 1988 deve ser reconhecido como expressão de resistência e autonomia dos setores progressistas[3] da sociedade brasileira, já que o cenário internacional era adverso a qualquer iniciativa de intervenção social do Estado em face das críticas neoliberais ao *Welfare State* nos países desenvolvidos.

Essa disjunção entre as tendências internacionais e a particularidade local apontava, ainda que *"tardiamente"*, para a expansão e consolidação de um sistema de seguridade social, nele incluindo a Assistência Social, como uma das políticas que, ao lado da Previdência e da Saúde, integravam o sistema. Essa expectativa, entretanto, a partir dos anos 1990, começa a ser ameaçada por uma agenda de prescrições neoliberais e de reformas voltadas para a descaracterização dos recém-instituídos direitos sociais.

Como discutido em outra ocasião (Mota, 2004), numa sociedade cuja seguridade social ainda engatinhava rumo à universalização, esta ofensiva deve ser creditada:

- Às condições particulares sob as quais a burguesia brasileira, associada ao grande capital transnacional, incorporou à sua ordem as

---

3. É importante relembrar os embates entre os setores progressistas e a direita brasileira, alojada, em torno do *centrão*, durante a Assembléia Nacional Constituinte.

necessidades sociais dos trabalhadores, particularmente a partir dos anos 1990, substituindo os mecanismos coercitivos por persuasivos, após os grandes embates políticos dos anos 1980, e inaugurando novas táticas e estratégias de dominação;

- À conjuntura econômica e política do período, cujos ajustes macroestruturais, determinados pela inserção subalterna do Brasil na economia internacional, ocasionaram os arranjos da restauração capitalista, implicando na reestruturação produtiva, nos rumos da política econômica, na reforma do Estado e, enfaticamente, nas injunções dos organismos financeiros internacionais que impuseram as contra-reformas sociais de cunho neoliberal.

É fato que a expansão da seguridade no pós-64 já se fez de forma fragmentária, quando a ditadura militar franqueou ao capital privado a prestação de serviços considerados rentáveis como foi o caso, em 1973, da criação dos Fundos de Pensão e da então denominada Medicina de Grupos, seguindo-se na mesma década a concessão de renúncia fiscal para as empresas que ofertassem serviços sociais e benefícios aos seus empregados. Modelo que permaneceu vigente sob o argumento da complementaridade quando da criação dos novos e mais abrangentes direitos regulamentados pela Constituição de 1988. Tanto é assim que o texto constitucional faz menção à existência de sistemas complementares tanto no caso da saúde como da previdência.

Data, portanto, da década de 1970 o processo através do qual a Seguridade Social, ao criar as condições para institucionalizar a inclusão de alguns trabalhadores não acobertados pelo sistema de proteção social, também facilitava a abertura do mercado privado de serviços sociais. Enquanto ampliava alguns benefícios e serviços, *incluindo* no sistema segmentos não assalariados ou em situações sociais de precariedade, ao mesmo tempo criava as condições para o *afastamento* dos setores médios assalariados e autônomos do sistema público.

Se nos primeiros anos da década de 1990 esta era uma suposição, a partir da segunda metade dessa década, as duas reformas previdenciárias (PEC 20 e 40) e a realidade da saúde tornaram realidade a existência de um sistema básico e outro complementar. O espólio da expansão fragmentada e mercantil da seguridade criada pela ditadura militar vem sendo refuncionalizado, inclusive sob os auspícios do capital financeiro.

Outra ordem de fatores que está presente nas mudanças na seguridade responde pelas necessidades advindas do processo de reestruturação da economia capitalista, tais como a globalização, a reestruturação produtiva, uma nova divisão do trabalho e a reforma do Estado. Para intensificar a produtividade do trabalho, algumas estratégias vêm sendo implementadas de modo a consolidar novos modos de o capital consumir e gerir a força de trabalho.

Neste ambiente, uma parcela de ex-trabalhadores assalariados, agora considerados "pequenos empreendedores" ou trabalhadores por conta própria se transformaram em consumidores dos serviços disponíveis no mercado, como é o caso dos seguros saúde e planos de previdência privada para os que conseguem pagar. Os demais desempregados e desorganizados politicamente engrossam as fileiras do "mundo da pobreza". Mais do que viabilizar medidas que alteram o escopo da seguridade social brasileira inscrita na Constituição de 1988, o que está em discussão é o próprio desenho da proteção social no Brasil em face da construção de um novo modo de tratar a "questão social" brasileira, focando-a enquanto objeto de ações e programas de combate a pobreza à moda dos organismos financeiros internacionais, donde a centralidade dos programas de transferência de renda. Segundo Sitcovsky (2006, p. 99),

> os investimentos na área de assistência social do governo federal já apresentavam, ainda que de forma discreta, uma tendência de expansão. Basta observar a curta trajetória entre os anos 2000 e 2005. Na verdade, no ano de 2005, os gastos com esta política cresceram substantivamente se comparados com os recursos da saúde e da previdência social. Os referidos dados (...) revelam que a tendência de crescimento tem sido canalizada para as ações relacionadas à transferência de renda.

A conjunção entre expansão pública e mercantilização faz parte das proposições neoliberais, postuladas como assecuratórias da equidade, cujo princípio é dar mais a quem tem menos. O que chama atenção é a capacidade que tiveram as classes dominantes em capitalizar politicamente a Assistência Social, transformando-a no principal instrumento de enfrentamento da crescente pauperização relativa, ampliando o exército industrial de reserva no seio das classes trabalhadoras. Em tal contexto, um dos instrumentos de repolitização da política, como parte da *pedagogia da hegemonia*, consistiu em definir este segmento de classe como "excluídos" e os programas de Assistência Social como estratégia de inclusão.

Instala-se uma fase na qual a Assistência Social, mais do que uma política de proteção social, se constitui num mito social. Menos pela sua capacidade de intervenção direta e imediata, particularmente através dos programas de transferência de renda que têm impactos no aumento do consumo e no acesso aos mínimos sociais de subsistência para a população pobre, e mais pela sua condição de ideologia e prática política, robustecidas no plano superestrutural pelo apagamento do lugar que a precarização do trabalho e o aumento da superpopulação relativa[4] tem no processo de reprodução social.

Na impossibilidade de garantir o direito ao trabalho (postulado inexistente na sociedade regida pelo capital), seja pelas condições que ele assume contemporaneamente, seja pelo nível de desemprego, ou pelas orientações macro-econômicas vigentes, o Estado capitalista amplia o campo de ação da Assistência Social ao mesmo tempo em que limita o acesso à saúde e à previdência social públicas. Não se trata de uma visão estreita ou residual da política de Assistência Social — seja ela concebida como política setorial ou intersetorial — o que está em discussão é o estatuto que ela assume nessa conjuntura.

A rigor, não podemos mistificar a Assistência Social pelo fato de ela ser uma política não-contributiva voltada para os que dela necessitam. O nosso tratamento da assistência não se dá por essa diferenciação, mas pela centralidade que ela ocupa, neste momento, no conjunto da Seguridade Social.

As classes dominantes invocam a política de Assistência Social como solução para combater a pobreza relativa e nela imprimem o selo do enfrentamento da desigualdade ao tempo que exercitam a sua condição de classe dirigente, posto que "os movimentos definidos como de repolitização da política objetivam mostrar a camadas cada vez mais consideráveis

---

4. Sobre o conceito de superpopulação relativa, consultar o texto de Cézar Henrique Maranhão nesta coletânea.

da sociedade a legitimidade do projeto societário formulado e colocado em execução (...)" (Neves, 2005, p. 33). E continua a autora alertando para o fato de que esse projeto supõe que os "incluídos" passem não apenas a usufruir dos serviços sociais oferecidos, mas se transformem em colaboradores dos mecanismos de consenso que, em situação contrária, poderiam representar uma ameaça ao *status quo*.

Sob esta perspectiva, aloja-se a despolitização das lutas e do caráter classistas das desigualdades sociais, que passam a ser entendidas ora como exclusão, ora como evidência da desfiliação em relação à proteção estatal, ambas confluindo na defesa de estratégias de inclusão e inserção, sem a referência do trabalho.

Mas, até quando as classes dominantes e o seu Estado poderão tratar o processo de pauperização da população brasileira como uma questão de Assistência Social?

Conclusões

Situamos a seguridade social na dinâmica da reprodução social e aventamos a hipótese de que está em processo de consolidação uma nova estratégia de dominação política: uma *nova reforma social e moral da burguesia*, reveladora da sua *pedagogia da hegemonia*, e que se realiza através do atendimento de algumas necessidades objetivas das classes trabalhadoras, integrando-as à sua lógica reprodutiva. Essa reforma implica numa *passivização* da "questão social", que se desloca do campo do trabalho para se apresentar como sinônimo das expressões da pobreza e, por isso mesmo, objeto do direito à assistência e não ao trabalho.

Se esta linha de reflexão e argumentação estiver correta, dada a imanência da questão social ao processo capitalista de reprodução social, as novas formas de acumulação e as inflexões por elas produzidas nas transformações em curso parecem afetar *diretamente os meios de enfrentamento da questão social do que propriamente suas novas expressões*. O que está posto é um novo tratamento e proposta de enfrentamento da questão social.

Não temos dúvidas de que a seguridade social é produto histórico das lutas do trabalho na medida em que respondem pelo atendimento de necessidades inspiradas em princípios e valores socializados pelos trabalhadores e reconhecidos pelo Estado. Quaisquer que sejam seus objetos específicos de intervenção, sua institucionalização depende tanto do nível de socialização da política conquistado pelas classes trabalhadoras, como das estratégias do capital na incorporação das necessidades do trabalho, configurando-se historicamente como um campo de disputas e negociações na ordem burguesa.

Razão pela qual ela é sempre e continuamente objeto de investidas do capital no sentido de *"adequá-la"* aos seus interesses; as investidas do mercado financeiro em transformar os serviços sociais em campos de investimento e negócios lucrativos é uma prova cabal. Por isso mesmo, aquilo que se afigura como déficit para a população transforma-se em demandas de mercado, objeto do processo de supercapitalização,[5] como é o caso dos serviços médico-hospitalares, das escassas vagas para a educação superior pública, dos baixos rendimentos de aposentadoria etc.

Assim, frações dirigentes da classe dominante — paralelamente à crise político-organizativa dos que vivem do seu trabalho — constroem, na atualidade, *outra* cultura sobre o social: não mais a sustentada pelo pacto fordista-keynesiano, nem pela exclusividade da mercantilização, mas hipotecando à sociedade e às políticas de combate à pobreza a solução para o enfrentamento do pauperismo. Por isso mesmo, também as novas conceituações de questão social e das políticas de seguridade social passam a ser chaves para esgarçar qualquer tentativa de vinculação entre pobreza e acumulação da riqueza.

Ocorre um verdadeiro *transformismo* nos conteúdos que informam a questão social, passando a mesma a adquirir novos significados, tais como: questão social como exclusão; questão social como objeto da política social; questão social como ausência de cidadania e direitos sociais; questão social como desemprego. Essas tendências estão subjacentes às respostas presentes no conjunto dos programas e iniciativas vigentes no atual perfil da seguridade social.

---

5. Mandel ressalta a tendência da *supercapitalização*, ou seja, da mercantilização e industrialização da esfera da reprodução. Trata-se de impregnar o processo social de relações tipicamente capitalistas. Dessa forma, há um incremento tecnológico, na esfera da reprodução, visando à aceleração do conjunto do processo capitalista de produção e reprodução através do estímulo nas esferas da circulação e do consumo.

Em minha análise e avaliação, este conjunto de abordagens é responsável por um dado modo do seu enfrentamento — modo constituidor da hegemonia do capital, formador de cultura e que se espraia como possibilidade de tratamento teórico e, especialmente, de proposições de seu enfrentamento dentro da ordem, dando corpo e substância à hegemonia burguesa.

Amparada pela naturalização da ordem, a burguesia busca, dentre outros objetivos, transformar o cidadão sujeito de direitos num consumidor; o trabalhador num contribuinte autônomo; o desempregado num beneficiário da assistência social; e a família e as comunidades em células de uma "sociedade solidária, socialmente responsável e cooperativa".

Ao absorver as demandas derivadas do agravamento das condições de vida e trabalho da população brasileira através de políticas compensatórias, como é o caso da Assistência Social, o Estado brasileiro define sua principal estratégia de enfrentamento da "questão social". Nestes termos, a Assistência Social passa a assumir, para uma parcela significativa da população, a tarefa de ser *a* política de proteção social e não parte da política de proteção social.

Na conjuntura atual, esta dimensão compensatória é redimensionada em função do crescimento do desemprego e das massas de trabalhadores supérfluos para o capital. Como tal, a assistência está assumindo um papel na esfera da proteção social que termina por suprir necessidades que seriam do âmbito de outras políticas e constitutiva de uma luta que mobiliza os trabalhadores desde os idos do séc. XIX, o direito ao trabalho.

Estas constatações parecem apontar para algo que não vem sendo posto no debate: a Assistência Social no séc. XXI está adquirindo a condição de mecanismo integrador, em lugar do papel desempenhado pelo trabalho. Aqui, o maior destaque fica por conta dos programas de transferência de renda e pela condição de *política estruturadora* que a PNAS tenderá a assumir nos municípios brasileiros. No nosso entender, esta é a maior tensão presente na Política de Assistência Social, haja vista a impossibilidade estrutural de ela assumir este papel. E mais, se o trabalho assalariado figurou como principal meio de integração, dialética e, contraditoriamente, também oportunizou o surgimento das concentrações de trabalhadores e sua organização político-sindical. No caso da Assistência como mecanismo integrador, qual a contradição que emerge? No meu entendimento, o que se coloca no horizonte é o apagamento da referência do trabalho em prol da renda como meio de acesso ao consumo.

Esse processo responde por um aliança invisível entre a manutenção do anti-reformismo, a preservação da dinâmica capitalista e o atendimento de necessidades imediatas da população, sem que se projete qualquer iniciativa que reponha a centralidade do trabalho, o seu valor de uso social no horizonte do acesso aos meios de vida, ora transformados em necessidades geradoras da assistência social. Para isso, utilizaram uma tática *transformista* que desmonta e desqualifica os projetos, as ideologias e as práticas vinculadas ao campo do trabalho.

Neste sentido, coloca-se o maior desafio para os que professam "o pessimismo da razão e o otimismo da vontade": distinguir e compreender a necessidade objetiva da ampliação da assistência diante do agravamento da pobreza, sem a ela hipotecar o principal e às vezes único mecanismo de enfretamento da "questão social".

A impossibilidade histórica de o capitalismo *superar* as seqüelas sociais e materiais do processo de acumulação é incontente. Todavia, é possível utilizar meios para *enfrentá-las* no limite da ordem burguesa, como parte da luta social. A luta por direitos e a institucionalização da seguridade social se dá no limite da emancipação política, fato que não elide os confrontos de classe e suas dimensões políticas. Todavia, é necessário fazer uma distinção entre as especificidades de uma prática político-organizativa, que mesmo respondendo às legítimas necessidades postas pela realidade, pode não condensar uma consciência teórica, subsumindo o ideal ao real. Ou, em outros termos, abdicando da emancipação humana em prol dos limites históricos da emancipação política.

Referências bibliográficas

BEHRING, Elaine Rossetti. *Brasil em contra-reforma:* desestruturação do Estado e perda de direitos. São Paulo: Cortez, 2003.

BOSCHETTI, Ivanete. *Assistência Social no Brasil*: um direito entre originalidade e conservadorismo. Brasília: GESST/SER/UnB, 2003.

BOSCHETTI, Ivanete. Previdência e Assistência: uma unidade de contrários na Seguridade Social. *Universidade e Sociedade*. Brasília: ANDES/SN, n. 22, p. 7-22, 2000.

BOSCHETTI, I. e SALVADOR, E. Orçamento da seguridade social e política econômica: perversa alquimia. Revista *Serviço Social e Sociedade*, Ano XXVI, n. 87, 2006. Cortez, São Paulo.

COSTA, Áurea Carvalho. Nova questão social ou nova dimensão de um mesmo problema? *Trabalho & Crítica:* Anuário do GT de Trabalho e Educação. Florianópolis: UFSC/NUP/CED: Cidade Futura, n. 3, 2002.

MANDEL, Ernest. *O capitalismo tardio.* São Paulo: Abril Cultural, 1982.

MARANHÃO, Cezar Henrique. Acumulação, trabalho e superpopulação: crítica ao conceito de exclusão social. In: MOTA, Ana Elizabete (Org.). *O mito da Assistência Social:* Ensaios sobre Estado, Política e Sociedade. Recife: Ed. Universitária da UFPE, p. 15-46, 2006.

MOTA, Ana Elizabete. *Cultura da crise e Seguridade Social.* Um estudo sobre as tendências da previdência e da assistência social brasileira nos anos 80 e 90. São Paulo: Cortez, 1995.

_____. Seguridade Social brasileira: desenvolvimento histórico e tendências recentes. In: MOTA, Ana Elizabete et alii (Org.). *Serviço Social e Saúde:* Formação e trabalho profissional. São Paulo: Cortez, p. 161-196, 2006.

_____. Seguridade Social no Cenário Brasileiro. *Revista Ágora*. Ano 1, n. 1, outubro de 2004. Rio de Janeiro, p. 1-20, 2004. <www.assitentesocial.com.br>

NEVES, Maria Lúcia Wanderley (Org.). *A nova pedagogia da hegemonia*: estratégias do capital para educar o consenso. São Paulo: Xamã, 2005.

PAIVA, B. A. de. O SUAS e os direitos socioassistenciais: a universalização da seguridade social em debate. *Revista Serviço Social & Sociedade*. São Paulo: Cortez, n. 87, p. 5-24, 2006.

SITCOVSKY, Marcelo. As particularidades da expansão da Assistência Social no Brasil. In: MOTTA, Ana Elizabete (Org.). *O mito da Assistência Social:* Ensaios sobre Estado, Política e Sociedade. Recife: Ed. Universitária da UFPE, p. 87-126, 2006.

VIANNA, Maria Lúcia T. Werneck. Reforma da previdência: missão ou oportunidade perdida? In: MORHY, Lauro (org.). *Reforma da previdência em questão*. Brasília: UNB, p. 317-336, 2003.

5

Particularidades da expansão da Assistência Social no Brasil*

*Marcelo Sitcovsky***

1. Introdução

A política da Assistência Social brasileira tem passado, nos últimos anos, por transformações que exigem grande esforço interpretativo dos pesquisadores do Serviço Social e áreas afins. Estas transformações não podem ser compreendidas longe da dinâmica mais geral da sociedade, determinada pelo movimento da economia e da política.

Situar a política de Assistência Social à luz das transformações ocorridas no Brasil, certamente, é um enorme desafio. Os limites deste artigo não nos permitem realizar uma análise profunda deste fenômeno, mas oferecer alguns elementos que possibilitem conhecer as determinações gerais e a

---

* O presente texto é um extrato de minha dissertação de mestrado defendida em 2005, no Programa de Pós-Graduação em Serviço Social da UFPE intitulada *Estado e sociedade civil: o caso das parcerias na política de assistência social*.

** Professor Assistente do Departamento de Serviço Social da Universidade Federal da Paraíba e Doutorando do Programa de Pós-Graduação em Serviço Social da UFPE. E-mail: sitcovsky@yahoo.com

complexa trama da intervenção do Estado nas contradições sociais. Desta forma, explicitaremos e analisaremos a política de Assistência Social como uma das formas de intervenção estatal na "questão social", considerando o lugar e o *modus operandi* que esta vem assumindo na proteção social brasileira, nos últimos anos. Dedicamos especial atenção à afirmação e expansão da Assistência Social brasileira, com a criação do Sistema Único de Assistência Social — SUAS —, explicitando os dois principais mecanismos deste movimento, quais sejam, o peso dos programas de transferência de renda e a "nova" relação Estado e sociedade civil assentada na necessidade de construção da rede socioassistencial, como um dos elementos estruturantes do referido sistema.

2. Transformações recentes na seguridade social brasileira

O Estado brasileiro vem sendo atravessado, desde a década de 90 do século passado, por um grandioso esforço, por parte da classe dominante, em restringir seu espaço de atuação, ou melhor, em redimensionar sua atuação na vida social, econômica e política. Esta cruzada foi responsável por uma verdadeira refundação do Estado, tal o nível de *desmoralização* e *desaparelhamento* a que ele foi levado.

> Seus núcleos de competência estão fortemente erodidos, a capacidade de planejar foi demolida, o pacto federativo se enfraqueceu, o desenho institucional tornou-se inadequado, órgãos fundamentais foram deixados à míngua, os serviços prestados à população são muito ruins, a sangria de pessoal qualificado só faz aumentar, a corrupção criou raízes profundas. (Benjamin et alii, 2002, p. 109)

Diariamente, é propagada aos quatro cantos do país a tese da crise fiscal do Estado e, como conseqüência direta, a população sofre cotidianamente com a baixa qualidade dos serviços prestados, resultado da política de corte nos recursos, especialmente para a área social. Os últimos anos foram fortemente marcados pelo contingenciamento dos recursos públicos para gerar o superávit primário. A política de austeridade fiscal, iniciada por Fernando Henrique Cardoso e mantida pelo governo Lula, faz parte de um conjunto de medidas adotadas — advindas do receituário neoliberal — preconizadas pelas agências financeiras internacionais.

Segundo Benjamin, é falacioso denunciar o Estado brasileiro como um tomador de recursos do setor privado, pois o déficit público é de natureza essencialmente financeira. De 1985 a 1995, com a exceção de 1987 e 1989, o Estado brasileiro gastou menos com pessoal, custeio e investimento, comparando-se com a arrecadação de impostos: isso significa concretamente o chamado *superávit primário*. Porém, cria-se um déficit persistente, chamado *déficit operacional*,[1] quando se agregam as despesas com os juros da dívida (Benjamin et alii, 2002).

O Brasil não necessitaria de empréstimo para financiar suas atividades. Um fato importante o qual merece destaque, é que o endividamento do país teve origem, principalmente, no processo de estatização da dívida externa privada nos anos iniciais da década de 1980 e, mais recentemente, no esforço de acumulação de reservas internacionais (Benjamin et alii, 2002). Este quadro de manutenção e aprofundamento do déficit financeiro potencializa uma das particularidades do capitalismo na sua fase de financeirização: a lucratividade do setor privado, basicamente, do setor bancário[2] e financeiro.

A política econômica em curso vitimou diretamente os setores mais empobrecidos da sociedade que dependem diariamente dos serviços públicos, sobretudo, aqueles prestados pelos estados e municípios. Estes foram forçados a sanear seus gastos, muitas vezes privatizando suas empresas públicas, mas, a contrapelo das justificativas, estados e municípios tiveram suas dívidas aumentadas, muito provavelmente, em virtude da criação do Fundo Social de Emergência, o qual transferiu receitas daqueles à

---

1. O superávit primário é o resultado da diferença entre receita e despesa, excluindo o pagamento de juros da dívida. Já o déficit operacional resulta da diferença negativa entre receita e despesa, incluindo o pagamento de juros.

2. "Nesse contexto, o sistema bancário deixa de cumprir sua função de esteio do crédito às atividades produtivas e passa, ao contrário, a ser um captador de poupança líquida do setor produtivo, para aplicá-la nos mercados financeiros lastreados no desequilíbrio do Estado" (Benjamin et alii, 2002, p. 108).

União. Desde que iniciou seu mandato, Fernando Henrique Cardoso reduziu as receitas dos entes federados e os obrigou a destinar uma parcela significativa à amortização de suas dívidas. Não resta dúvida, afirma Singer (1999), que o correspondente foi não só um aumento do déficit dos estados e municípios, mas um perceptível desmantelamento dos serviços sociais, como, por exemplo, saúde, educação e assistência social.

Sob o auspício da responsabilidade fiscal, a dívida interna de R$ 59 bilhões, no início do primeiro governo de FHC, saltou para R$ 685 bilhões, e a taxa de juros do Brasil permanece entre as três maiores do mundo. O mais curioso (e seria cômico, caso não fosse tão trágico) é que todo este processo se deu tendo como justificativa a possibilidade do Estado assumir suas atividades típicas, como: educação, saúde, assistência, segurança etc. O resultado obtido, afirma Benjamin (2004), é que o orçamento de 2001 mostra um gasto estatal total de R$ 53 bilhões em saúde, educação, erradicação da pobreza, cultura e ciência e tecnologia, contra R$ 140 bilhões na rolagem da dívida interna.

As cifras do atual governo não se diferenciam muito daquelas de seu antecessor: diariamente, são noticiados pelos meios de comunicação em massa mais cortes no orçamento da União. A política econômica do país, orientada pela busca incessante do *superávit primário,* tem sido responsável pelo agravamento das expressões da "questão social" — basta dar uma olhada nos grandes centros urbanos do Brasil. Esta obsessão pelo *superávit* conduz o país a uma impossibilidade de enfrentamento real às crescentes contradições sociais. As estatísticas oficiais e extra-oficiais demonstram o nível de desigualdade, de condições de emprego, saneamento, moradia, saúde, educação, renda etc.; revelando a dramática condição de vida da grande maioria da população brasileira, colocando o Brasil na condição de um dos países mais desiguais em escala mundial.

Os juros altos se transformaram numa velha novidade. Basta esperar a reunião mensal do COPOM — Conselho de Política Monetária —, que logo é anunciada a eterna medida, geralmente justificada por uma inesperada pressão inflacionária, pelo "nervosismo" do mercado internacional, ou pela defesa da estabilidade. Na realidade, o impacto da alta dos juros representa, na maioria das vezes, alguns bilhões de reais na rolagem da dívida, em alguns casos superando os recursos gastos em algumas áreas de investimento governamental.[3] Vale ressaltar que mesmo os investimentos autorizados pelas leis orçamentárias também são alvos de cortes, configurando um enorme descompasso entre o que foi alocado e o que foi executado: tudo isso em nome do superávit primário. Outro instrumento que agrava ainda mais a situação do país é a Desvinculação das Receitas da União — DRU —, estratégia pela qual se processa a transferência de recursos, da área social, para gerar o superávit primário.[4]

A política de corte nos gastos sociais foi acompanhada por uma significativa retração das políticas sociais, quando não, por processo de desresponsabilização estatal. Isso se desdobrou em várias formas, dentre as quais destacamos o processo de *mercantilização*, o qual nos oferece elementos para analisar as novas tendências da seguridade social no Brasil, que incluem: a expansão da assistência social, a privatização da previdência social e da saúde pública. Este não é um processo essencialmente novo, pois as primeiras iniciativas datam do tempo da ditadura militar, especialmente no campo da saúde. Porém, a última reforma da previdência fez com que esta se colocasse como um excelente espaço de busca por lucros, acompanhando as tendências de *mundialização financeira* com a proliferação dos fundos de pensão privados.

Este fenômeno, de busca por novas esferas da vida social como espaço de valorização do capital, já foi anunciado por Mandel na década de 1980, quando de sua análise da expansão do setor de serviços, no *capitalismo tardio*. Pela primeira vez na história, afirma Mandel (1982, p. 271), podemos falar em *industrialização generalizada universal*. Justifica o autor:

> Uma das características do capitalismo tardio é que a agricultura está se tornando gradualmente tão industrializada quanto a própria indústria, a esfera da circulação tanto quanto a esfera de produção, o lazer tanto quanto a organização do trabalho. *A industrialização da esfera da reprodução constitui o ápice*

---

3. César Benjamin (2004) afirmou que a alta de juros para 26,5%, anunciada no mês de fevereiro de 2003, pelo Ministro Palocci, representaria gastos de mais de 5 bilhões de reais na rolagem da dívida interna, quantia equivalente à destinada a quase três "Programa Fome Zero".

4. Conferir o artigo intitulado "Orçamento da seguridade social e política econômica: perversa alquimia", na qual Ivanete Boschetti e Evilásio Salvador analisam as questões afetas ao financiamento da seguridade social e à orientação da política econômica do país.

desse processo. [...] A "lucratividade" das universidades, academias de música e museus começa a ser calculada da mesma forma que a das fábricas de tijolos ou de parafusos. (p. 272, grifos nossos)

Mandel chama atenção para o fenômeno da *supercapitalização* (capitais excedentes não investidos) que corresponde a uma *dificuldade de valorização do capital* como uma característica básica do capitalismo tardio. Se o capital, gradualmente, se acumula em quantidades cada vez maiores e uma parte considerável do capital social não consegue nenhuma valorização, as novas massas de capital penetrarão cada vez mais outros setores da vida social, desde que a lucratividade desses novos campos seja garantida.

O referido autor afirma que esta expansão do setor dos serviços envolve cinco tendências, quais sejam: *a expansão geral das funções intermediárias* (esfera da circulação das mercadorias); *a expansão dos custos de venda* (com o marketing e a publicidade) *e o aumento do crédito; a expansão da produção de mercadorias; o crescimento do número de trabalhadores assalariados empregados de forma improdutiva* e, por fim; **as possibilidades de crescimento das necessidades culturais e civilizadoras da população trabalhadora (educação, saúde, lazer etc.)**. Esta última tem implicações diretas no processo que sinalizamos anteriormente, ou seja, na tendência à *mercantilização* e que tem várias implicações para as políticas públicas, como trabalharemos em seguida, particularizando as mudanças na Assistência Social brasileira.

2.1 Afirmação e expansão da Assistência Social

Certamente, este processo de *supercapitalização*, ou melhor, de busca por novos horizontes para a acumulação capitalista, na caça frenética pela recomposição da taxa de lucro, repercutiu diretamente na mercantilização dos serviços sociais, da qual, a educação, a saúde e o sistema previdenciário são emblemáticos. Este último possui uma particularidade que o diferencia dos demais; nos referimos à constituição de fundos de pensão privados como um dos espaços privilegiados pelo capital financeiro.

As transformações daí decorrentes, com a refundação do contrato social, o qual alterou significativamente a seguridade social brasileira, engendraram esta outra concepção de seguridade social, incluindo a mediação do *indivíduo consumidor* e das instituições do mercado em substituição ao cidadão e o Estado (Mota, 2004).

Segundo Mota (2004, p. 34):

> Esta reversão implicou na ampla divulgação de uma contrapartida social do governo, expressa na divulgação enganosa e irresponsável de que os sobrantes da previdência — pobres, miseráveis, desempregados e famintos —, enfim, os não contribuintes da previdência e dos impostos diretos, seriam a clientela da assistência social, desta feita, realizada por "toda a sociedade", de que é exemplo o prodigioso e ineficaz Programa Fome Zero.

A investida da classe dominante contra a seguridade social brasileira tratou de inflexionar o padrão de enfrentamento à "questão social", dotando a política de Assistência Social de uma centralidade no trato das contradições sociais. Esta transformação, do nosso ponto de vista, deu-se de maneira que a assistência social deixa de ser uma política de acesso às demais políticas setoriais, assumindo uma centralidade na política social.

Este fenômeno tem articulação direta com a denominada *crise da sociedade salarial*. Nestes termos, com os novos arranjos decorrentes das transformações no mundo do trabalho, ou seja, com a precarização das relações de trabalho, as terceirizações, a crescente informalidade, o aumento da composição orgânica do capital, representado no movimento no qual o componente de trabalho vivo, aquilo que Marx chamou de capital variável, seja cada vez menor em função do capital constante; a expulsão da fábrica e a eliminação dos postos de trabalho, o desemprego estrutural, o trabalho assalariado e protegido transforma-se em peça de museu.

> Essas mudanças, mediadas pelo uso de novas tecnologias e pela redefinição da dimensão de espaço/tempo e território, convivem com o crescimento do desemprego e com situações de miséria e indigência, reeditando — apesar das novas configurações — crescimento de uma população supérflua, de inúteis e desfiliados [...] (Mota, 2005, p. 15).

Desta forma, o trabalho assalariado, para uma parcela significativa da população, deixa de ser, gradativamente, o ideário de integração à ordem, e a assistência social, particularmente pelos programas de transferência monetária; como política compensatória, parece cumprir este papel econômico e político, na medida em que possibilita, ainda que precariamente, o acesso aos bens de consumo. A parcela da população que não tiver suas necessidades atendidas nas vitrines do mercado, mediante os seus salários, tornar-se-á público alvo da Assistência Social. Isso denota a relação existente entre a assistência social, o trabalho e a intervenção do Estado na reprodução material e social da força de trabalho.

Os impactos econômico-sociais gerados nas famílias atendidas, assim como nos municípios, sinalizam os contornos da referida centralidade que vem adquirindo a Assistência Social. É sabido que, na maioria dos casos, os benefícios pagos pela política de assistência social, através dos programas de transferência de renda, acabam assumindo um importante peso na renda, quando não, a única fonte de renda das muitas famílias nas localidades mais longínquas do Brasil.

O Benefício de Prestação Continuada — BPC — é o exemplo clássico que comprova nossa afirmação, uma vez que o consideramos como o maior programa assistencial de transferência de renda, pois este representa gastos da ordem de um pouco mais de R$ 13,4 bilhões, o equivalente a aproximadamente 81% dos recursos da assistência social, tendo como referência o projeto de Lei Orçamentária Anual de 2008.[5] A comprovação deste fato se dá através de um cálculo simples: hoje, as famílias atendidas por este programa devem possuir renda familiar *per capita* inferior a ¼ do salário mínimo, o que se traduz em menos de R$ 103,75, considerando o salário mínimo de R$ 415,00. O benefício pago, neste caso, corresponde a um salário mínimo, o que, na pior das hipóteses, duplica a renda *per capita* de uma família composta de quatro membros atendida pelo programa,[6] ampliando, assim, suas possibilidades de consumo. Recorde-se, também, a possibilidade destas famílias obterem créditos e empréstimos descontados em folha, mediante as empresas de crédito que se multiplicaram nos últimos anos no país.

---

5. Estão previstos para o ano de 2008, R$ 16.650.034.436,00 para o Fundo Nacional de Assistência Social. A previsão de gastos com o BPC é de R$13.430.667.884,00 (PLOA, 2008).

6. Em 2006, de acordo com dados da PNAD, as famílias de usuários do BPC são formadas em média por quatro membros (IBGE, 2008).

De acordo com os dados do substrato *Acesso a Transferência de Renda de Programas Sociais* da Pesquisa Nacional por Amostra de Domicílios — PNAD 2006, o rendimento médio mensal domiciliar *per capita*, estimado em 2006, para o total dos domicílios particulares era de R$ 601,00. No caso específico dos beneficiários do BPC os rendimentos médios *per capita* foram os mais elevados (R$ 302,00) se comparados com os rendimentos médios dos usuários dos demais programas de transferência de renda — Bolsa-Família R$149,00; Programa de Erradicação do Trabalho Infantil, R$ 147,00 (IBGE, 2008).

No caso dos municípios, os relatos dos gestores e os dados dos monitoramentos dos programas da política de assistência social[7] revelaram que estes recursos representaram um importante elemento de estímulo às economias locais. Um exemplo deste fenômeno é o dia de pagamento do Programa de Erradicação do Trabalho Infantil — PETI. Neste período, se instituem verdadeiras feiras locais, incrementando a circulação de dinheiro e mercadorias nos municípios.

A política de assistência social, via a transferência de renda, tem se constituído um elemento de acesso a bens e serviços circunscritos no circuito de compra e venda de mercadorias. Os dados da PNAD 2006 sinalizam um crescimento no consumo de bens duráveis entre os usuários dos programas de transferência de renda. Telefone, geladeira, fogão e televisão estão entre os eletrodomésticos responsáveis pelo aumento do consumo entre os beneficiários. O acesso à infra-estrutura (abastecimento de água; esgotamento sanitário; coleta de lixo; iluminação elétrica; telefone) também registrou aumento, mas este não representou uma melhora significativa nas condições de vida, a exemplo dos 53,7% dos beneficiários que não possuem esgotamento sanitário adequado (IBGE, 2008).

Sob as condições do modo de produção capitalista — no qual o trabalho assume as características de assalariado e alienado — a relação de contradição entre assistência e trabalho é levada às últimas conseqüências. Na verdade, a relação de atração e rejeição entre assistência e trabalho, de ori-

---

7. Referimos-nos aqui à nossa experiência, na qualidade de pesquisador bolsista, no monitoramento e avaliação do Programa de Erradicação do Trabalho Infantil — PETI —, realizado pelo Departamento de Serviço Social da UFPE, coordenado pela professora Ana Elizabete Mota.

gem anterior à sociedade de mercado, foi mantida e aprofundada no capitalismo contemporâneo (Boschetti, 2003, p. 44). Acrescente-se a este processo as "novas" configurações do trabalho, aquilo que Luciano Vasapollo (2005) tem chamado de trabalho atípico, e encontraremos solo fértil para o desenvolvimento desta "nova" tendência da assistência social, qual seja, *a absorção da função integradora à ordem social, antes pertencente ao trabalho assalariado.*

A sociabilidade erguida sob a égide do capital determina que, àqueles que não possuem a propriedade privada dos meios de produção reste-lhes, apenas, vender a sua força de trabalho, como a única forma de garantir sua reprodução. Esta relação social, marcada pela compra e venda de mercadorias, impõe limites bárbaros para o atendimento às necessidades: aqueles inaptos ao trabalho, inicialmente, foram jogados à própria sorte e à filantropia. Ao alcançarem números que colocaram em xeque esta relação social, o Estado passou a assumi-los; inicialmente, os inaptos, através das *poor laws* (leis dos pobres inglesa) e as *workhouse*. Esta última, estava baseada na conjugação de *trabalho forçado* e *orações* como forma de correção para os mendigos. Mais tardiamente, ou melhor, contemporaneamente, é que o Estado assumiu os aptos, porém, temporariamente sem trabalho, os que se encontram em condição de "vulnerabilidade econômica e social" — com baixa remuneração (abaixo da linha da pobreza e ou indigência). Ilustram esta assertiva alguns programas assistenciais brasileiros.

Feita essa discussão, cabe, neste momento, afirmar que, na impossibilidade de garantir direito ao trabalho — quer pelas condições que assume o trabalho no capitalismo, quer pelo nível de desemprego estrutural no qual nos encontramos, ou, ainda, pela orientação da política econômica posta em prática no país — o Estado amplia seu campo de atuação na medida em que também assume os aptos. Ou seja, em tempos de crise, os pobres sobre os quais incide a assistência social são: os miseráveis, desempregados, desqualificados para o trabalho, os trabalhadores precarizados, além dos tradicionalmente considerados inaptos para as tarefas laborais.[8] Contraditoria-

---

8. Nos últimos anos, muito se falou em "nova pobreza" e "nova questão social", ambas as proposições ancoradas nas mudanças do mundo do trabalho. Estou convencido de que o "novo" é a velha contradição entre o capital e o trabalho, explicitada na *lei geral de acumulação capitalista*, elaborada por Marx, já no século XIX. Um bom debate sobre a questão social e que envolve, de certa

mente, restringe o acesso, impondo critérios, a exemplo do limite de ¼ de salário mínimo, promovendo, como afirmamos anteriormente, as políticas de exceção. Ao assumir os trabalhadores expulsos do mercado de trabalho formal, o Estado busca (re)inseri-los, através dos programas de requalificação profissional, emprego e renda, entre outros. Estes, neste momento, são orientados pelas idéias do empreendedorismo[9] e do neo-solidarismo, portadoras dos elementos constitutivos da hegemonia da classe dominante.

Em síntese, afirmamos que a expansão da assistência social se inscreve no orbe das transformações econômicas-políticas-sociais em curso, as quais realizaram um conjunto de reformas, dotando a seguridade social de novas configurações. Isso representou uma das maiores ofensivas, por parte da classe dominante, ao Estado brasileiro, inflexionando, assim, seu padrão de enfrentamento à "questão social" pela via da mercantilização dos serviços sociais, ancorada na necessidade do capital de recompor a taxa de lucro. Neste contexto, a expansão da assistência social no Brasil ocorreu concomitantemente à ampliação do mercado como mediação para o atendimento às necessidades sociais. Aos que não possam atendê-las desta forma, o Estado lhes oferece os serviços socioassistenciais.

2.2 Os investimentos na assistência e a expansão via transferência de renda

Os investimentos na área de assistência social do governo federal já apresentavam, ainda que de forma insuficiente, uma tendência de expansão. Basta observar a curta trajetória entre os anos 2000 e 2005. Na verdade, no ano de 2005 os gastos com esta política cresceram substantivamente se comparado com os recursos da saúde e da previdência social.[10] O Fundo Nacional de Assistência Social — FNAS — vem crescendo a cada ano. De acordo com Boschetti e Salvador (2006), o FNAS foi ampliado 54,29% em

---

maneira, o debate sobre a pobreza encontra-se na revista *Temporalis 3*, especialmente o texto de José Paulo Netto, intitulado: "Cinco notas a propósito da questão social".

9. Aqui cabe de tudo um pouco como, por exemplo, a formação de cooperativas, de *pequenas empresas grandes negócios* estimuladas pelo SEBRAE etc.

10. De acordo com as análises de Boschetti e Salvador (2006, p. 44), em 2005, o crescimento do Fundo Nacional de Saúde foi apenas de 3,4% se subtrairmos os recursos destinados ao Bolsa-Família.

2004, em relação a 2003, e 34,36% em 2005, o que revela uma ampliação do investimento na Política de Assistência Social.[11]

Os referidos dados, caso analisados de forma minuciosa, ou seja, considerando a alocação dos recursos por programas/projetos, revelam que a tendência de crescimento tem sido canalizada para as ações relacionadas à transferência de renda. Segundo Boschetti e Salvador (2006), o Benefício de Prestação Continuada e a Renda Mensal Vitalícia, juntos, absorveram 91,67% do FNAS em 2004 e 89,14% no ano seguinte. Acrescente a estes dados o fato de no Fundo Nacional de Saúde — FNS —, através da *transferência de renda com condicionalidade*, o Bolsa-Família ter absorvido 2,72% do Fundo Nacional de Saúde em 2004, chegando a 6,26% dos recursos em 2005, incrementando os recursos com as ações de transferência de renda.

Portanto, fica candente que a afirmação da assistência social no Brasil, no campo dos direitos sociais e a sua recente expansão, vem sendo operada via programas de transferência de renda. O esteio desta tendência foi a formulação do programa Bolsa-Família, responsável atualmente por 11 milhões de famílias usuárias,[12] no qual foram investidos cerca de R$ 4,5 bilhões no ano de 2005, aproximadamente, 30% dos recursos do Ministério de Desenvolvimento Social e Combate à Fome — MDS.[13]

Outro dado que confirma o lugar da transferência de renda na Assistência Social brasileira é o número de usuários do BPC, que em 2005 alcançou a marca de 2,2 milhões de benefícios, e estima-se que, até o final do ano de 2006, chegue a 2,5 milhões de brasileiros. Nestes termos, reafirmamos a tese de que assistência social tem se apresentado como estratégia de integração responsável em possibilitar a reprodução econômica e social de uma parcela significativa e crescente da população brasileira.

---

11. Os dados do projeto de Lei Orçamentária Anual 2008 sinalizam um aumento ainda maior; está previsto um orçamento na ordem de R$16.650.034.436,00.

12. No país, em 2006, do total de domicílios sem rendimento e com rendimento *per capita* inferior a ¼ de salário mínimo, os programas de transferência de renda cobriram 54,3%, deixando de fora cerca de 1,87 milhão de famílias.

13. De acordo com o Projeto de Lei Orçamentária Anual 2008 estão previstos R$ 10.368.462.345,00, o equivalente a 36,4% do Orçamento do Ministério do Desenvolvimento Social e Combate a Fome — MDS.

O debate que circunda a temática da transferência de renda no Brasil quase nunca envereda pela discussão das fontes dos recursos. Esta é uma problemática pouco trabalhada nas análises da Política de Assistência Social no país.[14]

A propalada transferência de renda, via programas assistenciais, vem sendo operada por um financiamento marcado pelo princípio da *regressividade*, como nomeia Boschetti (2003). O elemento medular desta discussão encontra-se nas fontes de financiamento que compõe, primeiro, o orçamento da seguridade social brasileira e, segundo, a parte que cabe à assistência social. O peso das contribuições sociais na composição dos recursos da seguridade social atesta a tese da regressividade. Porém, o caso da assistência social é ainda pior, pois, entre 1999 e 2005, em média 76,7% dos recursos foram provinientes da Contribuição para Financiamento da Seguridade Social — Cofins — e, ao longo dos anos, a participação da Contribuição sobre o Lucro — CSLL — foi reduzida, chegando a 0,9% em 2005.

Uma análise mais cuidadosa das fontes de recursos da assistência social brasileira indica que devemos ser cautelosos ao afirmar que os programas de transferência de renda assistenciais têm operado uma verdadeira redistribuição de renda no país. Pois, dificilmente, com os pressupostos que orientam a composição do orçamento da assistência social, podemos inferir tal conclusão. Ao contrário, o quadro sumariamente delineado, não revela uma transferência de recursos do capital para os trabalhadores, ou, se preferirem, dos ricos para os pobres e, sim, sugere uma redistribuição de renda entre os próprios trabalhadores.

3. A reforma gerencial do Estado brasileiro e o SUAS

O processo de reforma do Estado empreendido nos últimos anos no país esteve alinhado ao receituário neoliberal, expresso no *Consenso de Wash-*

---

14. Este debate pode ser encontrado em Boschetti (2003) mais precisamente no capítulo 3, intitulado: "Financiamento e Gasto da Assistência Social: Pulverização e Regressividade". Ver também, Boschetti e Salvador (2006, p. 34-43). Conferir também, o livro organizado por João Sicsú *Arrecadação de onde vem? E gastos públicos para onde vão?* São Paulo: Boitempo, 2007.

ington, e reproduzido nas propostas contidas no Plano Diretor da Reforma do Estado brasileiro. Mas, qual a relação existente entre estas medidas e o SUAS? No referido Plano Diretor, a assistência social figura como a galeria do setor de serviços não-exclusivos do Estado.

Decerto, o Programa Comunidade Solidária — PCS — é um divisor de águas que apresenta a fórmula encontrada para substituir as velhas práticas de filantropia, financiadas pelo Estado brasileiro — muito próprias da história da assistência — e as "novas" propostas de parceria entre Estado e sociedade, expressas na reforma do Estado. Na acepção do Comunidade Solidária, as parcerias pressupõem que todos tenham o mesmo objetivo: o de conjugar esforços para o enfrentamento das situações de pobreza e exclusão. As ações estavam centradas em programas emergenciais/ assistencialistas, insuficientes e descontínuos, direcionados à população em extrema pobreza, condutora da desresponsabilização social do Estado, que transfere para a sociedade, sob o apelo da solidariedade e da parceria, o dever da proteção social (Silva e Silva, 2001).

Fundamentada na solidariedade, na atuação filantrópica, no voluntariado e nas ações do terceiro setor, a política de assistência social foi sendo construída no Brasil enquanto política pública, visto ser neste contexto que a LOAS é aprovada e implementada. Nos governos Fernando Henrique Cardoso, a assistência social foi tratada com fortes influências dos pressupostos da solidariedade, do trabalho voluntário e das parcerias. Cabe lembrar que os recursos financeiros do PCS superavam os recursos destinados ao Fundo Nacional de Assistência Social — FNAS.[15] Isso demonstra o lugar que o PCS ocupava em relação aos serviços assistenciais do governo FHC. O mesmo pode ser dito para o Programa Fome Zero do governo Lula, amparado no *caldo cultural da solidariedade*, despido de qualquer conteúdo classista.

A construção do Sistema Único de Assistência Social — SUAS —, pelo novo governo eleito em 2002, certamente não passou ilesa, depurando este *caldo cultural* e recolocando-o sob "novas" bases. Indubitavelmente, o SUAS

---

15. Segundo Boschetti (2003, p. 216), "[...] o orçamento executado pelo FNAS em 1996 correspondeu a 46,1% dos recursos executados pelo Comunidade Solidária; já em 1999, este percentual correspondeu a 74,7 %".

passa a regular esta relação. A contrapelo do que se divulga com a nova Política Nacional de Assistência Social — que alardeia estabelecer *novas bases para a relação entre Estado e "sociedade civil"* — o que há, na realidade, é um avanço na tentativa de *organizar, racionalizar* e *regulamentar* a relação público/privado, com o intuito de evitar a sobreposição de ações e o desperdício de recursos, sob o argumento da eficiência e da eficácia. Destarte, a ação privada subvencionada no âmbito da assistência, cujas origens remontam à Era Vargas, além das mudanças jurídico-políticas[16] mais recentes, ancoradas no modelo de *Estado gerencial*, mostra com nitidez como o novo repõe o velho.

> O imperativo de formar redes se faz presente por duas razões fundamentais. Primeiramente, conforme já mencionado, porque a história das políticas sociais no Brasil, sobretudo, a de assistência social, é marcada pela diversidade, superposição e, ou, paralelismo das ações, entidades e órgãos, além da dispersão de recursos humanos, materiais e financeiros. A gravidade dos problemas sociais brasileiros exige que o Estado estimule a sinergia e gere espaços de colaboração, mobilizando recursos potencialmente existentes na sociedade, tornando imprescindível contar com a sua participação em ações integradas, de modo a multiplicar seus efeitos e chances de sucesso. (MDS, 2004, p. 41)

Está estampada, neste caso, a reforma do Estado iniciada nos governos Fernando Henrique Cardoso e aprofundada com peculiar requinte pelo atual governo Luiz Inácio Lula da Silva. É flagrante a tendência a legitimar "novas" formas privadas de provisão social, por meio de "velhas" formas de solidariedade familiar, comunitária e beneficente (Mestriner, 2001). "A assistência social, que já era a parte frágil, vive situações inéditas ao ter que se afirmar como política pública num Estado em que o público passa a significar parceria com o privado. [...] o Estado fará avançar, com nova ênfase, os paradigmas da solidariedade, da filantropia e da benemerência (Mestriner, 2001, p. 26).

---

16. Nos referimos à legislação aprovada no governo FHC que versa sobre as OSCIP — Organizações da Sociedade Civil de Interesse Público —, o que ampliou as possibilidades de novas parcerias com entidades sem fins lucrativos de qualquer natureza, na execução de políticas sociais.

Ao invés de substituir a ação do Estado, a rede deve ser alavancada a partir de decisões políticas tomadas pelo poder público em consonância com a sociedade. É condição necessária para o trabalho em rede que o Estado seja o coordenador do processo de articulação e integração entre as Organizações Não-Governamentais — ONG's —, Organizações Governamentais — OG's — e os segmentos empresariais, em torno de uma situação ou de determinado território, discutindo questões que dizem respeito à vida da população em todos os seus aspectos. (MDS, 2004, p. 52)

Estamos diante da confissão cabal de que se gesta, já há alguns anos, no coração do Estado brasileiro, uma concepção de **Estado coordenador**, ou se preferirem, **gerente**, aos moldes da *reforma gerencial* proposta por Bresser Pereira, supostamente voltada para o controle dos resultados e baseada na descentralização, visando à qualidade e produtividade no serviço público. (Behring, 2003, p. 177)

No Brasil, o enfrentamento da "questão social", somado à falta de fundos sociais é subsumido às proposições neoliberais que preconizam o "Estado Mínimo", caracterizando o fenômeno da refilantropização da assistência, pois o governo transfere a responsabilidade de solucionar os impactos da política de ajuste exigida pelo FMI e o Banco Mundial para a sociedade civil.

Nesta dinâmica, ganham impulso na assistência, as estratégias que preconizam o estabelecimento de parcerias vis-à-vis à organização de redes socioassistenciais. No SUAS, este processo é de responsabilidade dos Centro de Referência da Assistência Social — CRAS —, que podem, aparentemente, se apresentar na contramão da desresponsabilidade pública estatal, mas estão subsumidos à lógica das parcerias.

3.1 Os CRAS e a rede socioassistencial

Após um ano de implantação, o SUAS possui mais de 2.300 CRAS em funcionamento espalhados em todo o território nacional. Estas unidades públicas de referência foram instaladas, segundo informações dos gestores federais, respeitando as determinações contidas da Política Nacional (2004) e na NOB/SUAS (2005).

Concretamente, os CRAS devem obedecer à critérios espaciais e operacionais, ou seja: estarem territorializados de acordo com o porte dos municípios; com capacidade mínima de 2.500 famílias referenciadas para cada CRAS, nos municípios de *pequeno porte I*, nos municípios de *pequeno porte II*, mínimo de 1 CRAS para até 3.500 famílias referenciadas e nos demais municípios até 5.000 famílias referenciadas (NOB/SUAS, 2005).

Segundo Lopes (2006, p. 88), a proteção social básica oferece cobertura a mais de 8 milhões de famílias por intermédio dos CRAS, em 1619 municípios brasileiros. Isso requer, precisamente, uma rede socioassistencial de largo alcance, *a qual ofereça um conjunto integrado de ações de iniciativa pública e privada, e que desenvolvam serviços, benefícios, programas e projetos assistenciais* (NOB/SUAS, 2005).

A magnitude das necessidades sociais, expressa no recrudescimento da "questão social", demanda uma forte capacidade e estrutura prática-operativa para a execução das ações do SUAS. Os longos anos nos quais a assistência social brasileira permaneceu aprisionada à filantropia e à caridade bloquearam a capacidade de criação e organização de uma estrutura pública estatal adequada às exigências para a implementação do SUAS.[17]

A quase inexistência de unidades públicas de assistência social nos municípios, somada a sua frágil capilaridade no país, conduziu à reedição, ou melhor, à persistência de traços caritativos e filantrópicos. Porém, desta feita, sobre o invólucro da política *de parcerias, do solidarismo e do voluntariado moderno.* Na verdade, sob o desígnio *de novas bases para a relação entre o Estado e a sociedade civil,* o velho se recompõe e assume nova roupagem.

A "descoberta" da sociedade civil na provisão de serviços assistenciais joga água no moinho dos processos de desresponsabilização do Estado e de socialização dos custos e da execução das políticas sociais, que se constituem no novel padrão de gestão e reprodução da força de trabalho. Portanto, faz-se necessário conhecer os princípios que norteam a relação entre Estado e sociedade civil.

---

17. A persistência de traços caritativos confessionais e filantrópicos é facilmente identificada nos embates e nas dificuldades encontradas quando das discussões que envolveram a regulamentação do art. 3º da LOAS.

3.2 Princípios que orientam o debate contemporâneo da relação Estado e sociedade civil

A Política Nacional de Assistência Social (2004) sugere o estabelecimento de uma nova relação entre Estado e sociedade civil como eixo estruturante do Sistema Único de Assistência Social — SUAS. Como foi exposto anteriormente, ganha notoriedade a idéia de construção de uma rede socioassistencial erguida sob a necessidade prático-operativa de estabelecer parcerias com instituições da sociedade civil como forma de garantir o funcionamento e a prestação dos serviços públicos.

As análises que sustentam esta perspectiva têm partido, na grande maioria das vezes, das transformações ocorridas no âmbito do Estado. Tais análises operam uma fratura entre o econômico, o político e o social. Fratura esta que sustenta a tese da existência de um *terceiro setor*. Mas estas vão além e constroem a idéia de uma nova sociedade civil, esvaziada dos interesses de classe e prenhe de altruísmo, solidariedade: a esfera por excelência da colaboração entre as classes, ou melhor, entre os indivíduos, pois as classes sociais foram dissolvidas nestas análises e nem mesmo comparecem como elementos constitutivos da realidade.

Não pretendemos adentrar no terreno pantanoso que tem caracterizado o debate sobre o terceiro setor. Reservamo-nos o direito de oferecer algumas considerações e, principalmente, remeter o leitor às análises de Montaño (1999; 2002), um dos poucos autores críticos sobre o assunto. Faz-se necessário, para compreender este movimento, recuperarmos a referência ao processo de reforma do Estado que é o substrato material para compreender as múltiplas determinações que dão lugar à formulação ideológica da existência do *terceiro setor*.

Os defensores da idéia do *terceiro setor* afirmam a existência de outros dois setores; portanto, a realidade social formaria uma tríade: primeiro, segundo e terceiro setores, onde o primeiro corresponderia ao Estado, o segundo ao mercado e o terceiro (sociedade civil) é concebido como uma esfera *autônoma e contraposta* às demais, pois no *terceiro setor* nós encontramos todo o altruísmo, a solidariedade, a colaboração entre as classes. Divide-se, desta forma, o real em esferas autônomas, (des)historicizando a realidade social e, sendo assim, são demarcados papéis, onde o político cabe ao Estado, o econômico ao mercado e o social é transferido à sociedade civil (terceiro setor).

O terceiro setor não é um terreno neutro, como alguns tentam mostrar. O conceito foi criado pela sociedade norte-americana, cunhado para designar o contexto de associativismo e voluntariado, que fazem parte de uma cultura política e cívica assentada no individualismo liberal.[18] Liberalismo este assentado na idéia de que quando o indivíduo busca a satisfação de seus interesses ele possibilita a satisfação dos interesses coletivos. E o lugar da satisfação das necessidades, tanto para o liberalismo clássico como para o neoliberalismo, é o mercado. Na concepção de um *ultra liberal*, Hayek, afirma Montaño (2002, p. 78), "[...] o único clima propício para o florescimento da liberdade é o mercado concorrencial, ou seja, a defesa de um sistema social organizado por meio da livre concorrência no mercado, como garantidor da liberdade".

No Brasil o termo *terceiro setor* está muito próximo a outras duas expressões: *o público porém privado* (Rubens César Fernandes) e o *público não-estatal* (Bresser Pereira). Ao que tudo indica, o termo foi introduzido no Brasil pela Fundação Roberto Marinho (Ioschpe, 1997, *apud* Montaño, 2002); o fato é que ganhou notoriedade e passou a transitar nos mais diversos espaços políticos. Sua imprecisão teórica é tão latente que gera uma grande dificuldade, mesmo entre seus defensores, de delimitar quais são as entidades que compõem o *terceiro setor*.

> Para alguns, apenas incluem-se as organizações formais, para outros, contam até as atividades informais, individuais, ad hoc, para alguns outros, as fundações empresariais seriam excluídas, em outros casos, os sindicatos, os movimentos políticos insurgentes, as seitas etc., ora são consideradas pertencentes, ora são excluídas do conceito. (Montaño, 2002, p. 55)

Indubitavelmente há, no caso brasileiro, muitos fatores que concorrem para que esta formulação ganhe adeptos os mais variados. Um destes

---

18. De acordo com Landim (1999, p. 70 *apud* Montaño, 2002), o conceito surge no EUA, em 1978, cunhado por Jonh D. Rockfeller III, segundo o qual, "O terceiro setor é o setor privado sem fins lucrativos. Inclui dezenas de milhares de instituições absolutamente indispensáveis à vida da comunidade". Em sua análise, Montaño afirma que este conceito tem procedência e funcionalidade com os interesses de classe, notadamente os da classe dominante.

fatores, que supostamente poderia oferecer sustentação para utilização do termo, seria a instauração das ações coletivas promovidas contra o Estado, no período da ditadura militar.[19] Deste processo resultou a criação de um conjunto de organizações e movimentos sociais, tendo como base uma apreensão de que a sociedade civil seria uma esfera contraposta ao Estado (autoritário).[20] Outro fator, na nossa avaliação, refere-se à histórica presença das entidades sem fins lucrativos na provisão de serviços sociais, muitas vezes financiadas pelo próprio Estado. Do nosso pondo de vista, merece destaque o primeiro enunciado, que enxerga a sociedade civil como um contraponto ao Estado, que embora não mais autoritário passa a ser ineficiente, burocrático, oneroso etc. De acordo com Netto (2004, p. 76):

> [...] não resiste à análise a tese de que, ao longo da ditadura instaurada em 1964, abriu-se uma fratura entre a sociedade civil e o Estado — de que é corolário a idéia de que, especialmente a partir de 1968 (o marco seria o Ato Institucional n. 5), a sociedade civil "contrapôs-se" ao Estado. Na verdade, o Estado conformado pelo regime de 64 correspondeu e respondeu aos interesses do grande capital, que se impuseram exatamente na sociedade civil. A crise da ditadura, aberta por volta de 1974-1975, não se deveu a qualquer "contraposição" entre o Estado por ela modelado e a "sociedade civil"; deveu-se ao fato de que a força do movimento operário e popular foi capaz de engendrar e dinamizar agências e formas que puseram em questão a dominância do grande capital na sociedade civil.

Para Netto (2004), ao contrário do que se alardeia — que neste período houve um fortalecimento da sociedade civil — o que realmente se processou foi a emersão e fortalecimento, *na sociedade civil*, de agências e formas de intervenção das classes subalternas, em especial da classe operária. São exemplos deste associativismo de base, expressivo de interesses particulares e até mesmo corporativos, que encontrou formas clássicas de vei-

---

19. Essa mesma análise pode ser estendida para os países da América Latina que experimentaram formas semelhantes de governo autoritário e truculento.

20. Conferir Giovanni Semeraro (1999; 2003).

culação de patamares mais altos, universalizantes, o Partido dos Trabalhadores e a Central Única dos Trabalhadores.[21]

Nossa argumentação tem o sentido de desmistificar a suposta contraposição entre Estado e sociedade civil, a idéia de existência de um *terceiro setor*, puro e benevolente, imune à burocracia estatal e à avareza do mercado. E, ainda, tentamos de alguma forma contribuir na elucidação deste "novo" fenômeno na esfera da sociedade civil, o qual, na verdade, expressa novas formas de associativismo cívico, o que consideramos o fenômeno real, encoberto pela fórmula ideológica do *terceiro setor*.

As transformações societárias, decorrentes da crise dos anos 70 do século XX, marcada por uma profunda recessão, respondem por um conjunto de medidas adotadas como tentativa de superação da mesma. Isso se deu com a conjugação de dois processos: um, a reestruturação produtiva, e o outro, a adoção da agenda neoliberal de reformas do Estado, dotando este de um novo padrão de intervenção social.

Este processo é responsável por um redirecionamento do papel do Estado que ao invés de políticas sociais públicas, que garantam a reprodução da força de trabalho, adota a perspectiva do *Estado mínimo para o social e máximo para o capital*,[22] tendo este como pressuposto a desregulamentação da força de trabalho, associada a uma desresponsabilização

---

21. Netto (2004, p. 75) defende a tese de que é um grave equívoco a idéia corrente de que a sociedade civil brasileira, tal como se apresentava no período entre o segundo pós-guerra e a instauração da ditadura resultante do golpe de abril de 1964, era gelatinosa, frágil e que diante dela erguia-se um Estado forte, tornado ainda mais forte nos ano pós-golpe. "Foi à ativa intervenção de agências da sociedade civil que, em março-abril de 1964, derruiu o governo Goulart. Não existia no Brasil uma 'sociedade civil fraca' — existia uma sociedade civil na qual as classes subalternas, alvos de histórica e sistemática repressão, enfrentavam enormes dificuldades para organizar-se autonomamente. Quando de algum modo conseguiam, o Estado a serviço dos que Florestan Fernandes chamava "os de cima" entrava em cena (pense-se, por exemplo, na ação desfechada contra as organizações de trabalhadores, ademais da repressão ao Partido Comunista, ao longo do governo 'constitucional' e 'legalista' do Marechal Dutra)".

22. Netto (2004, p. 72) afirma que, "[...] em resumidas contas, a reestruturação do Estado em curso pode ser sinalizada como a hipertrofia da sua função de garantidor da acumulação capitalista simultaneamente à sua atrofia como legitimador desta; na medida em que o fundamento dessa reestruturação é a concepção de que o único regulador societal legítimo e eficiente é o mercado [...]". Conferir: NETTO, J. P. FHC e a política social: um desastre para as massas trabalhadoras. In: Lesbaupin, I. (org.). *O desmonte da Nação*: balanço do governo FHC. Petrópolis: Vozes, 1999. p. 75-90.

perante a "questão social". Esse processo de transformação do padrão de intervenção do Estado na "questão social" dá origem a um tipo de intervenção que preconiza a participação do chamado *terceiro setor* ou de parte da sociedade civil.

Segundo nossa percepção, este fenômeno, que provisoriamente chamaremos de *associativismo de novo tipo*, está diretamente relacionado ao processo de reforma do Estado, que preconiza um novo padrão de intervenção social, baseado nas "parcerias" com a sociedade civil, denominado como o *terceiro setor*, com o intuito de estabelecer um novo padrão de serviços sociais públicos. As análises teóricas que buscam justificar este processo estão, na grande maioria dos casos, fortemente influenciadas pelas idéias de autores como Habermas, Arato, Cohen e Rosanvallon.

Cohen e Arato, autores ingleses que se dedicam ao estudo da sociedade civil, buscam, a partir do *mundo da vida* habermasiano, construir suas análises acerca da sociedade civil. Os autores propõem a existência de uma dimensão institucional do mundo da vida, distinta da dimensão simbólico-lingüística. De acordo com os autores, esta dimensão seria responsável pela reprodução de tradições, solidariedade e identidades. Esta dimensão institucional do mundo da vida corresponderia ao conceito de sociedade civil desses autores (Souza Filho, 2001). Por sua vez, de acordo com Habermas (2003, p. 99):

> A sociedade civil compõe-se de movimentos, organizações e associações, os quais captam os ecos dos problemas sociais que ressoam nas esferas privadas, condensam-nos e os transmitem, a seguir, para a esfera pública política. O núcleo da sociedade civil forma uma espécie de associação que institucionaliza os discursos capazes de solucionar problemas, transformado-os em questões de interesse geral no quadro das esferas públicas.

Mas quais seriam as instituições da sociedade civil? Nos termos de Habermas (2003, p. 99): "[...] são as organizações não estatais e não econômicas que se encontram ancoradas nos componentes sociais do mundo da vida". Para ele, existe uma distinção entre "atores que surgem do público e participam na reprodução da esfera pública e atores que ocupam uma esfera pública já constituída, a fim de aproveitar-se dela". Desta forma,

Habermas se aproxima da idéia de *terceiro setor*, pois retira da sociedade civil a luta, os interesses antagônicos das classes (a política) e as relações econômicas.

> Por estar apoiada em direitos fundamentais, esta esfera fornece as primeiras referências acerca de sua estrutura social. A liberdade de opinião e de reunião, bem como o direito de fundar sociedades e associações, definem o espaço para associações livres que interferem na formação da opinião pública, tratam de temas de interesse geral, representam interesses e grupos de difícil organização, perseguem fins culturais, religiosos ou humanitários, formam comunidades confessionais, etc. (Habermas, 2003, p. 101).

Habermas e seus seguidores (Arato e Cohen) procuram definir um papel político próprio para a sociedade civil que seria, sinteticamente, a "preservação do mundo da vida" e a "influência no sistema", através do fortalecimento da racionalidade interativo-comunicacional e da difusão de temas e problemas relevantes a serem enfrentados pela sociedade. Rejeitam, desta maneira, uma perspectiva de sociedade civil como arena de disputas políticas e constroem uma noção de sociedade civil como sujeito político, com *ethos* próprio — na medida em que se encontra ancorada no mundo da vida —, "um campo onde prevaleçam valores da solidariedade" Vieira (1997 apud Souza Filho, 2001, p. 109).

Desta forma, pode-se pensar, com base nas formulações habermasianas, numa sociedade civil como um espaço composto por entidades "harmônicas", longe das contradições de classe e, sendo assim, ganha pleno sentido, como querem alguns, falar em luta *da* sociedade civil e não *na* sociedade civil.[23] Ou seja, a sociedade civil deixa de ser uma esfera da vida social e converte-se em sujeito que pode influenciar a política, mas não como espaço eminentemente político. Ficam evidentes, portanto, as estreitas vinculações entre as considerações de Arato e Cohen, fortemente influenciadas por Habermas, e as formulações que defendem a idéia da existência do *terceiro setor*.

---

23. Para um melhor detalhamento das diferenças entre luta *da* sociedade civil e *na* sociedade civil, remetemos o leitor às considerações de Carlos Montaño (2002), especialmente, nas conclusões de seu livro.

Outra influência neste debate são as idéias de Rosanvallon que, curiosamente, chegam ao Brasil pelas mãos do Partido da Social Democracia Brasileira — PSDB —, através do Instituto Teotônio Vilela. Alguns autores o qualificam como um intelectual de pouco fôlego, mas a verdade é que suas análises sobre a existência de uma "nova questão social", assim como sobre a crise do Estado-providência, têm influenciado uma parcela de intelectuais, sejam eles conservadores ou não, que circunscrevem suas análises nas recentes transformações das políticas sociais. Desse modo, as proposições de Rosanvallon conseguem abrigo desde o campo político conservador até o progressista, especialmente neste último, com a chamada nova esquerda.

O francês Pierre Rosanvallon enfoca suas análises no âmbito da crise, localizando-a no Estado e não no sistema capitalista de produção. Em decorrência, a crise do Estado-providência seria resultado do crescimento das despesas com as políticas sociais, o que geraria um aprofundamento dos déficits públicos, tornando-se uma situação insustentável. A sugestão do autor para superação da crise é a proposta de uma sociedade *pós-social-democrata*. Nos termos de Montaño (2002, p. 110), as propostas de Rosanvallon "[...] inserem-se ora numa clara apologia da ordem burguesa (na sua fase de mudança neoliberal em processo), ora numa crítica romântica do neoliberalismo. Na melhor das hipóteses, as análises e o projeto 'alternativo' do sr. Rosanvallon representam esta segunda vertente".

Um dos componentes da crise do Estado-providência refere-se à crise da chamada *solidariedade automática* (Rosanvallon, 1997, *apud* Montaño, 2002, p. 110). Esta solidariedade é desenvolvida pela intervenção estatal, por meio da arrecadação de impostos que, por sua vez, financiam os serviços sociais estatais. Para o autor de *A nova questão social*, a solução encontra-se no estabelecimento de um novo contrato social erguido sob a base de uma sociedade civil mais visível, desenvolvendo uma *solidariedade voluntária*. Segundo Montaño (2002, p. 112):

> Para o autor, (Rosanvallon), urge sair da alternativa estatização/privatização, redefinindo as fronteiras e as relações entre o Estado e a sociedade. Trata-se, afirma, de substituir a lógica unívoca da estatização por uma tríplice

dinâmica articulada da socialização [desburocratização e racionalização da gestão estatal], da descentralização [aumentando as tarefas e responsabilidades das coletividades locais ao levar os serviços mais próximos destas] e da autonomização [transferindo para as coletividades não-públicas tarefas de serviço público].

Aqui reside a idéia de construção de um Estado gerente, no qual a provisão de alguns serviços sociais pode ser transferida para a sociedade. O Estado deve favorecer a multiplicação desses auto-serviços coletivos ou serviços públicos pontuais de iniciativa local. Para tanto, faz-se necessário reinserir a "solidariedade voluntária" na sociedade. Atualmente, já existem experiências concretas destas propostas, as quais, na Europa, assumem a denominação de *welfare mix* — pluralismo de bem-estar.

Autores europeus que dedicam suas pesquisas a analisar a intervenção estatal através das políticas sociais têm se dividido na compreensão deste fenômeno. Entre os estudiosos, alguns defendem esta "nova" modalidade de intervenção enquanto outros afirmam se tratar de uma escandalosa transferência de responsabilidade do Estado para a sociedade. De acordo com Abrahamson (2004, p. 111), estamos diante de um novo consenso em torno da política social, o qual, aparentemente, alcançou a maior parte da Europa e a sociedade moderna, sob a forma de uma abordagem mista de bem-estar.

Estes autores estão indicando que uma provisão de bem-estar em qualquer sociedade moderna é de fato, sempre, uma combinação das intervenções do mercado, do Estado e de setores da sociedade civil sobre a vida dos indivíduos. De maneira geral, o pluralismo de bem-estar implica menor domínio do Estado, que não é visto como o único instrumento possível para o provimento coletivo dos serviços sociais.

Segundo Abrahamson (2004), não há uma posição unívoca quanto ao desenvolvimento desta modalidade de intervenção. Existem aqueles que a consideram negativamente, enquanto outros a percebem com certo otimismo, mesmo admitindo que se trata de uma nítida redução do papel do Estado na provisão social. É o caso de Adalbert Evers, considerado como o único cientista social europeu que fez o máximo para promover discussões acerca da idéia do bem-estar misto como uma ampliação apropriada para o bem-estar da sociedade contemporânea. Para Evers (1996, apud Abrahamson, 2004, p. 121), "[...] a abordagem de bem-estar misto tem potencial para produzir uma política social mais autônoma e digna".

Os argumentos de Evers, nas palavras de Abrahamson (2004, p. 122), baseiam-se no *comunitarismo*: "um sistema de recursos comuns das pessoas que deveria ser reconhecido como uma forma mista, baseada nos direitos garantidos pelo trabalho, Estado e comunidade". Para Evers (1987, apud Abrahamson, 2004, p. 122), "[...] o fortalecimento da sociedade civil em seus esforços para ter mais controle sobre a própria reprodução, torna-se assunto chave se quisermos partir do Estado de bem-estar para uma sociedade de bem-estar". O autor sugere que as organizações não-governamentais e voluntárias devam ser privilegiadas para alcançarmos a sociedade de bem-estar, pois estas são guiadas por princípios como *voluntariado, comprometimento pessoal, respeito, comunicação, altruísmo, solidariedade, envolvimento social e pessoal e ativismo político*. Retornamos, assim, à formulação habermasiana, pois estes são os valores *do mundo da vida*.

3.3 A relação Estado e sociedade civil no SUAS

É verdade que a redução da ação estatal na área social, ou melhor, no enfrentamento das contradições sociais, tem sido acompanhada da expansão da participação de setores da sociedade civil na provisão de políticas sociais.

Alguns defensores das parcerias fundamentam a existência delas com dois grandes argumentos: o primeiro, baseado na existência de entidades prestadoras de serviços sociais decorrente da histórica ausência do Estado nesta área, e o segundo argumento refere-se à idéia de ampliação da participação, sob a justificativa da democratização do Estado.

Ora, estes argumentos servem de fio condutor para que ganhem força as propostas das agências multilaterais (Banco Mundial, CEPAL, PNUD/BID), que disseminam a idéia da redefinição dos papéis do Estado e da sociedade civil. O quadro 1 a seguir apresenta as formulações destas agências.

Quadro 1
O papel do Estado e da sociedade civil para as agências multilaterais

	Banco Mundial	**CEPAL**	**PNUD/BID**
Funções do Estado	Redução das funções sociais com transferência de ações para sociedade civil e mercado.	Intervir no fortalecimento da competitividade e busca da eqüidade. Articulação de grupos organizados da sociedade civil e do mercado.	Redução de suas funções executivas nas políticas sociais
Papel da sociedade civil	Incorporação na execução política e prestação de serviços sociais. Refilantropização. Organização dos pobres.	Pluralista, ativa na construção de consensos estratégicos. Reconstrução de identidades nacionais, regionais e locais.	Ampliação da participação na execução de políticas e prestação de serviços com recursos públicos.

Fonte: Simionato; Nogueira, 2001, p. 21.

A transferência de bens e serviços de natureza pública para o setor privado é apresentada nas diferentes propostas dos organismos internacionais como saída para atenuar a crise fiscal, buscar maior racionalidade dos recursos e benefícios, repassando para associações comunitárias, organizações filantrópicas e não-governamentais a produção e distribuição de bens e serviços. Assim, afirmam Simionato e Nogueira (2001, p. 26):

> Reatualiza-se, com estas estratégias, um discurso participacionista veiculado em épocas pretéritas, com conteúdos acríticos e aclassistas, vinculados a uma idéia de participação restrita em associações organizativas e associativas, que lutam pela solução de carências mais imediatas, encobrindo as questões estruturais que alicerçam a própria construção da pobreza.

Esta tendência à transferência da operacionalização da assistência para a sociedade civil, especialmente as associações comunitárias, estão sedimentadas no discurso de ampliação da participação o que minimiza, quando não aniquila, a possibilidade de formulação e de veiculação de vontades coletivas ligadas a projetos societários das classes subalternas, visto que estas associações são deslocadas para a execução direta de serviços assistenciais.

Este deslocamento das funções da sociedade civil — entendida como arena política e econômica constituída pelos aparelhos "privados" de hegemonia, responsável em socializar os valores, os projetos societários das classes[24] — acaba por *passivizar* as classes subalternas, perdendo estas suas características de reivindicação e resistência, assumindo tarefas de executoras de políticas sociais. Desta forma, do ponto de vista da aparência, as relações de conflito e contradição entre as classes desaparece, dando lugar a uma mistificada sociedade civil harmônica. Destarte, prevalecem estratégias de direção e consenso sobre a classe trabalhadora, a partir de modalidades de intervenção centradas no indivíduo, direcionadas para integração e a uma verdadeira *reforma intelectual e moral* da classe trabalhadora.

Desse modo, as parcerias podem sinalizar a investida da classe dominante em passivizar seus antagonistas, mediante a instrumentalização de parte da sociedade civil, notadamente as associações das classes subalternas que, como sinalizamos deixam de se constituírem elementos contestadores e passam a ser instrumentalizadas no sentido da execução dos programas e projetos de assistência social. Estas associações estão diante do que Montaño denominou de *o canto da sereia*, pois assumindo tais tarefas têm condições objetivas de atenderem epidermicamente às requisições de seus associados. E acabam aprisionando-se ao *todo caótico*, que é o cotidiano, o qual requer respostas práticas e imediatas.

Evidentemente, os sujeitos envolvidos nestes processos nem sempre se dão conta das muitas determinações presentes nessas parcerias. Tratam-se das estratégias da classe dominante, as quais não dependem, exclusivamente, do fato de se estar no governo de uma determinada cidade, ou até mesmo de um país. Na verdade, os mecanismos de formação de consensos passam, necessariamente, pela sociedade civil.

Poderíamos ser questionados: um governo de "esquerda", não estaria a serviço das classes subalternas? Responderíamos afirmando que não se

---

24. Conferir Gramsci (2002a).

trata disto, até porque estar à frente de um governo não significa ter as condições de exercer o poder.[25] O que na verdade está em jogo é compreender os instrumentos e mecanismos engendrados pela burguesia para arquitetar sua estratégia de dominação. A construção da hegemonia passa por este movimento, no qual uma classe faz com que seus valores, seus interesses — seu projeto de classe — sejam vividos como universais e isso significa que seus antagonistas sejam integrados e passem a defender aqueles interesses que não são os seus.

Este conjunto de mudanças na provisão de serviços assistenciais acarreta uma tentativa de mistificar a relação Estado e sociedade civil. As análises de Marx e, posteriormente, da própria tradição marxista, foram responsáveis em descortinar esta relação. De acordo com esta tradição, há aqui uma relação de determinação entre sociedade civil e Estado, na qual a primeira funda o segundo. Ou seja, o Estado resulta da luta de classe travada na sociedade civil.

Mas, ao observamos a realidade da execução da assistência social, percebemos um outro movimento, qual seja, a classe dominante, através da construção do consenso — de que a sociedade civil é o espaço da colaboração das classes e, também, co-responsável pela solução das crescentes contradições sociais, expressas na pobreza, no desemprego etc. — vem promovendo, paulatinamente, a passivização de seus antagonistas, mediante a crescente transferência de responsabilidade na execução das ações sócio-assistenciais para as organizações da classe trabalhadora.

Ora, desta forma fica cada vez mais explícito que estamos diante da tentativa de instrumentalização de parte da sociedade civil, pelo Estado. Este processo pode ser pensado como tentativa de busca de legitimidade do Estado, através de uma estratégia de integração das classes subalternas, notadamente, aquelas associações restritas à defesa de interesses particulares e corporativos, como as associações comunitárias, entre outras. Estas acabam por assumir um novo papel, não mais de organização e reivindica-

---

25. Os ensinamentos de Gramsci quanto a isso são fundamentais, quando afirma: "Um grupo social pode, aliás, deve ser dirigente já antes de conquistar o poder governamental (esta é uma das condições principais para a própria conquista do poder); depois quando exerce o poder e mesmo se o mantém fortemente nas mãos, torna-se dominante mas deve continuar a ser também dirigente". (Gramsci, 2002b, p. 62)

ção, mas, sim, de executora direta de serviços sociais. Semeraro (2003), ao analisar as metamorfoses da democracia brasileira, faz algumas ilações sobre o lugar e o papel das parcerias. Afirma o autor que,

> Seguindo a linha do cooperativismo e da "sinergia", muitas ONGs acabam contribuindo para a legitimação dos grupos dominantes. [...] não é por acaso que muitas ONGs passam a ser usadas pelos poderes públicos para tarefas de pronto-socorro, para políticas de inserção dos mais desfavorecidos, para ações paliativas e indigestas aos governantes que as terceirizam para prestações assistencialistas. Instrumentalizadas para executar políticas sociais sem Estado e dissociando o público do Estado, tal como quer o liberalismo, voltadas para o supletivo, para solicitações *ad hoc*, secundárias ao sistema, correm o risco de perder a visão de totalidade e de se transformarem em empresas governadas pelo pragmatismo e pela cultura gerencial. (Semeraro, 2003, p. 267).

Acrescentemos a este processo as iniciativas da classe dominante, a exemplo da responsabilidade social das empresas, desenvolvendo trabalhos sociais, especialmente nas áreas de educação e assistência social, ou mesmo por meio das *fundações* do *terceiro setor* e, então, chegamos ao resultado da constituição hipostasiada de uma nova relação entre Estado e sociedade civil, sedimentada na harmonia e na colaboração entre as classes.

Ao invés de aceitar a tese de uma nova relação entre Estado e sociedade civil, acreditamos que este processo responde mais por uma tentativa de passivização dos subalternos do que, propriamente, consistir numa nova relação. Desta forma, a classe dominante busca agregar à dominação o componente diretivo-social, numa clara tentativa de restauração de sua hegemonia. Contribuem largamente para este processo as ações de Organizações Não-Governamentais, do *terceiro setor*, enfim, novos e indefinidos sujeitos sociais, os quais buscam superar os movimentos sóciopolíticos tradicionais, apresentando como alternativa a autogestão comunitária no atendimento às necessidades e no enfrentamento das crescentes contradições sociais inerentes ao sistema capitalista.

Percebe-se que este movimento está fundamentado no revigoramento dos lemas liberais, quais sejam: *liberdade/ igualdade/fraternidade. Liberdade* do mercado, longe das amarras do Estado intervenor, devendo este intervir somente no socorro ao capital — especialmente o capital financeiro. *Igual-*

dade de oportunidades, meramente formal, pois todos são iguais perante a lei, para que desta forma possam, por meio do mercado, atender suas necessidades. E a *fraternidade* entre todos, contemporaneamente disseminada através da *cultura da solidariedade*, na qual todos se ajudam, diluindo assim, o antagonismo entre as classes.

Indiscutivelmente, a disseminação dos ideais de participação recolocados em cena pelo protagonismo da sociedade civil, pelo qual esta é convocada a assumir as funções estatais nas ações de proteção social, em nome da cidadania e de um dever cívico, promove o arrefecimento da construção de vontades coletivas por parte da própria sociedade civil, numa clara tentativa de esvaziamento da política nesta esfera da vida social.

No nosso entendimento, estão arroladas neste movimento múltiplas determinações que compreendem o conjunto de estratégias arquitetadas no processo de *restauração capitalista*. A função das parcerias responde pela necessidade de encobrir o deslocamento do atendimento às requisições da classe trabalhadora para a esfera do mercado e da sociedade civil. Assim como têm a função de gerar uma aceitação da população, através da construção de consensos que possibilitem o rearranjo das esferas da produção e reprodução social de um capitalismo em crise.

Referências bibiliográficas

ABRAHAMSON, P. Neoliberalismo, pluralismo de bem-estar e configuração das políticas sociais. In: BOSCHETTI, I. et alii (Org.). *Política social*: alternativas ao neoliberalismo. Brasília: Programa de Pós-Graduação em Políticas Sociais, Departamento de Serviço Social — UNB, 2004, p. 109-134.

BEHRING, E. R. *Brasil em contra-reforma*: desestruturação do estado e perda de direitos. São Paulo: Cortez, 2003.

BENJAMIN, C. et al. *A opção brasileira*. Rio de Janeiro: Contraponto, 2002.

_____. *Bom combate.* Rio de Janeiro: Contraponto, 2004.

BOSCHETTI, I. *Assistência Social no Brasil:* um direito entre a originalidade e conservadorismo. 2. ed. Brasília: Edição da autora, 2003.

BOSCHETTI, I.; SALVADOR, E. Orçamento da seguridade social e política econômica: perversa alquimia. *Revista Serviço Social e Sociedade*. São Paulo: Cortez Editora, n. 87, ano XXVI, p. 25-57, 2006.

BRASIL. Lei n° 8742, de 7 de dezembro de 1993. Estabelece a Lei Orgânica da Assistência Social — LOAS. Brasília: *Diário Oficial [da] República Federativa do Brasil*, 1993.

BRASIL. Projeto de Lei Orçamentária Anual 2008. Brasília: Ministério do Planejamento, Orçamento e Gestão. *Secretaria de Orçamento Federal*. Disponível em: <http://sidornet.planejamento.gov.br/docs/plei2008> Acesso em: 15 abril 2008.

GRAMSCI, A. *Cadernos do cárcere*. Rio de Janeiro: Civilização Brasileira, v. 3, 2002a.

_____. *Cadernos do cárcere*. Rio de Janeiro: Civilização Brasileira, v. 5, 2002b.

HABERMAS, J. *Direito e democracia:* entre facticidade e validade. 2. ed. Rio de Janeiro: Tempo Brasileiro, v.2, 2003.

INSTITUTO BRASILEIRO DE GEOGRAFIA E ESTATÍSTICA (IBGE). *Acesso a transferência de renda de programas sociais: 2006 / IBGE, Coordenação de Trabalho e Rendimentos*. Rio de Janeiro: IBGE, 2008.

LOPES, M. H. C. O tempo de SUAS. *Revista Serviço Social e Sociedade*, São Paulo: Cortez Editora, n. 87, ano XXVI, p.76-95, 2006.

MANDEL, E. *O capitalismo tardio*. São Paulo: Abril Cultural, 1982.

MESTRINER, M. L. *O Estado entre a filantropia e a assistência social*. São Paulo: Cortez Editora, 2001.

MINISTÉRIO DO DESENVOLVIMENTO SOCIAL E COMBATE À FOME (MDS); CONSELHO NACIONAL DE ASSISTÊNCIA SOCIAL (CNAS). *Resolução n. 145, de outubro de 2004*. Política Nacional Assistência Social — PNAS. Brasília, 2004.

MONTAÑO, C. E. *Terceiro setor e questão social:* crítica ao padrão emergente de intervenção social. São Paulo: Cortez, 2002.

MOTA, A. E. A seguridade social no cenário brasileiro. *Revista Ágora*. Rio de Janeiro, n. 1, ano I, 2004. Disponível em: <http://www.assistentesocial.com.br>. Acesso em: 12 set. 2004.

_____. *Necessidades sociais, soluções globais:* abordagens criativas ao desenvolvimento social. Recife, 2005 (mimeo).

NETTO, J. P. FHC e a política social: um desastre para as massas trabalhadoras. *In*: LESBAUPIN, I. (org.). *O desmonte da Nação:* balanço do governo FHC. Petrópolis: Vozes, 1999. p. 75-90.

NETTO, J. P. Cinco notas a propósito da questão social. *Revista Temporalis*. Brasília: ABEPSS, n. 3, ano II, p. 41-51, 2001.

_____. Notas sobre a reestruturação do Estado e a emergência de novas formas de participação da sociedade civil. In: BOSCHETTI, I. et alii (org.). *Política social:* alternativas ao neoliberalismo. Brasília: Programa de Pós-Graduação em Políticas Sociais, Departamento de Serviço Social — UNB, 2004. p. 61-84.

NORMA OPERACIONAL BÁSICA DA ASSISTÊNCIA SOCIAL — NOB; SISTEMA ÚNICO DE ASSISTÊNCIA SOCIAL — SUAS. *Resolução n. 130, de julho de 2005*. Brasília: MDS/CNAS, 2005.

SEMERARO, G. *Gramsci e a sociedade civil:* cultura e educação para a democracia. Petrópolis: Vozes, 1999.

_____. Tornar-se "dirigente". O projeto de Gramsci no mundo globalizado. In: COUTINHO, C. N.; TEIXEIRA, A. de P. (Orgs.). *Ler Gramsci, entender a realidade*. Rio de Janeiro: Civilização Brasileira, 2003. p. 261-274.

SICSÚ, João. *Arrecadação de onde vem? E gastos públicos para onde vão?* São Paulo: Boitempo, 2007.

SILVA e SILVA, M. O. *O Comunidade Solidária:* o não-enfrentamento da pobreza no Brasil. São Paulo: Cortez, 2001.

SIMIONATO, I.; NOGUEIRA, V. M. Pobreza e participação: o jogo das aparências e as armadilhas do discurso das agências multilaterais. *Universidade e Sociedade*. Brasília, n. 24, p. 20-32, 2001.

SINGER, P. A raiz do desastre social: a política econômica de FHC. In: LESBAUPIN, I. (Org.). *O desmonte da Nação:* balanço do governo FHC. Petrópolis: Vozes, 1999. p. 25-44.

SISTEMA INTEGRADO DE ADMINISTRAÇÃO FINANCEIRA (SIAFI). *Informações do SIAFI*. Disponível em: < http://www.tesouro.fazenda.gov.br/SIAFI/index.asp>. Acesso em: 10 set. 2006.

SOUZA FILHO, R. de S. Sociedade civil: Gramsci e o debate contemporâneo de inspiração habermasiana. *Praia Vermelha*. Rio de Janeiro, n. 4, p. 94-121, 2001.

VASAPOLLO, L. *O trabalho atípico e a precariedade*. São Paulo: Expressão Popular, 2005.

6

As tendências da política de Assistência Social, o *Suas* e a formação profissional*

*Ana Elizabete Mota***
*Cezar Henrique Maranhão****
*Marcelo Sitcovsky*****

O texto que ora publicamos trata sobre o atual desenho da Política Nacional de Assistência Social — PNAS e do seu mecanismo de gestão, que é o Sistema Único de Assistência Social — SUAS. Nossa pretensão é identificar os requerimentos postos à ação dos Assistentes Sociais e à sua formação profissional para identificar as mediações que conectam as singularidades dessa política vis-a-vis ao arcabouço das Diretrizes Curriculares e do Projeto Ético-político Profissional.

---

* Artigo originalmente publicado com o título O Sistema Único de Assistência Social e a Formação Profissional, na revista *Serviço Social & Sociedade*, ano XXVI, n. 87 Especial. São Paulo, Cortez, 2006. Revisado para esta publicação, sofreu modificação no título e em alguns conteúdos sem alterar os seus objetivos originais.

** Doutora em Serviço Social. Professora Titular do Dpto. de Serviço Social da UFPE. E-mail: bmota@elogica.com.br

*** Professor Assistente do Departamento de Serviço Social da Universidade Federal da Paraíba — UFPB e doutorando do Programa de Pós-Graduação em Serviço Social da UFPE. E-mail: cezarmaranhao@uol.com.br

**** Professor Assistente do Departamento de Serviço Social da Universidade Federal da Paraíba e Doutorando do Programa de Pós-Graduação em Serviço Social da UFPE. E-mail: sitcovsky@yahoo.com

Abordaremos a temática fazendo uma discussão introdutória sobre as tendências da Seguridade Social brasileira, contextualizando-a na conjuntura nacional e nas macro-tendências societais; em seguida, discorreremos sobre o marco legal e institucional da PNAS e do SUAS, destacando os aspectos centrais da proposta e ressaltando as inovações neles contidas; na última parte do ensaio discutiremos as questões que rebatem diretamente no exercício e na formação profissional, tecendo considerações teórico-metodológicas, políticas, pedagógicas e operativas, ocasião em que apontamos algumas indicações e sugestões.

1. Tendências da Seguridade Social e particularidades da Assistência Social no Brasil

Na sociedade capitalista, as políticas de proteção social expressam as contradições e os antagonismos de classes. Independente dos seus objetos específicos de intervenção, essas políticas dependem tanto do nível de socialização da política, conquistado pelas classes trabalhadoras, como das estratégias do capital, na incorporação das necessidades do trabalho, consideradas as particularidades históricas que definem cada formação social.

Originárias do reconhecimento público dos riscos sociais do trabalho, se ampliam a partir da segunda metade do século XX como meio de prover proteção social aos trabalhadores, inscrevendo-se na pauta dos direitos sociais. A despeito das especificidades nacionais, as políticas de Seguridade Social são constituídas por *ações compensatórias* para aqueles impossibilitados de prover o seu sustento por meio do trabalho, *de cobertura de riscos do trabalho* nos casos de doenças, acidentes, invalidez e desemprego temporário *e manutenção da renda* do trabalho, seja por aposentadoria, morte ou suspensão temporária da atividade laboral (Mota: 2000).

Todavia, acreditamos que as políticas de Seguridade Social, nas quais se inclui a de Assistência Social, só podem ser consideradas produto histórico das lutas dos trabalhadores na medida em que respondam a necessidades inspiradas em princípios e valores socializados pelo campo do trabalho e reconhecidos pelo Estado. Nos referimos a este aspecto porque na dinâmica reprodutiva do capitalismo, o campo da Seguridade Social também é um ambiente da intervenção política das classes dominantes, seja como mecanismo de integração social, seja como meio de compatibilizar capitálismo, direitos sociais e democracia. Nestes termos, a Seguridade Social é em tese um campo de disputas, seja por parte do trabalho, seja por parte do capital que continuamente tenta *adequá-la* aos seus interesses hegemônicos.

Essa arquitetura da Seguridade Social, aqui posta em termos sumários, e que deu amparo a sua expansão no século XX, particularmente com a emergência do *Welfare State*, tem seus pilares derruídos pela ofensiva neoliberal, desde os finais da década de 70, quando o mundo capitalista inflexiona seu padrão de acumulação dominante para enfrentar uma crise de proporções globais ou societais (Mota, 2000).

Tal processo, ao transformar substantivamente o mundo do trabalho, afetou não apenas as suas condições de vida e de trabalho, mas os estatutos e as garantias jurídico-institucionais que marcaram a trajetória do trabalho assalariado nas modernas sociedades ocidentais.

Frente a este quadro, marcado por medidas de ajustes econômicos e contra-reformas do Estado, seja nos países centrais, seja nos periféricos, presencia-se uma ofensiva do grande capital e dos organismos financeiros internacionais para redirecionar as políticas de proteção social, dentre elas a Assistência Social, que é o foco da nossa reflexão.

Atentos ao conjunto das mudanças que definem as tendências atuais da Seguridade Social, destacamos alguns aspectos:

1. A regressão das políticas redistributivas, de natureza pública e constitutiva de direitos, em prol de políticas compensatórias de "combate à pobreza" e de caráter seletivo e fragmentário. Esta tendência ampara, dentre outros aspectos, a afirmação e expansão da Assistência Social, seja ela pública ou privada.

2. Privatização e mercantilização de alguns serviços sociais, com a consolidação da figura do *cidadão-consumidor* de serviços, de que são exemplos os planos privados de saúde e o sistema de previdência complementar. Processo este que se dá concomitantemente à expansão de dos programas sociais de exceção, voltados para o *cidadão-pobre*, com renda abaixo da

que é definida como linha da pobreza. Esta tendência pode ser indicativa do modo como o Estado, no leito do pensamento neoliberal, racionaliza o atendimento às demandas por proteção social que, num período de desemprego e precarização do trabalho, tendem a crescer. Ou seja: expulsa do acesso público os trabalhadores médio-assalariados, em face do sucateamento dos equipamentos, serviços e da redução de benefícios; e, sob o argumento da eqüidade, advoga a inclusão de novas frações da população. Seus rebatimentos recaem tanto na ampliação da Assistência Social como na redefinição das políticas de Saúde e Previdência, de que são exemplos o Programa Saúde da Família e a ampliação da contribuição previdenciária para os trabalhadores informais e por conta própria.

3. Emergência de novos protagonistas, tais como a empresa socialmente responsável, o voluntariado, com suas práticas congêneres que amparam a redefinição da intervenção do Estado, agora atrelada à capacidade de participação da sociedade civil. Esta tendência reforça a proposta de um *Estado-gerente*, com limitada capacidade operacional, posto que depende dos seus parceiros para executar os programas e projetos sociais, como é o caso do denominado terceiro setor. Esta estratégia, amplamente defendida pelas agências internacionais, comporta dimensões econômicas e políticas, quais sejam: sustentam as políticas de co-financiamento com seu rol de condicionalidades e referendam um novo conceito de democratização do Estado. Na mesma medida, constrói novos referenciais teórico-metodológicos, políticos e culturais que fundamentam os programas sociais, em especial os denominados de "combate à pobreza". Aqui são emblemáticas as formulações sobre o desenvolvimento local e sustentável, o empoderamento de indivíduos, grupos e comunidades e a afirmação de uma estratégia de desenvolvimento social baseada na formação do capital humano e social.

4. A emergência de novas categorias que, embora tenham capilaridade para explicar as manifestações singulares do real, revertem as possibilidades de análise crítica da sociedade e das determinações da desigualdade. São conceitos operativos que validam e facilitam a estruturação das políticas, mas, pela reduzida extensão heurística, comprometem a análise da realidade, tais como: os conceitos de território e comunidade, os níveis de complexidade das problemáticas sociais, a idéia de acolhimento social, a relação entre inclusão e exclusão, para citar os principais. No caso da

idéia de exclusão, há uma explícita tendência ideopolítica de despolitização das desigualdades sociais, posto que a conotação temporal e transitória da *exclusão* informa sobre a possibilidade de inclusão e acesso aos bens civilizatórios e materiais, permitindo que o real e o possível se transformem no "ideal", sitiando, assim, as possibilidades de construir outras formas de enfrentamento da desigualdade de classe.

5. Um outro aspecto a destacar é um não explicitado e pouco discutido nexo entre a Assistência Social e as políticas públicas de intervenção sobre o mercado de trabalho. Trata-se de um vetor que esvazia o debate sobre a precarização do trabalho e a própria proteção social pública aos riscos do trabalho, em prol de medidas pontuais e de duvidosa eficácia contra o desemprego, a geração de renda e a formação da força de trabalho.

Apesar das particularidades da proteção social brasileira, dentre elas a construção tardia da seguridade social, essas tendências anteriormente referidas têm eco no atual padrão de formulação e gestão das políticas protetivas. Trata-se de um paradoxo: somente com a Constituição de 1988 a sociedade brasileira teve, em tese, as suas necessidades de proteção reconhecidas pelo Estado através da instituição de um sistema público de proteção social (integrado pelas políticas de saúde, previdência e assistência social); contudo, mal foram regulamentadas, essas políticas passaram a ser objeto de uma ofensiva perversa e conservadora, materializada em propostas e iniciativas de contra-reformas restritivas de direitos, serviços e benefícios.

É fato que o Brasil não esteve imune às turbulências que marcaram a economia e a política mundial a partir dos finais dos anos 70 e que redefiniram os mecanismos de ajuste dos países periféricos ao sistema capitalista mundial. Se na crise de superprodução de 1962/1967 o Brasil escapou através do milagre econômico, desta última crise, mais ampla e profunda, não houve escapatória, como bem demonstram as análises que consideram a década e 80 como uma *década perdida*.

Esse contexto foi responsável por baixas taxas de crescimento do PIB, compressão dos salários e aumento da concentração de riqueza, o que repercutiu decisivamente na situação socioeconômica da população brasileira, em especial das classes subalternas, gerando um aprofundamento da *dívida social brasileira*, para utilizar uma expressão bastante comum e conservadora.

Esta situação se agravou na década de 90, sob as injunções do movimento de internacionalização do capital, obrigando os países periféricos a adotarem um modelo de desenvolvimento amparado no endividamento externo, sob o discurso da retomada do crescimento econômico, da necessidade de inserção do país na economia globalizada e da também premente redefinição das funções do Estado.

Na primeira metade da década de 1990, especialmente com a eleição de Fernando Henrique Cardoso, observa-se um hercúleo movimento de abertura da economia brasileira e de reestruturação do aparelho estatal, numa verdadeira operação de *desmonte da nação*.

Na esfera da seguridade social tal desmonte processou-se de diversas formas, considerando as tendências que apontamos anteriormente. Contudo, ao lado da reforma da Previdência, a Assistência Social foi palco de um dos mais destacados retrocessos na esfera da proteção social quando, se superpondo àquela política, foi instituído o Programa Comunidade Solidária. Claro que tal não ocorreu sem a resistência de forças progressistas que denunciaram o fisiologismo, o voluntarismo e a refilantropização da Assistência Social. Essa resistência, da qual participou ativamente a categoria dos Assistentes Sociais, se deu nos espaços das conferências, dos fóruns, da atuação dos conselhos, dentre outros. Foi neste ambiente de resistência que surgiram propostas de redefinição das políticas de assistência e do seu modelo de gestão, o que veio a ser, em grande medida, incorporado ao SUAS, objeto de nossa reflexão mais adiante.

O desenvolvimento deste processo, como indicado inicialmente, se deu concomitante às grandes transformações por que passaram o mundo da produção, do trabalho, das práticas das classes e da reorganização/reforma do Estado ao longo da década de 90 e nestes anos iniciais do século XXI. Enfim, da restauração capitalista como nomeia Ruy Braga (1997), definitivamente atravessada pela mundialização financeira e pela subordinação dos países periféricos às exigências econômicas e políticas dos organismos financeiros internacionais.

Não seria exagero afirmar que desde então, presencia-se abertamente a investida da classe dominante contra a seguridade social brasileira, momento em que explicita a sua ideologia de enfrentamento da "questão social": a mercantilização de serviços sociais vis-a-vis com a expansão de políticas sociais compensatórias.

Ao imprimir centralidade à política de assistência social no enfrentamento das contradições sociais, especialmente através dos programas de transferência monetária, as classes dominantes referendam a cultura da *eqüidade e da assistência social* como o principal mecanismo de administração da desigualdade.

2. A nova Política Nacional de Assistência Social — PNAS e o Suas

A descontinuidade e fragmentação são uma das características históricas da Assistência Social no Brasil. Mesmo com a Constituição de 1988 e a aprovação da Lei Orgânica da Assistência Social — LOAS, que são considerados divisores de águas entre o *feitiço da ajuda* e a criação de uma política pública, constitutiva de direitos, estas marcas não foram totalmente superadas.

Esta condição, entretanto, não impediu que a Assistência Social alcançasse o estatuto de política social pública, inscrita no orbe dos direitos sociais, como resultado dos processos sócio-históricos que culminaram no movimento de redemocratização do país. A mobilização de amplos setores populares conformou a cultura política dos anos 1980, possibilitando a criação das bases jurídico-institucionais presentes no texto constitucional de 1988. Neste ordenamento jurídico, a Assistência Social é colocada como parte dos direitos sociais, edificando junto com a Previdência Social e a Saúde o arcabouço da seguridade social brasileira.

Com a Lei Orgânica da Assistência Social — LOAS — foram definidos os princípios, as diretrizes, as competências, a gestão e o financiamento da política de Assistência Social, fato revelador dos avanços a que nos referimos, posto que construída numa conjuntura adversa à expansão da Assistência Social como política pública. Contudo, a sua implementação revelou uma acentuada tendência à focalização, seletividade e fragmentação, comprometendo o princípio de universalidade, continuidade e sistematicidade das ações.

Além disso, a lógica do financiamento, baseada em dotações específicas para cada programa *(recursos carimbados)* repercutiu negativamente na continuidade e no rol de prioridades das ações, tornado-as mais vulneráveis às opções políticas dos governos que, em princípio, tinham autonomia para redirecionar prioridades e programas sociais.

Vale ressaltar que o processo de construção e aprovação da LOAS foi acompanhado de tensões, posto que o projeto original não foi aprovado, vindo a sofrer inúmeras alterações que deformaram, em muitos aspectos, a proposta original que contemplava as históricas demandas da sociedade por Assistência Social. São indicativas deste processo, a concepção de *mínimos sociais* e a condicionalidade de renda inferior a 1/4 de salário mínimo para acesso ao Benefício de Prestação Continuada — BPC. Já na vigência do governo FHC, através de medidas provisórias, inúmeras alterações à LOAS culminaram na sua mutilação, se considerada a proposta original e a existente naquela ocasião. A mudança na periodicidade da realização das conferências nacionais de assistência social que deixaram de ser a cada 02 anos, para serem convocadas de 4 em 4 anos; a definição da idade de 67 anos como limite mínimo para acesso ao BPC em lugar da progressiva redução para 65 anos como previsto originalmente na LOAS, são exemplos daquela afirmação. O que, aliás, veio a ser revertido quando da aprovação do Estatuto do Idoso, em outubro de 2003.

Além destes aspectos que foram objeto de críticas nas diversas conferências municipais, estaduais e nacionais de assistência, nos fóruns de gestores, nas pautas das organizações de trabalhadores e de representações da sociedade civil, outras questões adquiriram visibilidade, tais como a ausência de uniformidade, de sistematicidade e de articulação entre as ações e projetos na área da assistência, vindo a se configurar como objeto de exigências e negociações entre a sociedade e o governo. Estavam postas as condições para que o atual governo — consideradas as suas históricas vinculações com as demandas por Assistência Social — viesse propor uma nova política de Assistência Social.

Sem desconsiderar a positividade da iniciativa, é importante destacar que a mesma se fez, em certa medida, em consonância com as tendências *pós-Consenso de Washington*, que, ao avaliarem *os malefícios da globalização*[1] e

---

1. Na citação que se segue, Stiglitz, um dos ideólogos do Banco Mundial, disserta sobre o assunto: "Tornou-se cada vez mais claro, não só para cidadãos comuns, mas também para aqueles

a ineficácia das políticas de ajuste para os países periféricos, passam a defender a *eqüidade* como uma diretriz para as políticas sociais. Como explicitado no Relatório sobre o Desenvolvimento Mundial de 2006, do Banco Mundial, o objetivo das políticas pró-eqüidade não é a igualdade das rendas, mas a expansão do acesso por parte das pessoas de baixa renda, aos cuidados da saúde, educação, emprego, capital e direitos de posse da terra.[2]

Assim, ao absorver as demandas derivadas do agravamento das condições de vida e trabalho da população brasileira através de políticas compensatórias, como é o caso da Assistência Social, o Estado brasileiro encontra solo fértil no âmbito internacional, posto que o fundamento último dessa política não está distante da noção de eqüidade das agências internacionais.

Os organismos internacionais, ao revisarem as políticas de ajuste contidas no Consenso de Washington não estão oferecendo resposta para a desigualdade social, mas advertindo os países centrais dos perigos que a globalização vêm produzindo.

> Se a globalização continuar a ser conduzida da maneira pela qual tem sido até aqui, se continuarmos a deixar de aprender com nossos erros, ela não só fracassará em promover o desenvolvimento como continuará a criar pobreza e instabilidade. Sem reformas, a reação que já se iniciou aumentará e o descontentamento com a globalização crescerá. Isso será uma tragédia para todos nós, especialmente para os bilhões de pessoas que de outra forma poderiam se beneficiar. Enquanto aqueles no mundo em desenvolvimento se arriscam a perder mais economicamente, haverá ramificações políticas mais amplas que afetarão o mundo desenvolvido também. (Stiglitz, 2002, p. 299-300)

---

que formulam as políticas, não só para os que vivem nos países em desenvolvimento, mas também para as pessoas nos países desenvolvidos, que a globalização, da maneira como tem sido praticada, não satisfez as expectativas conforme seus defensores prometeram que iria satisfazer — nem realizou o que pode e deve realizar. Em alguns casos, não resultou nem mesmo em crescimento, mas quando isso aconteceu, não trouxe benefícios para todos; o efeito líquido das políticas estabelecidas pelo Consenso de Washington tem sido, com relativa freqüência, beneficiar alguns à custa de muitos, os ricos à custa dos pobres. Em muitos casos, interesses e valores comerciais têm substituído a preocupação com o ambiente, a democracia, os direitos humanos e a justiça social (Stiglitz, 2002, p. 47-48).

2. Conferir o Relatório Sobre o Desenvolvimento Mundial: eqüidade e desenvolvimento.

Estas observações, ainda que tratadas rapidamente, nos habilitam a concluir sobre a ausência de incompatibilidade entre a manutenção da atual política econômica do governo e a expansão e reorganização da Assistência Social. Malgrado tal compatibilidade, há que distinguir duas questões: a crítica à adoção da assistência como principal mecanismo de enfrentamento das desigualdades sociais; e a sua importância como política não contributiva, voltada para o atendimento de algumas contingências sociais vividas pela população, portanto necessárias, mas numa perspectiva de acesso às demais políticas sociais universais.

Nestes termos, acreditamos que a Assistência Social passa a assumir, para uma parcela significativa da população, a tarefa de ser a política de proteção social, e não parte da política de proteção social. Note-se que, em face do seu redimensionamento e do agravamento da pobreza, a Assistência Social parece ter centralidade como estratégia de enfrentamento das expressões da "questão social"[3] (Mota, 2007).

Feita essa discussão, cabe, neste momento, afirmar que, na impossibilidade de garantir o direito ao trabalho — quer pelas condições que assume o trabalho no capitalismo contemporâneo, quer pelo alto nível de desemprego no qual nos encontramos, ou, ainda, pela orientação da política econômica posta em prática — o Estado amplia o campo de atuação da assistência, assumindo como usuários da mesma os aptos para o trabalho. Ou seja, em tempos de crise, a assistência social incide tanto junto aos pobres e miseráveis, como aos desempregados, os desqualificados para o mercado de trabalho, além dos tradicionalmente considerados inaptos para produzir. Em conseqüência, limita o acesso, impondo critérios a exemplo da renda, cujo limite é de ¼ de salário mínimo e promovendo, como afirmamos anteriormente, as políticas de exceção. Nesta linha poder-se-ia argumentar que a assistência estaria assumindo a condição de política estruturadora das demais políticas sociais, como emprego e renda, qualificação profissional, dentre outras.

---

3. De acordo com o Ministério de Desenvolvimento Social e Combate à Fome — MDS, em março de 2008, os programas de assistência social, transferência de renda e segurança alimentar atenderam cerca de 62 milhões de pessoas, o que corresponde à marca impressionante de 33% da população brasileira. Dados disponíveis no site <http://www.mds.gov.br>, acesso em abril de 2008.

A nova Política de Assistência Social que institui o SUAS define dois patamares de proteção social: a básica e a especial, de modo a garantir as seguintes seguranças: segurança de sobrevivência (de rendimento e autonomia); acolhida e convívio ou vivência familiar.

No primeiro caso, a da proteção social básica, ficará sob responsabilidade dos Centros de Referência da Assistência Social — CRAS e de outras unidades básicas e públicas de assistência social.[4] Como exposto na PNAS, são considerados serviços de proteção básica aqueles que têm a família como unidade de referência, ofertando um conjunto de serviços locais que visam à convivência, à socialização e ao acolhimento de famílias cujos vínculos familiares e comunitários não foram rompidos; assim como a promoção da sua integração ao mercado de trabalho (MDS, 2004, p. 27-30).

No segundo caso, o da proteção social especial, são considerados dois níveis de complexidade, a média e a alta. De acordo com os documentos oficiais, ambas estão direcionadas ao atendimento às famílias e indivíduos em situação de direitos violados; mas o que diferencia os níveis de complexidade é a existência ou não de vínculos familiares e ou comunitários, tendo como unidade pública de referência os Centros de Referência Especial da Assistência Social — CREAS.

Vale ressaltar que até então estes serviços eram prestados de forma dispersa, fragmentária e multiforme. Neste sentido, a criação do SUAS pode viabilizar uma normatização, organização (no sentido de romper com a sobreposição de papéis), racionalização e padronização dos serviços prestados, inclusive considerando as particularidades regionais e locais.

Aqui cabe ressaltar dois aspectos contemplados com a instituição do SUAS: a possibilidade de superar a histórica cultura assistencialista brasileira, levada a efeito pelo patrimonialismo da classe dominante, cujos traços principais são a ideologia do favor, da ajuda, da dádiva, aliados às práticas fisiológicas e ao nepotismo; a outra refere-se à superação da ideologia da caridade e do *primeiro-damismo* através da criação de parâmetros técni-

---

4. Sem dúvida alguma, a proposta de criação dos CRAS é um avanço importantíssimo para a execução da política de assistência, especialmente nos municípios onde inexiste uma estrutura pública, fato que implicará na criação de órgãos responsáveis pela política, como é o caso das secretarias municipais de assistência social ou similar.

cos e da profissionalização da execução da Assistência Social, como dão indícios as competências requeridas para a implementação da proposta.

3. O que muda com o SUAS?

A leitura da PNAS revela inúmeras mudanças no marco teórico, na estrutura organizativa e nos mecanimos de gerenciamento e controle da nova política. São conservados os princípios contidos na LOAS, tais como a referencialidade às necessidades sociais; a universalização do acesso para os que necessitam da assistência; o respeito à dignidade, à autonomia, aos serviços de qualidade; a igualdade de direitos; a dimensão pública dos serviços. O mesmo ocorre com as suas diretrizes: descentralização político-administrativa; participação da população; primazia da responsabilidade do Estado. Contudo, na nova política, há uma ênfase na centralidade da família nas ações socioassistenciais, diferentemente da dimensão genérica com que a LOAS a considerava.

É nítido um alargamento (expansão) dos objetivos desta política com a implementação do SUAS. Todavia, a amplitude do seu público alvo envolve um leque de situações tão diversas que pode, inclusive, comprometer o processo de normatização e padronização dos serviços prestados. Creditamos às categorias *vulnerabilidade e risco,* ambas indicadoras dos *níveis de exclusão*, uma relativa fragilidade na delimitação dos usuários e dos próprios serviços a serem prestados para atender aos níveis de proteção propostos.

Os eixos estruturantes do sistema são a matricialidade sociofamiliar; a definição do território como *locus* da descentralização; novas bases de pactuação entre Estado e Sociedade Civil; os mecanismos de financiamento, controle social e participação popular, além de inúmeros quesitos que repercutem na política de recursos humanos. São inovadores os sistemas de informação, avaliação e monitoramento, seguindo-se uma nova conceituação de vigilância social, proteção social e defesa social e institucional (PNAS, 2004). Estes elementos reunidos compõem o desenho da nova política e traduzem as suas atuais dimensões.

Na impossibilidade de discorrer sobre cada um deles nos limites deste artigo, limitaremos nossas considerações aos aspectos que têm implicações mais diretas sobre as prováveis competências do Serviço Social no âmbito do SUAS, destacando, em seguida, os seus rebatimentos na formação profissional. O que faremos no item a seguir.

4. O SUAS, as competências do Serviço Social e a formação profissional

Ao iniciar nossas observações sobre as competências e a formação profissional dos assistentes sociais em relação a PNAS e ao SUAS, é importante fazer um destaque de ordem metodológica. Referimo-nos aos limites do material pesquisado, composto por documentos oficiais e sem contar com outras fontes de informação, como seria o caso das experiências de implementação dessa política ou, mesmo, um contato com seus formuladores, gestores e executores. Esta condição limitou a apreensão de algumas mediações necessárias ao tratamento das competências profissionais, como é o caso do mercado de trabalho e das condições e relações de trabalho dos assistentes sociais nos CRAS e CREAS.

Optamos por destacar alguns aspectos que nos pareceram transversais a todos os demais elementos: a) o peso do conhecimento da realidade b) a questão do gerenciamento de informações; c) a relação entre a natureza e dimensão dos níveis de complexidade das necessidades dos usuários e dos serviços em face das competências específicas dos profissionais da PNAS; d) as tensões teóricas e político-pedagógicas inerentes à política de Assistência Social e à prática profissional.

Numa primeira aproximação à questão do *conhecimento da realidade*, enfocamos dois aspectos da discussão, quais sejam: o que privilegia elementos de ordem teórico-metodológica e o que dá ênfase aos requerimentos prático-operativos expressos nas diretrizes do SUAS.

É recorrente no discurso do Serviço Social a referência aos imperativos do conhecimento prático-operativo em face da natureza da ação profissional. Este discurso, formador de uma cultura profissional, cuja ênfase reside no saber-fazer, é produto de determinações muito precisas, dentre elas, as características dos espaços sócio-ocupacionais e a histórica afirmação de que o Serviço Social é uma profissão voltada para a intervenção.

Esta lógica está na base do pensamento instrumental e empirista, desenvolvendo-se em detrimento de qualquer operação teórica que vá além da manipulação imediata de aspectos do cotidiano e da dinâmica reprodutiva das relações sociais. Ela repõe o caráter fetichista das relações sociais capitalistas através de uma dada *razão instrumental*, que favorece o pragmatismo e o imediatismo das respostas profissionais.

Além do desenvolvimento dessa cultura profissional do saber-fazer, é inegável a força das atuais determinações do capitalismo, cuja produção flexível, ancorada na redefinição das noções de espaço-tempo, exige pressa, agilidade, eficiência e eficácias das ações profissionais, num nítido movimento que cria sérios obstáculos às operações intelectivas que busquem apanhar as particularidades e singularidades do real numa perspectiva de totalidade.

Estas tendências encontram amparo no chamado pensamento pós-moderno que se ocupa do fragmento, do episódico e do presente, tendo ampla penetração nas ideologias profissionais e nos referenciais que conformam as atuais exigências do mercado de trabalho. Por isso mesmo, não estaria o Serviço Social imune a tal movimento que, por sinal, encontra um ambiente muito favorável a sua introdução se pensarmos na tradição prático-operativa da profissão.

Inegavelmente, o desenvolvimento histórico da profissão, em especial a sua trajetória acadêmica, desde os finais dos anos 1970, vem tensionando esta cultura pragmática ao abraçar a teoria social crítica e ao definir, como horizonte da sua ação profissional, um ideário ético-político, referenciado pelas lutas das classes subalternas na construção de uma nova sociedade que supere a propriedade privada, a exploração do trabalho e todas as formas de opressão e discriminação sociais, econômicas e políticas. Ademais, a pesquisa está hoje definitivamente incorporada à formação e ao exercício profissional como instrumento imprescindível ao conhecimento da realidade e à sistematização de informações e experiências.

Nestes termos, ao abordarmos o peso do conhecimento da realidade como uma das principais mediações da ação profissional no SUAS, estamos já situando um dos desafios postos à profissão e à formação profissional: a capacidade de conhecer a realidade social sem sucumbir aos recortes e fragmentos das problemáticas sociais, posto que a multiplicidade das refrações da "questão social" invocam uma complexidade que não permite submetê-las aos modelos formal-abstratos de conhecimento e intervenção. Trata-se pois de partir da singularidade daqueles fenômenos para remetê-los à totalidade, apanhando no real as determinações concretas como meio heurístico mais qualificado para apreender as particularidades históricas sobre as quais incidirá a política pública da Assistência Social.

Neste ponto, vale destacar que são múltiplos os desdobramentos que a questão do conhecimento da realidade têm no desempenho profissional e na condução do SUAS. Sobre alguns deles trataremos a seguir:

1) O levantamento de dados sobre a realidade local, orientada pela categoria território e com o aporte de dados censitários, pode subtrair algumas conexões entre o singular e o universal, além de adotar como únicas as metodologias utilizadas nos censos. Neste caso, o real pode não ser objeto de aproximações sucessivas, mas de uma simples manipulação dos dados disponíveis.

2) Nos documentos sobre o SUAS, o processo de gerenciamento de informações ocupa um lugar de destaque na organização e funcionamento do sistema. Sejam estas informações de natureza cadastral, diagnósticos, pesquisas, censitárias etc., fato é que delas dependem o acompanhamento, a avaliação e o monitoramento da PNAS. Esta assertiva nos obriga a refletir sobre a dimensão investigativa da prática profissional na medida em que a mera organização de dados e registros não garante o desenvolvimento de um processo sistemático de investigação e produção de conhecimentos sobre a realidade que orientem novas proposições e atualizações da Política de Assistência.

Nestas circunstâncias, algumas competências profissionais podem ser enfraquecidas ou mesmo restringidas, tais como a formulação, o planejamento, o monitoramento e a avaliação da política.

Assim, um dos requisitos do processo de gerenciamento de informações reside na capacidade do profissional desenvolver pesquisas e tratar a sua prática cotidiana como fonte de informações e sistematizações.

Reconhecida a importância da sistematização de dados e informações desde a prática profissional vale salientar, contudo, uma outra problemática decorrente das similaridades entre o Sistema Único de Saúde e o da Assistência Social. Se, para o primeiro, a pesquisa epidemiológica foi uma das principais matérias-primas para a normatização e padronização dos serviços, o mesmo dificilmente pode ser esperado quando se trata de manifestações da "questão social". Aqui cabe uma crítica a transposição de um modelo formal-abstrato, construído sob uma base teórico-metodológica que fundamenta a pesquisa epidemiológica para o campo das ciências sociais. Esta, ao limitar a análise teórica à manipulação de dados empíricos, pode criar barreiras à análise das complexas relações presentes na totalidade social. As conseqüências desse processo podem de fato ter impactos perversos na tradição crítica historicamente construída no Serviço Social.

3) Outro aspecto a destacar é a relação entre a natureza e dimensão dos níveis de complexidade das necessidades dos usuários e dos serviços em face das competências específicas do conjunto dos profissionais que atuam no SUAS. Note-se em primeiro lugar que as necessidades dos usuários por si já são reveladoras da multiplicidade de expressões da "questão social"; já os serviços, classificados em básicos e especiais, têm a pretensão de cobrir o atendimento daquelas vulnerabilidades e riscos. Assim, apresentam-se como desafiadores a capacidade dos profissionais da assistência romperem com as conseqüências da divisão social e técnica do trabalho, cristalizada nas "especialidades acadêmicas" para estabelecer articulações e construir referências teórico-metodológicas e técnico-operativas que busquem romper com as visões e abordagens fragmentárias dos riscos e vulnerabilidades em prol de uma intervenção qualificada, crítica e politicamente comprometida.

4) Um elemento importante refere-se à organização da rede sócio-assistencial. Um primeiro desafio colocado para os assistentes sociais é compreender o significado político deste processo, pois se trata de um movimento que hipoteca o funcionamento da política de Assistência Social à existência das parcerias com o setor privado. Estas parcerias implicam na co-existência de duas lógicas distintas: a do setor público-estatal e a do setor privado, ainda que sem fins lucrativos. Aliás, como discorre Montaño (2002), este é um novo mecanismo presente na atual dinâmica das políticas

sociais. Desta direção, exige-se do profissional uma consciência crítica deste fenômeno, posto que dependerá da sua capacidade de articulação e negociação com os gestores municipais e das entidades assistenciais a possibilidade de formação e organização da referida rede sócio-assistencial.

5) No novo modelo, o financiamento da assistência supõe, no âmbito federal, a pactuação dos recursos via pisos (de acordo com o nível de proteção), como previsto na Norma Operacional Básica — NOB/SUAS. Esta sistemática está em desenvolvimento e os estados e municípios ainda estão a ela se ajustando. Este nova modalidade de financiamento rompe com a histórica prática dos *os recursos carimbados* e imprimem uma outra lógica para alocação dos recursos financeiros e uma demanda diferenciada para os Conselhos.

6) Historicamente, a política de Assistência Social caracteriza-se como uma ação compensatória que, ao lado das demais políticas que compõem a seguridade social, têm a finalidade de dar cobertura aos riscos sociais a que estão sujeitos os trabalhadores. Na conjuntura atual, esta dimensão compensatória é redimensionada em função do crescimento do desemprego e das massas de trabalhadores supérfluos para o capital. Como tal, a assistência tende a assumir um papel na esfera da proteção social que termina por suprir necessidades que seriam do âmbito de outras políticas, como é o caso do trabalho. Um dos indícios deste movimento é o fato de que enquanto ocorre um processo de mercantilização da Saúde e da Previdência, vinculadas aos riscos do trabalho, há uma expansão da Assistência Social. Estas constatações parecem apontar para algo que não vem sendo posto no debate: a Assistência Social no séc. XXI está adquirindo a condição de mecanismo integrador, em lugar do papel desempenhado pelo trabalho assalariado. Aqui, o maior destaque fica por conta dos programas de transferência de renda e pela condição de *política estruturadora* que a PNAS tenderá assumir nos municípios brasileiros. No nosso entender esta é a maior tensão presente na Política de Assistência Social, haja vista a impossibilidade estrutural dela assumir este papel.

7) De outra forma, e na mesma direção, esta também é a principal tensão presente na formação e nas competências profissionais dos assistentes sociais. A capacidade de compreender a necessidade objetiva da ampliação da assistência, diante do agravamento da pobreza, sem hiperdimensionar

o papel da Assistência Social no enfretamento da "questão social". Reside neste processo o maior desafio da formação profissional que é instrumentalizar os profissionais a empreenderem a grande tarefa que é superar a aparência dos fenômenos, identificando as múltiplas determinações do real. Sem desconsiderar as condições objetivas que estão envolvidas na prática profissional e que requerem conhecimentos específicos que dêem conta das particularidades e singularidades da Assistência Social, reafirmamos uma célebre citação marxiana para justificar a importância da formação profissional no desvelamento da realidade sobre a qual incidirá a política de Assistência Social: se aparência e essência coincidissem, todo o esforço do conhecimento seria inútil.

Referências bibliográficas

BANCO MUNDIAL. *Relatório sobre o Desenvolvimento Mundial de 2006:* eqüidade e desenvolvimento. Disponível em: <http://www.worldbank.org>. Acessado em: 19/06/2006.

BRAGA, Ruy. *A restauração do capital:* um estudo sobre a crise contemporânea. 2. ed. São Paulo: Xamã, 1997.

BRASIL. Lei n. 8.742, de 7 de dezembro de 1993. Estabelece a Lei Orgânica da Assistência Social — LOAS. *Diário Oficial [da] República Federativa do Brasil.* Brasília, 1993.

BRASIL. MINISTÉRIO DO DESENVOLVIMENTO SOCIAL E COMBATE À FOME (MDS). CONSELHO NACIONAL DE ASSISTÊNCIA SOCIAL (CNAS). *Resolução n. 145, de 15 de outubro de 2004.* Política Nacional Assistência Social — PNAS. Brasília, 2004.

BRASIL. MINISTÉRIO DO DESENVOLVIMENTO SOCIAL E COMBATE À FOME (MDS). CONSELHO NACIONAL DE ASSISTÊNCIA SOCIAL (CNAS). *Resolução nº 130, de 15 de julho de 2005.* Norma Operacional Básica da Assistência Social — NOB SUAS. Brasília, 2005.

MARANHÃO, Cezar Henrique M. C. *Crise do capitalismo, recomposição da superpopulação relativa e os programas de Assistência social:* Uma reflexão crítica sobre as determinações e estratégias de combate à pobreza. Recife, 2004. Dissertação (Mestrado) — Programa de Pós-Graduação em Serviço Social, Universidade Federal de Pernambuco.

MONTAÑO, Carlos Eduardo. *Terceiro setor e questão social:* crítica ao padrão emergente de intervenção social. São Paulo: Cortez, 2002.

MOTA, Ana Elizabete. Trabalho. In: *Política Social.* Capacitação em Serviço Social e Política Social, Módulo 2 do Curso de Capacitação Continuada para Assistentes Sociais. CFESS, ABEPSS, CEAD/NED, Brasília, UNB, p. 165-182, 2000.

_____Serviço Social e Seguridade: uma agenda política recorrente e desafiante. In: *Em Pauta.* Teoria Social e Realidade Contemporânea, n. 20. Editora Revan/FSS/UERJ. Rio de Janeiro, 2007.

SITCOVSKY, Marcelo S. P. *Estado e sociedade civil:* o caso das parcerias na política de assistência social. Recife, 2005. Dissertação (Mestrado) — Programa de Pós-graduação em Serviço Social, Universidade Federal de Pernambuco.

STIGLITZ, Joseph E. *A globalização e seus malefícios.* 3. ed. São Paulo: Futura, 2002.

Terceira Parte

7

Assistência Social, Trabalho Infantil e Família

*Miriam Damasceno Padilha**

1. Introdução

Esse trabalho é resultado de uma pesquisa[1] e objeto da minha tese de doutorado em Serviço Social, no Programa de Pós-Graduação em Serviço Social da Universidade Federal de Pernambuco, defendida em 2005.

A investigação permitiu-me identificar o PETI como um Programa diferenciado de todos os Programas Governamentais de proteção à criança e ao adolescente até então implantados no Brasil, na medida em que o

---

* Doutora em Serviço Social pela UFPE. Professora Adjunta do Departamento de Serviço Social da Universidade Federal de Pernambuco. Pesquisadora do Grupo de Estudos e Pesquisas sobre o Trabalho – GET. E-mail: mira.padi@oi.com.br

1. A pesquisa ocorreu em 50 municípios rurais de Pernambuco, nas zonas da Mata Sul, Mata Norte, bem como na Região Metropolitana do Recife, no período de 2000 a 2001, onde estavam concentrados 84% das crianças e adolescentes atendidas pelo Programa no Estado. Foram entrevistadas as famílias participantes do PETI com objetivos de avaliar o impacto do Programa nas condições materiais e nas relações que marcam o cotidiano das famílias atendidas e identificar as repercussões do PETI nas diversas manifestações da sociabilidade daquele grupo. Do universo de 41.254 famílias, foram selecionadas 780 famílias, utilizando a amostragem aleatória simples (UFPE/DSS, 2002, p. 2).

seu objetivo era erradicar o trabalho precoce e penoso. Foi por identificar essa ruptura com a cultura dominante nas instituições de proteção à criança e ao adolescente[2] que gerou um questionamento: experiência cotidiana das famílias, agora convivendo com a possibilidade de suas crianças não serem obrigadas a trabalhar, pode ser protagonista de outra cultura: a de que criança não deve trabalhar? Orientada por essa indagação, fundamentada em categorias teóricas e de posse de excelente material empírico, busquei identificar as potencialidades de construção de outra cultura, desta feita marcada pelo direito à infância quando enfrenta a problemática do trabalho precoce e penoso de crianças e adolescentes pobres, negando a valorização do trabalho infantil aceita historicamente no Brasil desde o século passado.

A característica que o distingue dos Programas anteriores é a proposta de inclusão da família dos jovens como principal foco da intervenção do Programa, vinculando-o, assim, à estratégia de combate à pobreza fundamentada no fortalecimento da organização familiar e na co-responsabilidade das famílias pela superação das condições de pobreza.

No entanto, o PETI reproduz, incorpora e apresenta traços dos Programas tradicionais de combate à pobreza no Brasil, tais como: a focalização, a seletividade e o caráter temporário. Incorpora, também, o caráter compensatório, não estruturador, em oposição à construção de políticas universais e permanentes, cujo critério de elegibilidade é a retirada das crianças e dos adolescentes do trabalho precoce.

O estudo indicou que, apesar de o Programa ter o caráter focalista e temporário, e tendo em vista que a problemática do trabalho infantil envolve questões de ordem macrossocial, ele introduziu mudanças nas condições objetivas das famílias-alvo, extremamente pobres, destacando-se o aumento significativo no consumo de alimentos, na compra de vestuário, móveis, utensílios domésticos etc.

---

2. Na experiência como Assistente Social na FEBEM na década de 1970, observei que nesta instituição a política de assistência à criança e ao adolescente sempre foi referenciada pelo *trabalho* como mecanismo considerado educativo. Na década de 1950 apresentava-se como uma terapia ocupacional para as crianças; nos anos 1970 era uma forma de iniciação profissional; nos anos 1980 como estímulo à geração de renda, e na década de 1990, como profissionalização e engajamento no mercado de trabalho (Padilha, 2006, p. 17)

Outras mudanças também foram verificadas no que concerne ao surgimento de traços pontuais, mas potencialmente profícuos, de uma nova cultura e sociabilidade das famílias que passam a identificar o trabalho infantil como instrumento negativo para a formação das crianças e dos adolescentes.

Essa nova forma de pensar dessas famílias, de negação do trabalho infantil penoso e insalubre, levou-me a refletir sobre o PETI e seu potencial no sentido de possibilitar a essas famílias pobres da zona rural a formação de uma nova cultura. Cultura esta suficiente para superar determinados valores dominantes, que atribuem ao trabalho precoce poderoso instrumento moral, capaz de disciplinar e, ao mesmo tempo, formar a sociabilidade das crianças e dos adolescentes.

Fundamentada nas categorias *cotidiano e experiência*, analisei as influências das ações do Programa nas experiências cotidianas e na formação da sociabilidade das famílias, nas três regiões (Mata Sul, Mata Norte e Região Metropolitana do Recife), bem como refleti sobre a participação dele na formação e constituição de uma *nova cultura de direitos*, que negue o trabalho precoce como instrumento formativo e educativo de crianças pobres.

2. Família, cotidiano e experiência

Com vistas à operacionalização dos objetivos, busquei a interlocução com autores clássicos como Lukács (1974), Heller (1985) e Thompson (1987), que trabalharam com muita propriedade os conceitos de cotidiano e experiência dentro da tradição marxista, fundamentais para analisar o objeto de estudo.

Para entender o tema família investiguei as multiplicidades de conceitos e de formas através de diferentes vertentes teóricas: sociológica, psicológica, antropológica e histórica. Realizei diálogo com Engels, Adorno e Horkheimer, Agnes Heller, Mészàros (perspectiva marxista), Talcott Parson, Freud e Wilhelm Reich, Philippe Áries e Lévis-Strauss. Pesquisei, também, os clássicos brasileiros, começando pelos trabalhos de Gilberto Freire, Oliveira Vianna, Antônio Cândido, Sérgio Buarque de Holanda. Dialoguei com pesquisadores das Ciências Sociais como Cyintia Sarti, José Paulo Netto, Cristina Bruschini, Maria do Carmo Brant Carvalho, entre outros.

A discussão de Heller (1985) é de natureza ético-política, sem negar as determinações econômicas, procurando resgatar a subjetividade do ser, colocando-o no centro do processo histórico. Concentra suas preocupações no homem enquanto ser social e na vida cotidiana desse ser. Observa que é no cotidiano que se estabelecem as relações entre os indivíduos, seja na sua vida familiar, no trabalho, nas suas relações na escola, na comunidade. É na vida cotidiana que se concretiza a reprodução dos homens particulares, os quais, por sua vez, criam a possibilidade de reprodução social. Assim, toda sociedade tem uma vida cotidiana e todo homem, seja qual for seu lugar ocupado na divisão de trabalho, tem uma cotidianidade. No entanto, isto não quer dizer que o conteúdo e a estrutura da vida cotidiana sejam idênticos em todas as sociedades e para todas as pessoas. Assim, em cada época histórica, a vida cotidiana se torna diferenciável, segundo os grupos ou classes sociais a que os indivíduos pertencem. De acordo com Heller (1985), o homem não é só sobrevivência, só singularidade; o homem é, ao mesmo tempo, singular e genérico, co-participante do coletivo, da humanidade.

Ante essa dinâmica, Heller e Lukács apontam algumas possibilidades de suspensão do cotidiano, através do trabalho, da arte, da ciência e da moral. Tais suspensões é que permitiriam a passagem do singular ao humano genérico. À medida que estas suspensões se tornem freqüentes, a percepção do cotidiano fica mais enriquecida. Com isso, Heller (1985) quer dizer que a experiência cotidiana, além de ser o espaço de reprodução social, paradoxalmente é também o espaço de enfrentamento e possibilidades de mudança da realidade. A interlocução com essa autora possibilitou-me compreender a real dimensão do cotidiano, situando-o no espaço contraditório e complexo, no lugar de reprodução das relações sociais, e também, o lugar de resistência e questionamento dessa realidade.

A abordagem conceitual da questão da experiência tratada por Thompson (1987) possibilitou outra referência para a análise das experiências cotidianas das famílias. Nesses termos, Thompson fornece os fundamentos teóricos, políticos e históricos e revela que na experiência é gestado o processo de formação de classes. Crítico sistemático das posições economicistas, Thompson reconhece que, no processo dinâmico entre estrutura e consciência social, a determinação estrutural não condiciona, mecanicamente, o agir humano, pressupondo a idéia de que, se, por um lado, as estruturas objetivas têm efeito sobre a vida das pessoas, esses efeitos não são determinados aprioristicamente, mas manejados pelas pessoas, a partir de sua cultura e de seus valores.

A noção de classe é uma das contribuições mais ricas de Thompson à tradição marxista, ao sustentar a idéia de que a classe é um conceito histórico e não apenas categoria sociológica estática. Para o referido autor,

> [...] a classe acontece quando alguns homens, como resultado de experiências comuns (herdadas ou partilhadas), sentem e articulam a identidade de seus interesses entre si, e contra outros homens cujos interesses diferem (e geralmente se opõem) dos seus. (Thompson, 1987, p. 10)

Assim, as classes são constituídas por um conjunto de relações entre homens e mulheres e pelas condições materiais de existência e de exploração em que se inserem; por relações de identidade estabelecidas entre os membros de uma mesma classe e por relações de aliança ou de conflitos com outras classes. O foco de análise de classes de Thompson está na ação ou no agir humano, isto é, na capacidade dos homens e mulheres realizarem escolhas coletivas dentro de determinado contexto e de articularem interesses comuns. Esse autor via a classe como algo que de fato acontece nas relações humanas, histórica, sempre corporificada em pessoas reais e num contexto concreto. Assim, a construção da noção de experiência de Thompson é inseparável da visão que tem de classe.

Thompson (1987) parte do entendimento que a experiência é uma modalidade de inserção na vida social, através de dois processos dinâmicos e simultâneos, através da cotidianidade (que o autor chama de *experiência vivida*), na qual os indivíduos realizam ações, os mesmos gestos, ritos de todos os dias, reproduzindo, enquanto indivíduos, as relações sociais; ou através de um grupo social (que o autor chama de *experiência percebida*), caracterizando-se como momento em que o homem ultrapassa o cotidiano vivido e constrói, através da cultura e de seus valores, a consciência social e, com ela, a disposição de agir como classe.

Os autores clássicos brasileiros, citados anteriormente, destacaram que a família patriarcal é o tipo de família que existiu no Brasil do século XVI ao

XIX, e da qual deriva toda formação social do país. A estrutura doméstica patriarcal caracterizava-se pela importância central do núcleo conjugal e da autoridade masculina, retratada na figura do patriarca, chefe ou *coronel* dono do poder econômico e comando político.

Assim, não se pode negar que esse modelo patriarcal tenha exercido sua dominação sobre a família brasileira, além de ser possuidor de expressiva visibilidade social, em razão do seu poder e da capacidade dos seus elementos em exercerem o controle dos recursos de poder no meio social. A antropóloga Cyntia Sarti (2003, p. 49) identificou em pesquisa realizada em 1996, em São Miguel Paulista, na zona leste da cidade de São Paulo, num bairro composto de velhos e adultos migrantes nordestinos, a maioria de origem rural, que essas famílias pobres seguiam um padrão de autoridade patriarcal, cujo princípio básico é a prevalência do homem sobre a mulher, dos pais sobre os filhos e dos mais velhos sobre os mais novos.

Como síntese da discussão, o estudo sobre as multiplicidades de conceitos sobre família, indicou que esta instituição ora é tratada como núcleo de procriação, cujas funções primordiais são a formação da personalidade dos indivíduos e a socialização primária das crianças (perspectiva psicológica), ora é considerada como unidade básica de produção com papéis sexuais bem definidos (perspectiva antropológica), e ora, ainda, é vista apenas como unidade de consumo e reprodução física e social dos seres humanos que através de suas relações reproduzirão a ordem social (perspectiva marxista). Dentro desta perspectiva, existe outra concepção da qual comungo, que analisa a família como instituição social contraditória e conflitiva, na qual ao mesmo tempo em que se reproduzem as relações sociais, torna-se possível instituir espaço de construção de valores e idéias que permitem a formação e constituição de uma sociabilidade, possibilitando ao grupo familiar criar padrões de comportamento e cultura.

3. O Programa de Erradicação do Trabalho Infantil — PETI

O PETI surgiu no Brasil em razão de constantes denúncias sobre o trabalho escravo a que crianças eram submetidas em vários Estados, principalmente em trabalho de corte de cana e em carvoarias. O Governo Federal, em 1996, instituiu o Programa *Vale Cidadania*, posteriormente denominado Programa de Erradicação do Trabalho Infantil — PETI —, em convênio com os governos estaduais e municipais, inicialmente do Mato Grosso do Sul, sendo, no ano seguinte, implantado na zona canavieira de Pernambuco e na região sisaleira da Bahia, ficando restrito então a áreas rurais. No entanto, já em 1999, o Programa foi estendido às crianças e aos adolescentes trabalhadores residentes também em áreas urbanas, principalmente para atender àqueles que trabalhavam em lixões. Em 2005, segundo a Secretaria de Desenvolvimento Social e Cidadania de Pernambuco, foi implantado em 26 Estados da Federação, além do Distrito Federal, tanto em áreas rurais quanto urbanas dando cobertura a 2.591 municípios.

O PETI foi lançado oficialmente, em Pernambuco, pelo Governo Federal, no dia 24 de janeiro de 1997, na cidade do Cabo de Santo Agostinho, iniciando-se, em caráter experimental, em 3 municípios: Xexéu, Joaquim Nabuco e Palmares. A partir de 26 de maio desse mesmo ano, ampliou-se para mais 10 municípios: Água Preta, Amaraji, Barreiros, Cabo de Santo Agostinho, Catende, Chã Grande, Jaqueira, Primavera, São Benedito do Sul e Tamandaré, atingindo, então, 8 mil crianças. Os municípios escolhidos enquadraram-se nos critérios nacionais de municípios com maior concentração de mão-de-obra infantil nas atividades de risco e com os piores indicadores sociais, o que revela o caráter de seletividade e de não-universalidade do programa. Os critérios de escolha foram estabelecidos pela Secretaria de Estado de Trabalho e Ação Social — SETRAS (atualmente tratada como Secretaria de Desenvolvimento Social e Cidadania).

Posteriormente, o Programa ampliou o atendimento com caráter preventivo para as crianças trabalhadoras ou não, tentando evitar a contínua entrada precoce de crianças e adolescentes no trabalho do corte da cana, moradoras na área rural ou na zona urbana.

O processo de implantação em Pernambuco foi marcado por muitos conflitos e embates entre as diferentes forças políticas do Estado. Este processo ganhou corpo em decorrência do movimento nacional que se dava no país contra a erradicação do trabalho infantil.

Os grandes protagonistas da articulação foram o Ministério do Trabalho, o Fórum Nacional de Prevenção — organismos defensores da erradicação do trabalho infantil, e as forças antagônicas — os empregadores da mão-de-obra infantil. Deu-se, então, um embate entre interesses econômicos e políticos, apresentando avanços e recuos na construção de um pacto político.

As propostas trazidas pelo IAA (Instituto de Açúcar e Álcool) e pela FETAPE (Federação de Trabalhadores de Pernambuco) se confrontaram em dois pontos polêmicos: a destinação do Plano de Assistência Social — PAS para as atividades de erradicação do trabalho infantil e a proteção do trabalho do adolescente na cana.[3]

Foi criado *o Pacto Paulo Freire,* contando com adesão de 75 signatários de diversos setores do governo e da sociedade civil, definindo competências e selando os compromissos de cada uma das partes com o plano de erradicação do trabalho infantil. A resistência do setor patronal à adesão ao pacto em favor da erradicação do trabalho infantil ficou expressa publicamente.

No início da pesquisa, final de 2000, o Programa já se encontrava implantado em 150 municípios do Estado, sendo freqüentado por 126 mil crianças e adolescentes, dentre os quais 74.832 se encontravam nas Zonas da Mata Sul e Norte e na Região Metropolitana de Recife, correspondendo a 84% de crianças e adolescentes atendidos, alcançando o total de 41.254 famílias (UFPE/DSS, 2001).

O Programa vivenciou grande expansão nos anos de 2001 e 2002, todavia, em 2003, sofreu uma estagnação e grandes atrasos no repasse de recursos para os municípios. Segundo Silva (2004, p. 97), os atrasos foram objeto de muitos protestos por parte dos beneficiários, em várias cidades brasileiras, verificando-se o retorno ao trabalho do número significativo de crianças e adolescentes que tinham na bolsa a única fonte de ajuda para a manutenção da família.

No ano de 2004, o Programa operacionalizou-se em Pernambuco em 1.787 núcleos, beneficiando 72.013 famílias (MPSS Diário Oficial, Portaria n. 2.917, de 12/9/2000). De acordo com o Ministério do Desenvolvimento Social de Combate à Fome (MDS), o programa teve um aumento de mais de 7,5 mil vagas a partir de julho de 2004. Em 2005, segundo informações da

---

3. A Portaria n. 199, de 06/09/1996, do Ministério da Indústria, do Comércio e do Turismo, estabelece que, dos recursos arrecadados do imposto à atividade sucro-alcooleira, destinados aos Planos de Assistência Social (PAS), uma parte seria canalizada para ações concretas de combate ao trabalho infantil.

Secretaria de Desenvolvimento Social e Cidadania, o programa atendeu 133 mil crianças e adolescentes, 74 mil famílias, em 175 mil municípios, com custo de 66 milhões de reais, sendo tais recursos advindos do Ministério do Desenvolvimento Social de Combate à Fome.[4]

Apesar da ampliação da cobertura, o PETI enquadra-se na lógica Política de Assistência Social, por atender seletivamente e temporariamente aos beneficiários que vivem em situação de pobreza extrema.

Essa concepção de focalização enquadra-se no entendimento corrente que vem orientando a atual política de enfrentamento da pobreza no país, denominada de *concepção neoliberal/conservadora*, tendo como objetivo central atenuar ou mascarar a pobreza crescente, oriunda do ajuste estrutural que, centrando-se no corte de recursos para programas sociais, volta-se apenas para criar condições de inserção do país na competitividade da economia globalizada; centra-se em programas emergenciais/ assistencialistas, insuficientes, descontínuos, direcionados para a população em extrema pobreza, condutores da desresponsabilização social do Estado, que transfere para a sociedade, sob o apelo da *solidariedade* e da *parceria*, o dever da proteção social inerente ao Estado moderno. O princípio de focalização assim implementado é incapaz de alcançar a totalidade de segmentos pobres da população, identificáveis por critérios de inclusão social, devido ao caráter insuficiente e descontínuo desses programas. Em decorrência do alcance limitado, serve muito mais para fragmentar do que para erradicar a pobreza, na medida em que somente alguns extremamente pobres são, temporária e descontinuamente, atendidos.

O PETI, pautado nesta concepção neoliberal/conservadora, na perspectiva do enfrentamento das piores formas de trabalho infantil, nas zonas rurais e urbanas, estabeleceu os seguintes critérios de focalização:

---

4. De acordo com os dados do IBGE, em 2006 havia 5,1 milhões de crianças e adolescentes entre 5 e 17 anos trabalhando. Segundo o Ministério do Trabalho, em 2007 foram retiradas 8 mil crianças e adolescentes do trabalho infantil. Em 2008, a fiscalização já retirou 939 crianças dessa condição encaminhadas ao PETI. A Organização Internacional do Trabalho (OIT) destaca que existe um "núcleo duro" de trabalho infantil no Brasil, persistente, pois, na faixa etária entre 5 e 13 anos, 4,5% das crianças trabalhavam em 2006, patamar semelhante ao registrado em 2004. Entre os adolescentes de 14 e 15 anos, porém houve uma ligeira redução de 11,8% em 2004 para 11,5% em 2006 (Jornal *O Globo*, 2008).

Área com grande concentração de mão-de-obra infantil; atividades laborais classificadas entre as que maiores prejuízos causam ao pleno desenvolvimento infanto-infantil; e localidades em que são identificados índices de desenvolvimento social abaixo da média nacional. (SAS/MPAS, 1999)

Destina-se, prioritariamente, às famílias vulnerabilizadas pela pobreza e exclusão social, com renda per capita até meio salário mínimo, com filhos na faixa etária de 7 a 14 anos submetidos ou sujeitos a trabalhos caracterizados como insalubres, degradantes, penosos e de exploração infantil, nas zonas rurais e urbanas.

Reconhecendo a perda financeira decorrente da retirada das crianças e adolescentes da produção, o Programa propõe recriar as condições mínimas materiais para as famílias proverem suas necessidades básicas, assegurando condições de acesso e permanência das crianças e adolescentes na escola. Para tanto, essas famílias recebem um reforço em sua renda.

Diferentemente dos programas governamentais de proteção à criança e adolescente, até então implantados no Brasil, o PETI foi concebido como um programa alinhado à política de direitos humanos e, dadas as condições da realidade brasileira e, em particular, a nordestina, materializa-se através de um programa de renda mínima típico das políticas de assistência social.

A concessão de benefícios sociais às famílias — particularmente os qualificados como renda mínima — tem como condição e fundamento o pertencimento do indivíduo a uma família, cujo critério principal de elegibilidade é a insuficiência de renda e a existência de crianças e adolescentes trabalhando. Tais critérios se materializam na responsabilidade da família pela retirada das crianças e dos adolescentes do trabalho precoce e penoso e pela permanência dos filhos na escola.

O foco de intervenção principal do Programa é a família, abordada como célula *mater* da sociedade, o que, na ótica da política de assistência social, significa dizer que é o lugar por excelência da proteção. Por essa razão, se dirige à família no sentido de:

> [...] favorecer o fortalecimento dos laços familiares, oportunizarem a criação de espaços de socialização e construção de identidades e permitir ao grupo

familiar se perceber como ente participativo e sujeito de direitos aos bens e serviços sociais. (SEAS/MPAS, 1999, p. 8-9)

Além dessas, o mesmo propõe, também,

[...] oferecer à família e à comunidade a criação de espaço de socialização, construção de identidades e permitir ao grupo familiar se perceber como ente participativo e sujeito de direitos aos bens e serviços produzidos pela comunidade. (SAS/MPAS, 1999)

Este trabalho junto à família deve ser desenvolvido, segundo a proposta do Programa, em interface com outros programas, projetos e serviços das demais políticas públicas, como assistência social, educação, saúde, habitação, saneamento, emprego e renda, articulação com a rede espontânea de solidariedade existente nas comunidades — família, vizinhanças, igrejas, associações de bairro, dentre outras —, que já convivem no cotidiano e prestam apoio aos municípios em situação de pobreza, abandono e exclusão.

Outra questão fundamental no Programa diz respeito à participação efetiva da sociedade civil no encaminhamento das ações do Programa. Na realidade, para que o Programa seja implantado no município, faz-se necessária a criação de organismos como a Comissão de Erradicação do Trabalho Infantil, que deve contar com a colaboração dos Conselhos de Assistência Social, de Defesa dos Direitos da Criança e do Adolescente, Conselho Tutelar e de outros órgãos governamentais, como o Ministério Público e a Delegacia Regional do Trabalho.

4. Os impactos econômicos, sociais e culturais do Programa no cotidiano familiar

Os resultados revelaram que o estado de pobreza e de indigência marca as condições de vida dessas famílias. Os indicadores de renda e escolaridade, bem como o nível de acesso às políticas e programas sociais demonstraram esta situação, deixando claro o enorme déficit e demandas sociais desta população em relação à intervenção do Estado.

São, majoritariamente mulheres, as responsáveis pelas crianças e adolescentes inscritas no Programa, atingindo o total de 96%, nas três regiões, recebendo uma bolsa que passa a ser a sua principal fonte de renda.

No que se refere ao grau de instrução dos entrevistados, a maior parte dos responsáveis, nas três regiões, encontrava-se na condição de *não-alfabetizado*. Observados os percentuais dos que eram analfabetos e com 1º grau incompleto, notou-se que mais de 90% dos responsáveis não finalizaram os anos de escolarização do ensino fundamental.

Os percentuais relativos ao grau de instrução dos responsáveis pelas crianças e adolescentes do Programa aproximam-se dos dados do IBGE (2001), com taxas de analfabetismo de pessoas com 15 anos ou mais de idade, no Brasil, sendo os índices ainda mais expressivos na zona rural com 44,4% destacando-se, ainda, a maior participação dos adolescentes masculinos com 48,5%, enquanto as adolescentes femininas participam com 40,3%. Tais números expressam a realidade da zona rural nordestina, onde as crianças e adolescentes pobres são chamadas precocemente ao trabalho, para contribuir com o aumento da renda familiar.

Diante do cotidiano de vida demarcado por muito trabalho e da impossibilidade de freqüentar a escola, as famílias investem e participam na vida dos filhos, acompanhando o seu desempenho escolar. A educação significa, para elas, o principal meio de superar as precariedades de suas atuais condições de vida e de trabalho, através do ingresso dos filhos na escola. Assim, estas famílias depositam na escola a esperança para a *salvação* e a *redenção* dos filhos.

Tomando como referência os dados sobre a renda das famílias, observou-se que apenas 16,1% delas possuíam rendimento acima de R$ 401,00 (dois salários mínimos da época). Na faixa compreendida entre R$ 50,00 e R$ 200,00, estão situadas 39,2% das famílias, e, entre as que possuíam renda de R$ 201,00 a R$ 300,00 encontravam-se 33,3% das famílias.

Estes dados demonstram a situação de pobreza em que vive a população das áreas sob estudo, confirmando os dados do Instituto de Pesquisa Econômica Aplicada (IPEA), de 2002, que registravam as Zonas da Mata Norte, Mata Sul e a Região Metropolitana de Recife, como o lócus de um dos maiores índices de indigência do país (IPEA, 2002 apud ROCHA, 2003, p. 45).

Quanto à origem dos rendimentos das famílias, observou-se que a bolsa do PETI era a principal fonte de renda da maioria das famílias, com percentuais de 59,1%, para a RMR (Região Metropolitana do Recife), 58,3%, para a Mata Sul, e 57,0%, para a Mata Norte. Com percentuais menores apareceram os rendimentos originários de salários, tanto para a RMR como para a Mata Norte e a Mata Sul.

Há referências ao recebimento de outros benefícios originários de programas e políticas sociais como o Benefício de Prestação Continuada (BPC) e Agente Jovem: 62,6% da renda são provenientes de benefícios assistenciais e de programas de transferência de renda. De apenas 23% dos entrevistados, menos de 1/4 deles apresentavam rendimentos provenientes de fontes relacionadas ao trabalho, como a Aposentadoria e Pensão. Em rigor, a renda das famílias atendidas pelo PETI é originária dos programas sociais implementados pelo Governo Federal. As outras fontes de rendimento são obtidas através de trabalhos eventuais, temporários e outras ocupações remuneradas, exercidas por membros da família, na maioria das vezes, desempregados.

O estudo do IBGE, em 2002, relacionou a baixa renda domiciliar com a incidência do trabalho infantil. Nas famílias de menor rendimento, a contribuição da criança ou adolescente para a renda familiar pode chegar a até um terço dos proventos mensais. Numa casa na área rural, em que o chefe de família trabalha sem carteira assinada, há risco 2,8 vezes maior de haver trabalho infantil, quando comparado com famílias chefiadas por pessoas que trabalham com carteira assinada (*Jornal do Commércio*, 2004).

A pesquisa nas regiões abrangidas pelo Programa, em Pernambuco, mostrou que grande parte dos homens realizava trabalhava nas unidades agrícolas familiares e fazia biscates. As mulheres, além de serem donas-de-casa, também trabalhavam nas atividades agrícolas, como trabalhadoras não-remuneradas.

Assim, a maioria destas famílias vivia em precárias condições de vida, marcadas pelas particularidades do cultivo da cana-de-açúcar, que implica em emprego sazonal, trabalho precário e desemprego. Além disso, desenvolvia ocupações esporádicas, seja em razão da entre-safra da cana-de-açúcar, seja em função do desemprego que se alarga nas regiões, principalmente na Mata Sul e na RMR. Na Mata Sul, houve o fechamento em massa de usinas, como ocorreu com a Água Branca, a Santo André, a Central Barreiros, a Treze de Maio e outras. Na Mata Norte, a crise da agroindústria açucareira provocou o fechamento de muitas usinas de açúcar e, com a paralisação das atividades, intensificou-se o problema do desemprego.

Diante da situação em que se encontrava a agroindústria em Pernambuco, pode-se afirmar que ela vem atravessando uma crise que é, ao mesmo tempo, estrutural e conjuntural. De acordo com Andrade e Andrade (2001), é uma crise provocada pela falta de condições de competitividade com a produção do Centro-Sul, onde há maior produtividade agrícola e industrial, ocasionada pela queda da demanda no mercado internacional de açúcar, pelo barateamento do preço do petróleo (no século XX), e também em decorrência da extinção do Instituto de Açúcar e do Álcool (IAA), no ano de 1990, que tutelava e protegia a produção de açúcar e álcool, sem que fosse implantada, em substituição à sua extinção, política eficaz para o setor.

Do ponto de vista conjuntural, pode-se destacar a descapitalização das empresas, a suspensão do pagamento da verba de equalização dos preços, que cobria a diferença de custos de produção com relação às áreas produtoras mais dinâmicas do país, e, naquele momento (ano de 1990), a grande seca que reduziu consideravelmente a produção de cana, fazendo com que a moagem fosse concluída em dezembro. Tal paralisação provocou problemas de caixa para as empresas e antecipou, em quase três meses, o desemprego de mais de 222.000 cortadores de cana (Andrade; Andrade, 2001, p. 71).

Estes dados revelam a grave questão fundiária de Pernambuco e indicam a necessidade de definir políticas que redistribuam terra e renda. Note-se que, além da concentração fundiária, o Brasil não tem uma trajetória de políticas públicas redistributivas e universais que reduzam as desigualdades produzidas pela concentração da renda e da propriedade. A concentração da riqueza — ou seja, do estoque de bens, na forma de imóveis, fábricas, terras etc. — é maior que da renda. Segundo César Benjamin (2004), ambas se reforçam mutuamente, pois quem controla a riqueza tem melhores condições de obter renda e vice-versa. Segundo dados do IBGE de 2001, estima-se que 1% da população brasileira detinha cerca de 53% do estoque da riqueza do país. Isso mostra, de acordo com o autor, que as questões da pobreza e da desigualdade não dizem respeito apenas ao fluxo monetário, tal como ele ocorre no presente. Elas remetem também à criação da riqueza no passado, à forma como ela se cristalizou e foi apropriada ao longo do tempo. Uma primeira conclusão salta à vista: serão ineficazes — ou, no mínimo, insuficientes — quaisquer políticas que se limitem a gerenciar fluxos de renda, sem alterar a distribuição do estoque de riqueza já criado (Benjamin, 2004, p. 39).

A situação mais difícil repousa nas famílias trabalhadoras rurais que perdem o emprego definitivamente ou de forma sazonal. Apesar de terem organização sindical e conseguirem o piso salarial superior ao mínimo, os trabalhadores da cana se queixam de que a maior parte não tem emprego durante todo o ano, havendo os *safristas*, que são contratados apenas no período da moagem, e os clandestinos, que são trazidos de outras regiões no período da safra, e trabalham sem os direitos normalmente conferidos aos trabalhadores da Mata Pernambucana.

Os baixos salários têm conseqüências das mais sérias sobre a saúde e a educação, tendo em vista que os trabalhadores e seus familiares possuem uma dieta alimentar muito pobre, o que provoca seqüelas bastante prejudiciais à população. Essa questão já havia sido estudada e denunciada pelo cientista Nelson Chaves, desde os meados do século XX, bem como por seus continuadores ao afirmarem ser, essa dieta, inferior ao mínimo necessário à alimentação de ratos. Nos laboratórios da UFPE, na área de nutrição, cobaias que são alimentadas com o regime utilizado pelo homem na região da Mata pernambucana definham através das gerações, o que indica que as condições alimentícias resultantes dos baixos salários comprometem seriamente o futuro da região e do país (Andrade; Andrade, 2001, p. 76).

Assim, nas diversas situações de desemprego, muitos trabalhadores buscam trabalho por conta própria, vendendo sua força de trabalho a quem interessa ou mesmo às usinas ou donos de engenho, sob condições trabalhistas mais precárias do que no período da safra. Nesses casos, os trabalhadores deixam de receber salário e têm como forma de pagamento "vales" para adquirir alimentos em estabelecimentos determinados pelos empregadores.

Nesse contexto, o PETI torna-se de fundamental importância para as famílias trabalhadoras pois, como vimos anteriormente, é o rendimento principal, senão o único, de algumas famílias. Na incerteza do trabalho ou na impossibilidade de realizá-lo, seja por doença ou acidente, muitos contam com a ajuda de parentes, amigos e vizinhos. Muitos desses trabalhadores encontravam-se sem a garantia de direitos trabalhistas em caso de doença ou acidentes de trabalho. Segundo a pesquisa, vários trabalhadores já poderiam ter se aposentado e não o fizeram pela impossibilidade de comprovar seu tempo de trabalho e/ou contribuição.

Na pesquisa, procurou-se observar também as características da inserção dessas famílias no Programa, tais como: a quantidade de crianças inscritas por família, o tempo de participação dos filhos, a participação das mulheres/mães, bem como a utilização dos recursos da bolsa, o que revelou a importância que representa a bolsa oferecida pelo Programa no orçamento das famílias, comprovando a dependência que as mesmas mantêm em relação ao Programa, para garantir a sua sobrevivência.

Não é de estranhar, pois, que o Estado brasileiro, mediante as políticas públicas de proteção social, tenha dado centralidade à família em diferentes e significativos momentos históricos da formação social do Brasil. Nos anos 1930 e 1940, do século passado, a família foi focalizada na perspectiva de sua estruturação e do fortalecimento do sentido de nação (pátria), em período histórico marcado pela imigração européia e japonesa.

Já na recente década de 1990, a centralidade da família ressurgiu vinculada à estratégia de combate à pobreza, para a qual o Estado co-responsabiliza a família/mulher pela minimização das condições de pobreza e miséria.

A unidade familiar é foco centralizador da atenção do PETI, ainda que sua finalidade última seja erradicar o trabalho infantil como uma problemática que afeta aos direitos humanos a expressão das péssimas condições de vida em que vive grande parte da população.

5. Mudanças nas experiências cotidianas das famílias

Os resultados dos estudos indicaram que, apesar do PETI não solucionar a problemática do trabalho infantil, o que exigiria transformações estruturais na situação socioeconômica no país, não se pode deixar de reconhecer que introduziu mudanças nas condições objetivas das famílias pobres, evidenciadas no cotidiano que dizem respeito ao aumento significativo da renda familiar de 92,2% dos beneficiários da bolsa.

Além do aumento da renda, ficaram demonstradas outras mudanças na experiência cotidiana das famílias, no relacionamento entre os familiares, na organização do trabalho e no posicionamento acerca do trabalho infantil revelando sentidos e justificativas diversas na forma de apreendê-lo, e no ideário para os filhos deixarem o Programa.

No que se refere às *mudanças no relacionamento familiar* foi observado que as crianças estavam mais motivadas para estudar, mais atenciosas, mais obedientes, disciplinadas, com maior facilidade de comunicação e menos agressivas. Quanto às mudanças no comportamento dos pais, as mulheres/mães estavam interessadas no acompanhamento dos filhos na escola e os homens menos violentos com os filhos. Identificaram-se ações contestatórias de mulheres contra a violência dos companheiros, configurando possibilidades objetivas de mudanças de autonomia de consciência social consoante as idéias de Thompson (1987).

Quanto às *mudanças na organização do trabalho familiar*, foi estabelecida uma reorganização familiar para se adaptar à nova situação, advinda da obrigatoriedade dos filhos freqüentarem a escola em tempo integral, o que ocasionou a diminuição da participação deles no trabalho doméstico. Entretanto, a criança e o adolescente continuam ajudando em atividades diversas, a exemplo de cuidar da casa, dos irmãos menores, da plantação e dos animais. Em alguns casos, pude observar que não houve diminuição da participação das crianças e dos adolescentes no trabalho doméstico, mas uma (re)organização das atividades. A mudança mais significativa verificada foi a interrupção do trabalho penoso e desgastante das crianças e adolescentes no plantio da cana-de-açúcar, no trabalho em casas de farinha e nas pedreiras.

Nas representações das famílias sobre o trabalho infantil, foram ressaltados dois pontos, um a favor e outro contra. O primeiro está associado à idéia de serviço *cansativo, duro, judiado, pesado, sujo, insalubre*, expressando autêntico castigo, porque indecente para o ser humano, cuja expressão maior é o corte da cana-de-açúcar. O outro, em contraposição, tem por expressão maior a idéia do *servicinho leve e limpo*, intimamente relacionado ao trabalho doméstico e às atividades eventuais, que não atrapalham a freqüência à escola.

Quanto ao trabalho doméstico e às atividades eventuais, as famílias consideram atividades necessárias ao exercício da disciplina e preparação das crianças e adolescentes para a vida adulta.

Mesmo havendo oposição em relação ao trabalho, não houve negação explícita da posição da maioria das famílias participantes contra o trabalho infantil penoso, nas condições assinaladas anteriormente.

Em princípio, é preciso distinguir o trabalho precoce, condenável, que castra quase irreversivelmente as possibilidades de desenvolvimento humano, daquele trabalho considerado parte natural dos deveres da vida em família e na comunidade. Carvalho (1995) salienta que é na meninice que se inicia o aprendizado de partilhar a vida. Nessa direção, é natural e salutar que meninos(as) e adolescentes partilhem das tarefas domésticas necessárias à vida em família; partilhem enquanto grupo, por exemplo, dos mutirões de limpeza da sala de aula, da praça comunitária ou de trabalhos na horta da escola, da comunidade. A autora considera que não é trabalho salutar a situação em que as crianças assumem a responsabilidade de cuidar da casa, dos irmãos menores enquanto a mãe trabalha. Neste caso, é trabalho condenável porque as exclui das oportunidades múltiplas de desenvolvimento que lhes são necessárias.

Também são trabalhos condenados, proibitivos, aqueles que crianças e adolescentes são forçados a realizar para contribuírem na renda familiar; é o trabalho que os faz abandonar a escola e o brinquedo, que os faz renunciar ao desenvolvimento de suas potencialidades.

Os posicionamentos sobre o trabalho infantil revelam sentidos e justificativas bastante diversos na literatura, na forma de apreendê-lo, ora apresentando elementos de negação do trabalho na condição de ajudar as mães a cuidar dos irmãos menores, ora sedimentando-o enquanto valor moral a ser apreendido e vivenciado desde a mais tenra idade. Essas idéias, em muitas circunstâncias, apareceram envoltas em noções que guardam sentidos opostos, seja pelas concessões feitas à idade permitida para o trabalho, seja pelo tipo de atividade exercida.

Na pesquisa, procurei agrupar e analisar os depoimentos, traduzindo o significado dos seus conteúdos, com a preocupação permanente de preservar a lógica dos discursos. Em virtude de sua diversidade, os discursos foram classificados em diferentes tipos de resposta, que apontaram para certo *relativismo* na forma de apreender a questão do trabalho infantil, apresentando tanto aspectos positivos como negativos. Nestes termos, pôde-se entender que a legitimação do trabalho infantil se expressou através da indicação moral de formas socialmente aceitáveis desse trabalho e da condenação ética de outras de suas expressões, tidas como incompatíveis com a infância.

A maioria das famílias colocou-se contrária ao trabalho precoce, nas três regiões. Nesse sentido, foram indicados vários argumentos contrários, como a necessidade de permanência dos filhos na escola, os danos físicos e morais causados pelo trabalho, o sofrimento e a violência a que se submetem os filhos ao trabalhar no pesado, a obrigação da família com a manutenção dos filhos e os aspectos legais relacionados à proibição do trabalho e à proteção da criança (UFPE/DSS, 2002, p. 48).

O conjunto de opiniões que expressa discordância na realização do trabalho infantil apresenta, em sua grande maioria, a noção de que a condição de estar na escola e aprender se contrapõe ao trabalho, sob a alegação de que é *preciso estudar e o trabalho sempre atrapalha os estudos*.

Nessa linha de entendimento, a escola é dotada de relevante importância no que se refere à transmissão e à ampliação dos horizontes da cultura, é meio de diversificar as experiências e os relacionamentos, de educar para o mundo e de ensinar as regras e normas de sociabilidade não aprendidas junto à família. Para os pais, é a escolaridade que permitirá aos filhos um *futuro melhor*, capaz de fazê-los superar as condições de trabalho e de vida a que estão submetidos. Quando creditam à escola essa ruptura com a reprodução das suas condições de vida, os pais o fazem levando em consideração a sua experiência. Segundo relato de alguns entrevistados, a falta de leitura impede conseguir melhores empregos ou galgar posições de maior prestígio social. Assim, *o trabalho principal de uma criança é o estudo* e, como que reproduzindo o slogan, *lugar de criança é na escola*.

Este ideário das famílias em relação ao papel da escola na vida dos filhos permite supor que, para eles, é a escolarização que irá fazer a passagem para uma vida melhor, razão porque investem todos os seus esforços para quebrar as barreiras do presente e para ampliar as possibilidades futuras. A escola representa ainda, no plano individual, experiência de resgate da dignidade perdida e de aposta nas gerações futuras. Como exposto na justificativa do Programa, a proposta é interferir positivamente na ruptura da reprodução geracional da pobreza. Este sentido polêmico, sobre diversos aspectos, estaria sendo absorvido pelas famílias e estimulando o surgimento de uma cultura à base da crença de que, por si só, a educação e a escolarização assegurariam mudanças de tal vulto na reprodução social. Com essa lógica, segundo os entrevistados, o trabalho dos filhos compromete a realização desse ideário, já que o desgaste provocado pelo trabalho, além de impedir a freqüência à escola, desmotiva os filhos para o estudo e dificulta a aprendizagem. Segundo os depoimentos:

> Criança não pode trabalhar porque esquece de estudar, termina se entusiasmando pelo dinheiro; o trabalho sempre atrapalha os estudos. Meu estudo foi o cabo da enxada [...], agora eu não quero esse futuro para os meus filhos; é melhor que estudem para dar lição aos pais, que não sabem. (UFPE/DSS, 2002, p. 49)

Outro argumento dos pais contra o trabalho precoce se refere aos danos que o trabalho causa à saúde. Nessas circunstâncias, o trabalho é indesejado por ser perigoso, por causar acidentes e mutilações, por provocar cansaço e desgaste, antes mesmo de se chegar à idade adulta. Existe o reconhecimento de que o trabalho dificulta o desenvolvimento físico e psicológico das crianças tornando-se, em muitos casos, uma ameaça à vida, como explicitam as famílias:

> "O trabalho é perigoso, eles podem sofrer acidentes"; "eles ficam cansados desde cedo"; "o crescimento vai atrasando, cansa muito a mentalidade da criança"; "as crianças ficam fracas, judiadas, maltratadas e esgotadas"; "um filho meu perdeu o dedo e o outro perdeu a mão". (UFPE/DSS, 2002, p. 52)

No caderno especial da PNAD, de 2001, os resultados indicaram que as crianças no ramo do trabalho agrícola foram as que mais se machucaram ou ficaram doentes. A preparação do solo, plantio, colheita, trato dos animais etc., também exigem grande esforço físico e exposição às intempéries climáticas. O corte da cana é o maior problema enfrentado na agricultura (62%) (IBGE, 2001, p. 4).

No universo de razões que levam muitas famílias a se oporem ao trabalho infantil, encontram-se aquelas que apresentam o componente ético-moral pautado na responsabilidade dos pais para com os seus filhos:

> Os pais têm obrigação de sustentar os filhos; O dever do homem é trabalhar, trazer o dinheiro pra casa e ser pai de família para dar respeito na casa dele [...], tendo moral. (UFPE/DSS, 2002)

Apesar das precárias condições materiais de existência das famílias, da exploração no mundo do trabalho, do desemprego local e da carência de políticas públicas, os pais consideram que é deles o dever material e moral de prover sua prole. A auto-responsabilização pela manutenção da família tem raízes na concepção de família nuclear burguesa, orientada pelo liberalismo. Remete-se aos indivíduos o ônus de sua sobrevivência, eximindo o Estado dessa tarefa. Essa ideologia vem sendo reproduzida nos programas de assistência social no Brasil, desde a década de 90 do século passado, quando os supostos da centralidade da família se fundamentaram no fortalecimento familiar como lugar da reprodução social, na co-responsabilização pela superação das condições de pobreza, desresponsabilizando o Estado.

6. Considerações Finais

Embora identificado na pesquisa tamanho número de mudanças das experiências vividas do cotidiano das famílias, estes ainda são processos pontuais, frente a cada ação do cotidiano, os quais, embora ensejando mudanças na sociabilidade, nos valores, na cultura, não inflexionaram a ponto de realizarem ações coletivas dentro de determinado contexto, e de articular interesses comuns. Nem todas as famílias, por exemplo, que vivem e trabalham na área rural, negam o trabalho infantil penoso e insalubre, e se mobilizam para lutar pela sua extinção. Ainda é incipiente a consciência coletiva de que o trabalho infantil condenável constitui-se na principal arma da reprodução das condições de pobreza e indigência em que vivem.

No entanto, essas mudanças fizeram emergir nessas famílias, motivações, expectativas, ideários de um futuro melhor para seus filhos diante da presença do poder público junto à população rural pobre. Em decorrência, de alguma forma, flui uma *cultura nova*, que fez com que as famílias entendessem que seus filhos são merecedores de direitos ao estudo, ao lazer e, a cultura, como qualquer outra criança brasileira que não devem trabalhar; que é obrigação do Estado protegê-las, em oposição à constante ausência de assistência à privação física, moral e educacional dos seus filhos.

Assim, as mudanças apontadas, embora tenham o caráter embrionário do surgimento da *cultura de direitos* que está emergindo nas experiências cotidianas das famílias participantes são analisadas como expressivas e ricas na vida dessas famílias. No entanto, dadas a condição de extrema pobreza e as limitações sob condições e relações determinadas, tais famílias continuam a necessitar da incisiva intervenção pública do Estado na superação das suas precárias condições de vida.

É indiscutível que o fato de o Programa destinar recursos financeiros às famílias, como forma de compensar os ganhos advindos do trabalho dos filhos revela-se fator de peso indispensável à retirada do trabalho penoso. Contudo, a consolidação dessa experiência depende de mudanças afetas ao mundo do trabalho, sem as quais ocorrerá movimento no sentido inverso, permitindo o aumento das desigualdades e da miséria social deste país.

Nessa direção, Thompson (1987) assinala que as mudanças na base material ocorrerão través de processo, expresso na capacidade de identificar as emaranhadas interações entre continuidade e mudanças, e de uma habilidade de revelar a lógica das relações de produção, não como uma abstração, mas como um princípio histórico operacional visível nas transações diárias da vida social, nas instituições (por exemplo, a família) e nas práticas concretas que existem fora da esfera da produção. As determinações objetivas não se impõem sobre matéria-prima vazia e passiva, mas sobre seres históricos ativos e conscientes.

À medida em que os homens e as mulheres vivem suas relações produtivas e experimentam suas situações determinadas, no interior do conjunto das relações sociais, com a cultura que herdaram, e à proporção em que trabalham suas experiências, as formações de classe surgem.

Diante do exposto, o desafio que se coloca para o Programa de Erradicação do Trabalho Infantil é deixar de ser um Programa temporário e emergencial para transformar-se em política pública para todas as crianças e adolescentes brasileiros. Só o caráter de política pública e universal conferirá ao PETI, juntamente com o conjunto de outras políticas, como as de assistência social, saúde, educação para jovens e para adultos, emprego e renda, dentre outras, a possibilidade de contribuir para a mudança de seu papel como política de combate à pobreza, responsável pela existência de crianças e adolescentes trabalhadores.

Referências bibliográficas

ANDRADE, M. C. de O.; ANDRADE, S. M. C. de. *A cana de açúcar na Região da Mata pernambucana*: Reestruturação produtiva da área canavieira de Pernambuco nas décadas de 80 e 90. Impacto ambiental, socioeconômico e político. Recife: Editora Universitária/UFPE, 2001.

ARIÈS, Philippe. *A criança e a vida familiar no Antigo Regime*. Lisboa: Antropos, 1988.

BENJAMIN, C. *Bom combate*. Rio de Janeiro: Contraponto, 2004.

BRUSCHINI, Cristina. Teoria crítica da família. In: AZEVEDO, M. A.; GUERRA, V. N. A. (Orgs.) *Infância e violência doméstica*: fronteiras do conhecimento. São Paulo: Cortez, 1993.

CARVALHO, M. do C. B. de. A apropriação da família na agenda da política social. In: CARVALHO, M. do C. B. de (Org.). *Família contemporânea em debate*. São Paulo: Cortez,1995.

_____. A concepção de família no estado de bem-estar social. In: *Revista Serviço Social e Sociedade*. São Paulo: Cortez, n. 24, 1987.

ENGELS, Friedrich. *A origem da família, da propriedade privada e do estado*. Rio de Janeiro: Bertrand Brasil, 2000.

FREYRE, Gilberto. *Casa-grande & senzala*. Rio de Janeiro: Record, 2001.

HELLER, Agnes. *O cotidiano e a história*. Rio de Janeiro: Editora Paz e Terra, 1985.

IBGE. *Indicadores Sociais*. Rio de Janeiro: IBGE, 2001.

JORNAL DO COMMERCIO. *Organização Internacional do Trabalho*. Recife, 17 jun. 2004.

JORNAL O GLOBO. *Retratos do Brasil:* Tempo dedicado ao trabalho é maior na Região Sudeste. Caderno Economia. Rio de Janeiro: 29 de março de 2008.

LUKÁCS, G. *História e consciência de classe*. Porto, Portugal: Escorpião, 1974

NEVES, D. P. *A perversão do trabalho infantil*. Lógicas sociais e alternativas de prevenção. Niterói: Intertexto, 1999.

PADILHA, Miriam Damasceno. *Criança não deve trabalhar: PETI e sociabilidade familiar*. Recife: CEPE, 2006.

ROCHA, S. *Pobreza no Brasil*: afinal, de que se trata? Rio de Janeiro: Editora FGV, 2003.

SARTI, C. A. *A família como espelho*: um estudo sobre a moral dos pobres. São Paulo: Cortez, 2003.

SECRETARIA DE ESTADO DE ASSISTÊNCIA SOCIAL (SEAS); MINISTÉRIO DA PREVIDÊNCIA E ASSISTÊNCIA SOCIAL (MPAS). *Manual Operacional do Programa de Erradicação do Trabalho Infantil (PETI)*. Brasília: SEAS/MPAS, dez. 1999.

SILVA, Maria Ozanira da Silva. *A política social brasileira do século XXI*: a prevalência dos programas de transferência de renda. São Paulo: Cortez, 2004. p. 97.

THOMPSOM, E. P. *A formação da classe operária inglesa*. Rio de Janeiro: Editora Paz e Terra, 1987.

UNIVERSIDADE FEDERAL DE PERNAMBUCO (UFPE). Departamento de Serviço Social (DSS). *Relatório da segunda missão técnica de monitoramento e avaliação do Programa de Erradicação do Trabalho Infantil — PETI*. Recife: DSS, UFPE, SEPLANDS, IPSA, out. 2001.

_____. Relatório final: *monitoramento e avaliação do Programa de Erradicação do Trabalho Infantil em Pernambuco*. Recife: DSS, UFPE, SEPLANDS, IPSA, nov. 2002.

VIANA, Oliveira. *Populações meridionais do Brasil populações rurais do centro-sul*. Rio de Janeiro: EDUFF, v. 1, 1987.

WOOD, Elen Meiksins. *Democracia contra capitalismo*: A renovação do materialismo. São Paulo: Boitempo, 2003.

YAMAMOTO, Osvaldo H. É o cotidiano uma questão para o marxismo? In: *Serviço Social & Sociedade*. São Paulo: Cortez, ano XVII, n. 54, 1997.

8

O sujeito feminino nas políticas de assistência social

*Laura Susana Duque-Arrazola**

1. Introdução

A exposição que se segue tem por objetivo apresentar algumas das questões desenvolvidas na minha tese de doutorado em Serviço Social, *O Lugar das Mulheres nas Políticas de Assistência Social* (2004).[1] Nela foram tratadas as políticas públicas de assistência social e as desigualdades de gênero na contemporaneidade, enfocadas a partir da divisão social e sexual do trabalho e dos *tempos sociais sexuados*.

O propósito do estudo foi identificar a condição do sujeito feminino nos programas de assistência social, instigada pela questão dos tempos sociais femininos enquanto mediação das relações de poder de gênero e sua materialização na sobrecarga de trabalho nas esferas da reprodução e da

---

* Socióloga. Doutora em Serviço Social pela Universidade Federal de Pernambuco. Professora do Dpto. de Ciências Domésticas da Universidade Federal Rural de Pernambuco. Integrante da Rede REDOR, do Núcleo de Estudos e Pesquisas sobre a Mulher da UFRPE e do Grupo de Estudos do Trabalho — GET da UFPE. isduquearrazola@uol.com.br

1. Tese orientada pela Profa. Dra. Ana Elizabete Mota.

produção das mulheres-mães-donas-de-casa-profissionais do meio rural ou das novas ruralidades.[2] Também interessou problematizar o processo de *empoderamento* desses sujeitos femininos, a partir das relações de poder que se estabelecem com a participação das mulheres na implementação das políticas de assistência social que operam com programas de transferências monetárias ou de renda mínima.

Os objetivos da tese foram identificar e analisar o lugar das mulheres nos referidos programas, em particular no Programa de Erradicação do Trabalho Infantil — PETI e as possibilidades de uma ação emancipatória de gênero dessas mulheres. Para tal foi necessário: conhecer as diretrizes do PETI, particularizando a participação das famílias; identificar a natureza e características das atividades realizadas pelas mulheres no PETI; pesquisar a organização cotidiana do tempo de trabalho das mulheres e identificar as dimensões da participação individual e coletiva das mulheres no PETI, implementado em Pernambuco, especificamente no município do Cabo de Santo Agostinho, universo empírico da pesquisa.[3]

O PETI foi escolhido pela sua atualidade como política social pública de combate à pobreza, sobretudo porque nele se conjuga uma ação estatal voltada para a reprodução dos membros das famílias das camadas mais empobrecidas das classes subalternas e nele as mulheres estão presentes como "sujeitos partícipes" — qualificadas de mães dos meninos e meninas do PETI — representando as famílias, ou melhor, corporificando as famílias beneficiadas pelo Programa.

Assim, instigada pela questão dos *tempos sociais femininos* e pelo debate sobre o processo de *empoderamento* das mulheres, escolheu-se o PETI como o universo da pesquisa para apreender e compreender o lugar das mulheres nos programas de assistência social, destacando as inflexões que sua participação em tais programas poderia provocar, no interior da família e

---

2. Sobre o tema ver Silva, 1996; 1997.

3. Cf. relatório *Avaliação e Monitoramento do PETI-PE*, pesquisa realizada de setembro de 2000 a novembro de 2002, sob a coordenação da profa. Ana Elizabete Mota, do Departamento de Pós-Graduação de Serviço Social/UFPE. Contemplou 50 municípios das Zonas da Mata Norte e Sul e Região Metropolitana de Recife, onde se concentravam 84% das crianças e adolescentes de ambos os sexos atendidos pelo PETI.

no Estado,[4] como processo de superação da subordinação de gênero[5] a que as elas têm estado submetidas historicamente.

O PETI foi criado pelo Governo Federal com o objetivo de erradicar o trabalho precoce, penoso e perigoso de crianças e adolescentes de ambos os sexos e garantir seu acesso à escola, como forma de combater a pobreza. Para substituir os ganhos com o trabalho precoce dos meninos e das meninas, o Programa oferece uma bolsa ou subsídio monetário. Em Pernambuco, um dos estados onde tradicionalmente tem sido intensa a exploração da mão-de-obra infantil, sobretudo com a monocultura da cana-de-açúcar, o PETI foi implantado em 1997.

Este programa tem na família seu foco de intervenção, as quais são co-responsáveis pelo seu êxito. Como programa de renda mínima, tem uma ação focal, seletiva e temporária dirigida a crianças e adolescentes de 7 a 14 anos matriculados no ensino fundamental e pertencentes a famílias com renda entre 1/4 e 1/2 salário mínimo.

Para compreender a questão em estudo fez-se necessário verificar a atual dinâmica da sociedade brasileira determinada pelas transformações por que passa o capitalismo contemporâneo. A análise concentrou-se no período que vai das últimas três décadas do século XX aos nossos dias. Contexto no qual se incluem a crise do capital e os processos de restauração, tendo, como analisou Behring (2003), a *contra-reforma do Estado* como sua base de sustentação. Estado que, como a sociedade, concebo como um estado de classe, patriarcal e racista.

---

4. Como a sociedade burguesa, o Estado de classe é também patriarcal. É igualmente constituído e estruturado pelas relações sociais de gênero, as que instituem e reproduzem a organização e dinâmica da ordem patriarcal de gênero na sua ordem burguesa. O que se expressa, por exemplo, nas leis, a justiça, o direito, as práticas de cidadania e democracia. Daí que o Estado participe da política sexual do domínio masculino e se configure como um poder masculino (MacKinnon, 1995; Pateman, 1993).

5. Compreendo o gênero como: categoria relacional de análise, relação social historicamente constitutiva da sociedade, sua organização, dinâmica e contradições e como identidade subjetiva. Quer dizer, o gênero, concebido também como relações sociais de sexo, é uma construção social histórica do feminino e do masculino. Enquanto relação social, constitui relações desiguais e hierárquicas, de dominação-exploração masculina sobre as mulheres, organizadas a partir das diferenças percebidas entre seus corpos sexuados, concebidas como expressão da "natural" superioridade masculina e inferioridade e dependência feminina. As relações de gênero são, portanto, relações de poder (Lamas, 1997; Saffioti, 1992; Scott, 1991).

Em decorrência do exposto, recorri a dois pressupostos: um, que a restauração capitalista e a reforma do Estado, enquanto respostas à crise estrutural do capital, além do caráter de classe, possuem, também, um caráter sexuado ou *generizado*, na medida em que esses processos atingem diferente e desigualmente a mulheres e homens, reproduzindo, assim, as desiguais relações de gênero, a divisão sexuada e hierárquica do trabalho e os *tempos sociais sexuados*.[6] O outro, que a participação coletiva das mulheres nos programas estatais de assistência social, em especial os de renda mínima, criaria condições de empoderamento das mesmas.[7] O empoderamento permitiria às mulheres inflexionarem, em nível local, o caráter patriarcal e sexista do Estado, na medida em que essa participação não se constituísse apenas numa apropriação por parte do Estado, do trabalho das mulheres e dos tempos femininos da reprodução dos membros da família.

O procedimento metodológico desenvolvido compreendeu a base de dados quantitativos apurados pela pesquisa "Avaliação e Monitoramento do PETI em Pernambuco", obtida a partir de uma amostra aleatória simples. Esses dados foram complementados e aprofundados a partir de uma abordagem qualitativa, que implicou na análise de documentos do PETI, releitura das questões abertas de 89 questionários correspondentes às famílias do Cabo de Santo Agostinho, contemplados pelo programa, relatórios de campo e entrevistas da *Avaliação e Monitoramento*, além de outros dados de de caráter qualitativo. Estes últimos obtidos através de 35 delas entre-

---

6. Na sociedade burguesa e sua ordem patriarcal de gênero, os tempos sociais são sexuados e de classe. Os tempos sociais femininos ou o tempo feminino de trabalho (reprodução e produção), são, sobretudo, tempos da reprodução, os que, em termos de gênero, revelam-se estruturantes do cotidiano das mulheres. Tempos opostos e conflitantes com o tempo androcêntrico e da produção, concebido pela ideologia patriarcal como um tempo masculino, sendo ambos os tempos diretamente controlados pelo capital. Daí a tensão permanente das mulheres com seus tempos sociais femininos da reprodução e da produção, segundo seus pertencimentos de classe (Duque-Arrazola, 2004; 2006).

7. Empoderamento, tradução do espanhol, e, por sua vez, do termo *empowerment*. Desde uma perspectiva feminista, é uma categoria útil empregada no sentido *emancipatório* que lhe deu origem. Refere-se a um poder que parte da pessoa e é capaz de apoderá-la, de desenvolver um poder desde si que implica o sujeito individual, igualmente que a ação coletiva organizada, capaz de gerar mudanças coletivas significativas e transformações sociais. As mulheres empoderam-se mediante a participação na tomada de decisões coletivas, sendo parâmetros do empoderamento a auto-imagem, a autoconfiança, o desenvolvimento da argumentação pública e da visão crítica das desigualdades sociais, da opressão e exploração (Duque-Arrazola, 2004).

vistas semi-estruturadas e da realização de 9 *círculos de pesquisa* com mulheres que participaram do PETI no município do Cabo.

Para efeitos deste artigo, as questões a tratar estão organizadas em dois itens. No primeiro, *Capitalismo Contemporâneo, Reforma do Estado e Política de Assistência Social*, são tratados aspectos significativos da problemática analisada. No segundo, *O Sujeito Feminino nos Programas de Assistência Social*, apresenta os resultados mais específicos da pesquisa. Por fim, foram feitas algumas considerações reflexivas, estimuladoras do aprofundamento e de novos estudos sobre o tema.

2. Capitalismo contemporâneo, reforma do Estado e política de Assistência Social

Desde início dos anos 70 do passado século, o capitalismo contemporâneo, depois de um longo período de expansão no segundo pós-guerra, vive uma crise estrutural global, a mais profunda de suas crises até nossos dias, resultado do amadurecimento de suas contradições e do desenvolvimento desigual e combinado que o caracteriza.

Nesse período, uma serie de compromissos e reposicionamentos por parte da burguesia, do proletariado e do Estado propiciaram, nos países de industrialização avançada, o chamado compromisso fordista/keynesiano (Harvey, 1992), que mediou a configuração histórica de um Estado de Bem-Estar Social que vinha se gestando nos países de capitalismo avançado, desde finais do século XIX, em decorrência das lutas da classe trabalhadora. Estado que no bojo desse processo atenderá a algumas das reivindicações da classe trabalhadora, mediante a renúncia à luta e missão histórica com a transformação revolucionária da sociedade capitalista, em troca da garantia de sua seguridade social (assistência social, estabilidade no emprego, crescimento do nível de vida, redução do tempo de trabalho) e satisfação de necessidades básicas como educação, saúde, habitação (Bihr, 1998).

Desse modo, o Estado de Bem-Estar Social criou parte das condições requeridas para o desenvolvimento da produção capitalista do pós-guerra, financiando o capital, quanto à força de trabalho, impulsionando a produção e ampliação dos mercados, além de estabelecer mecanismos que permitiram aumentar o poder aquisitivo da população, viabilizando o consumo e o crescimento econômico. Através dos salários indiretos materializados nas políticas sociais públicas e de uma rede de serviços sociais, a intervenção social do Estado permitiu liberar parte da renda monetária do operariado para o consumo da produção de massa. Entretanto, esta experiência começou a ser questionada nos anos de 1970, ocasião em que a crise do capital, manifestada na crise de acumulação[8] e a emergência do pensamento econômico e político neoliberal, determinam uma ofensiva contra a intervenção social do Estado e sua forma de bem-estar social, responsabilizada pela crise.[9]

Para administrar a referida crise, a burguesia internacional e seus representantes reagem implementando um processo restauracionista e um conjunto de iniciativas ideopolíticas voltadas para a recomposição do ciclo de reprodução do capital que configuram uma dupla estratégia *passivizadora* da ordem do capital, como a reestruturação produtiva e as políticas neoliberais de ajuste macroeconômico (Braga, 1997).

Tanto nos países de capitalismo avançado como nos periféricos, essas medidas têm acarretado profundas transformações na organização da produção e do trabalho, dentre elas as inovações tecnológicas, a "flexibilização" dos processos e relações de trabalho, repercutindo na crescente vulnerabilização dos estatutos jurídicos do trabalho. Particularmente para as mulheres, predominam os contratos de trabalho temporários, terceirizados e informais, sem garantia de direitos trabalhistas e sociais. Outra conseqüência é o "desemprego estrutural" globalizado com seu crescente contingente de homens e mulheres integrantes do "exercito industrial de reserva"[10] seja como subempregados(as), desempregados(as), trabalhadores(as)

---

8. Ver Mandel, 1992; Behring, 1998.

9. O período assinalado é precisamente o do esgotamento dos anos de ouro do keynesianismo, compreendido por alguns/as estudiosos/as como uma específica combinação de entre capitalismo e social-democracia, como o sintetiza Behring (2003).

10. Apoiando-se em Karl Marx (*O Capital*, Livro III), C. H. Maranhão (2006) retoma o conceito de "exército industrial de reserva" e passa a tratá-lo conceitualmente como *superpopulação relativa*, enquanto *população supérflua* para o capital. Quer dizer, acima das necessidades imediatas à sua incorporação ao processo de produção e originada da lei geral da acumulação capitalista. Conseqüentemente, constitutiva da reprodução ampliada do capital.

precarizados(as) e pauperizados(as), sobretudo a força de trabalho feminina. Também têm provocado o fim das restrições ao capital externo, levando à abertura do sistema financeiro e dos mercados.

Todas estas mudanças materializam-se no aumento globalizado da pobreza, particularmente nos países periféricos que, uma análise na perspectiva de gênero, revela quanto tal agravamento da pobreza tem afetado sobremaneira as mulheres da classe trabalhadora ou classes subalternas, em especial a das camadas mais empobrecidas, chegando a caracterizar-se esse processo de pauperização como *feminilização da pobreza*.

Não obstante a crise ser global, as estratégias de enfrentamento processaram-se diferentemente, segundo a formação social de cada país central ou periférico. É o caso das nações latino-americanas, que foram básicas no processo de estabelecimento de "um novo equilíbrio" nos países centrais, frente às recessões e crise. Saídas que se deram em grande parte "à custa" destes países, muitos dos quais encontravam-se, nos anos 70, sob regimes militares ditatoriais, caso do Brasil, cujos governos se envolveram com o desenvolvimento do complexo industrial-militar e adotaram modelos de desenvolvimento sustentados no endividamento externo. O resultado foi

> a transformação destes países em pobres provedores de capital para os centros hegemônicos, sob a forma de pagamento da dívida externa, com o ônus do empobrecimento e da miséria da sua população, *[além de que, por efeitos da grande dívida]*, "perderam qualquer esperança de ultrapassar a fronteira da periferia. (Mota, 1995, p. 69)

Na América Latina e Caribe, a dupla saída "passivizadora" da crise tem tido suas particularidades, entre elas a forma como começou a firmar-se em meio a um processo de avanços políticos democráticos com o fim dos regimes ditatoriais da região. Outra dessas particularidades diz respeito ao processo de restauração do capital o que tem se dado mediado pelas agências financeiras multilaterais (Banco Mundial, BIRD, BID, FMI).

No bojo desse processo teve lugar um outro e contraditório movimento. O aumento significativo da inserção da força de trabalho feminina no mercado de trabalho, tanto nos países centrais como nos países periféricos, mesmo mantendo-se uma taxa de atividade maior da força de trabalho masculina e a despeito do aumento da *"brecha do desemprego"* das mulheres em relação aos homens, ao final dos anos 1990. No caso particular do Brasil, esse aumento da inserção feminina começou a ocorrer a partir da década de 1970, em plena ditadura militar, quando se consolida o crescimento da indústria nacional. Contudo, o crescimento do emprego feminino se deveu principalmente ao emprego no setor informal da economia, igualmente que na América Latina onde, no começo do novo século, 50,3% das ocupações femininas eram informais (Abramo, 2002a). E na região quase um terço da população sobrevive do sobre-humano esforço das mulheres pobres.

A despeito do crescimento do emprego formal e informal das mulheres, sua participação tem sido diferente e desigual ao dos homens, tanto em termos das profissões que exercem, quanto dos cargos, salários, promoções e qualificação. Para o conjunto da força de trabalho feminina, seus salários continuam a ser mais baixos, com equivalentes de 60% da remuneração masculina.

A segregação ocupacional por gêneros se mantém, reorganiza-se a divisão sexual do trabalho e mantém-se as *imagens de gênero* da ideologia patriarcal que definem as mulheres como "força de trabalho secundária", complementar e de altos custos, comparado aos homens, em razão dos custos indiretos com a maternidade e os cuidados da reprodução. Na verdade, tais custos, segundo pesquisa da OIT (apud Abramo, 2002b), representam menos de 2,0% da remuneração bruta mensal das mulheres, (no Brasil representam apenas 1,2%). Pode-se dizer, então, que a divisão *generizada* ou sexuada do trabalho se reproduz nas formas reestruturadas do mundo da produção e do trabalho assalariado contemporâneo.

Todavia, frente a essas transformações e inovações tecnológicas, mulheres e homens da classe trabalhadora integram cada vez mais a *superpopulação relativa* cada vez mais atingida pela precarização do trabalho expressa na deterioração dos salários, flexibilização do emprego, redundando em maior informalização das relações de trabalho e degradação das condições de trabalho e da proteção social. Porém, este processo atinge especialmente as mulheres mediante a terceirização, subcontratação e formas flexibilizadas de trabalho que empregam predominantemente mulheres, provocando o crescimento da taxa de atividade destas.

Nos novos modelos produtivos e de trabalho, a flexibilidade é a forma mais usada pelas empresas, configurando-se uma *flexibilidade sexuada*, pois, no volume do emprego e no tempo de trabalho, "é garantida essencialmente pelas mulheres nos modelos de trabalho adotados atualmente em nível internacional" (Hirata 2002, p. 342). Em razão disto, teóricas feministas e estudiosas do gênero consideram a flexibilização como o tema mais revelador das questões de gênero no mundo do trabalho contemporâneo.

Ora, no contexto de reestruturação do capital, observa-se que as mulheres não são um simples *exército industrial de reserva*, pois há um "crescimento simultâneo da taxa de atividade feminina e da precariedade do emprego", seja pelo aumento do emprego em tempo parcial (Europa, Japão) seja pelo aumento do trabalho informal, como é o caso do Brasil. São empregos instáveis e precários sob a lógica de acumulação do capital com sua dinâmica de expulsão/integração das(dos) trabalhadoras(es) à produção capitalista e que, mediante sua flexibilização, estimulam a contratação de força de trabalho, sobretudo a feminina (Hirata, 1997, p. 17).

No interior dessas condições laborais de instabilidade, precariedade e flexibilização do trabalho, surge, para Hirata (1997) uma nova figura salarial feminina, oposta à figura da profissional qualificada, a figura salarial feminina, porém de crise, identificada com a instabilidade. Trata-se da trabalhadora em tempo parcial, de emprego precário, informal e cuja subjetividade revela uma "vontade de permanecer numa atividade remunerada, a despeito da penúria geral do emprego" (Hirata, 1997, p. 19), dado o peso de suas responsabilidades sociais de gênero com a reprodução social da família e como provedora do bem-estar desta.

Configura-se como tal por força da dialética combinação dos *tempos sociais femininos da reprodução* (não-remunerado) e *os tempos femininos do trabalho profissional ou remunerado*, sendo essa combinação marcante e determinante na escolha das mulheres por essas formas de trabalho precarizadas (Duque-Arrazola, 2004). Precisamente essa *figura salarial feminina de crise* e suas famílias, engrossam o conjunto de assistidas/os ou beneficiadas/os das políticas sociais.

Na área rural, a reestruturação produtiva também tem transformado o mundo da produção e do trabalho rural, especialmente no decorrer das duas últimas décadas do século passado. Acentuam-se as transformações nas atividades agropecuárias mediante o incremento da tecnologia agrária e a modernização dos complexos agroindustriais, acompanhados de um processo de urbanização do espaço rural brasileiro ao mesmo tempo em que se expande sua integração aos mercados nacionais e internacionais.

Entretanto, esse processo não tem representado o crescimento do emprego para a população rural. Pelo contrário, como mostra Melo (s/d) apoiada em dados do Censo Agropecuário/IBGE de 1995/1996, apesar do aumento da renda gerada pelo setor, o emprego na agricultura tem decrescido. Nele, tal como no setor urbano, multiplicam-se os(as) trabalhadores(as) temporários(as) e sua dependência a formas esporádicas de emprego. Isto tem levado muitas mulheres e homens a migrarem para as cidades, empregando-se as mulheres preferencialmente no serviço doméstico. As que permanecem no campo têm suas atividades vinculadas, predominantemente, à agropecuária (45,2% das mulheres, em 1998), sobretudo à produção para o auto-consumo (41,3% do total da ocupação feminina na agropecuária, em 1998), e ao trabalho doméstico e da reprodução em casa, quando não se ocupam nas tradicionais e novas culturas voltadas para o mercado externo, particularmente como diaristas ou trabalhadoras volantes. Os avanços modernizadores da agropecuária — a nova ruralidade — e as formas flexíveis do trabalho rural são configurações da presença da *nova figura salarial feminina da crise* no setor rural, o que facilmente se observa nas culturas irrigadas, na fruticultura etc.

Na agropecuária nacional, 39,1% do trabalho feminino está ligado à criação de aves e animais de pequeno porte, bem como à horticultura e à fruticultura (PNAD, 1998 apud MELO, s/d), atividades que ocupam apenas 8,3% dos homens. O valor total desta produção corresponde a 12,4% do valor total da produção agropecuária. Já os homens se dedicam sobremaneira às lavouras permanentes, temporárias e à pecuária: 85,5% de toda a ocupação masculina e 55,1% das atividades das mulheres. O valor dessa produção representa 83,8% do valor total da produção agropecuária PNAD (1998, apud Melo, ibid).

Ora, o trabalho das mulheres (urbana e rural) na produção, seja para o mercado, para pequenas trocas ou para o autoconsumo familiar ou consumo não mercantil, tem sido marcado pela invisibilidade e o não-reconhecimento do mesmo como trabalho, além de apenas ser considerado socialmente como atividade complementar e de ajuda ao marido, pai, irmão, valorização essa que reverte na subjetividade feminina.[11] Tais atividades são concebidas como desligadas do processo produtivo e consideradas simples extensão do desvalorizado trabalho doméstico e das atividades da reprodução (divisão sexual do trabalho) essencializadoras do feminino pela ideologia patriarcal que as concebe como obrigação e dever das mulheres dada sua natural condição, a maternidade e "definidora" de seu lugar social. Desse modo, constituem-se numa das determinações sociais para a realização gratuita das mesmas, na forma de uma relação entre pessoas, de *uma relação de serviço* não-mercantil. Nessas condições, materializa-se a disponibilidade permanente das mulheres a serviço da família e sua identificação social de gênero como dona-de-casa-esposa-mãe. De uma outra ótica, essa divisão sexuada do trabalho e do poder transforma as mulheres em mantenedoras e reprodutoras da força de trabalho masculina e feminina para o capital (efetiva, potencial ou como integrante do exército industrial de reserva ou superpopulação relativa), sem custo algum para este. Segundo Stolcke (1980), expressão do papel fundamental das mulheres na reprodução da sociedade de classes.

Estas *relações de serviço* marcam o cotidiano das mulheres com a doação, a entrega e disponibilidade permanente para com *o outro(a)*. Uma das conseqüências disto é a invisibilidade do trabalho feminino no espaço privado e o desconhecimento do *tempo de trabalho feminino,* integrante de uma das jornadas de trabalho das mulheres enquanto responsáveis pela *reprodução antroponômica* ou produção dos seres humanos.[12] O trabalho doméstico, tanto em termos rurais quanto urbanos, como se pode ver, traz proveito para a ordem patriarcal burguesa e benefícios gratuitos para o capital e sua lógica de acumulação pela apropriação do trabalho humano. Trabalho gratuito que incorre no barateamento dos salários. Não é por acaso que a grande maioria das mulheres rurais, 81,0%, trabalhe de forma não-remunerada, o que também incide na pobreza rural (Melo, 2002).

Desse modo, a ideologia patriarcal e a visão androcêntrica do trabalho representam a mulher como ser exclusivo da reprodução social da família, ademais de representar o trabalho doméstico e da reprodução como não-trabalho. Seu processo e atividades não são compreendidos como realiza-

---

11. Ver Deere, Leon, 2002; Melo, 2003.
12. Ver Bertaux, 1978; Combes, Haicault, 1986.

dores das *múltiplas objetivações* — *objetuais e não-objetuais* (Heller, 1977) — partícipes da atividade prática criadora do ser social. Conseqüentemente, o esforço de trabalho, o gasto de energias nesse processo de objetivação e o tempo de trabalho consumido com essas atividades não são reconhecidos, nem contabilizados como tais, mas são apropriados e exigidos pela família e pelo Estado. Questão de gênero que se repete com o trabalho não-remunerado das crianças e adolescentes de ambos os sexos e com o trabalho da reprodução das mulheres urbanas.

Retomando a crise e seu enfrentamento, temos que mediando o processo de reestruturação produtiva, em que estão compreendidas as realidades laborais, tanto das mulheres como a dos homens, emerge a "reforma do Estado" como uma necessidade do capitalismo contemporâneo e cuja *natureza é de uma verdadeira contra-reforma* (Behring, 2003). Estado que deixou de ser concebido como um agente de desenvolvimento[13] para ser percebido, na expressão de Peter Evans (1993), como um problema, exigindo-se dele uma forma mínima de intervenção, sobretudo no referente aos gastos com as políticas sociais.

2.1 Reforma do Estado e política de assistência social

No capitalismo contemporâneo, mudou a forma de intervenção social do Estado, mas sua *função burguesa* para garantir a reprodução social do capital manteve-se. Mudanças que incidem diretamente nas funções e responsabilidades com a preservação, reprodução e controle contínuo da força de trabalho masculina e feminina, empregada e desempregada. Entretanto, o Estado é compelido mediante as políticas sociais, a regular determinados níveis de consumo e de reprodução da força de trabalho, garantindo sua mobilização e alocação segundo as necessidades do capital.

Numa dinâmica contraditória o Estado, mediante o "jogo democrático", se legitima politicamente, incorporando outros protagonistas sociais e políticos das classes e setores subalternizados pelo gênero e pela raça. Para

---

13. Segundo Soares (2001), no Brasil, a crise estrutural do capital manifestou-se nos anos 1980 como esgotamento do Estado desenvolvimentista.

esses, institucionaliza conquistas e reivindicações, a exemplo dos direitos e garantias civis e sociais que permitem, segundo Netto (1996), organizar um consenso e, de alguma maneira, responder à "questão social". Resposta voltada aos segmentos mais empobrecidos das classes e setores subalternos, livrando-se do risco de deslegitimar-se, fazendo das políticas sociais alvo de sua intervenção.

O Neoliberalismo, doutrina hegemônica da estratégia burguesa, frente à crise executa seu ideário contestando e responsabilizando o Estado pela crise, atribuindo-a às despesas sociais públicas. Nesse sentido, a burguesia internacional e seus representantes, pensadores(as) neoliberais e agências do capital internacional, propõem a "reforma do Estado" como necessidade da estratégia de enfrentamento da crise. Assim, sob o argumento da estabilização, da crise fiscal e do *ajuste estrutural* enquanto pacote de políticas orientadas ao estabelecimento de um novo padrão de acumulação (Laurell, 1997) se implementa a reforma do Estado. Inspirada no ideário neoliberal e como explicitada nas recomendações do *Consenso de Washington* e das agências financeiras internacionais, a reforma do Estado foi decisiva para imprimir "uma direção política de classe às estratégias de enfrentamento da crise (Mota, 1995, p. 80), inaugurando-se com esse processo uma nova fase do capitalismo contemporâneo baseado no tripé liberalização, privatização e desregulamentação, com predomínio do capital financeiro em detrimento do capital produtivo.

Dentre as conseqüências desse processo de "reforma" estão, dentre outras, o desmonte do Estado com a redução de sua intervenção social, a desregulamentação, a privatização das empresas estatais, valendo-se para isto do argumento da redução do gasto público, especialmente o gasto social. Na América Latina, essa reforma do Estado tem provocado "processos de desmonte dos incipientes aparatos públicos de proteção social" (Soares, 2000, p. 71), conduzindo a uma política social residual, focalista, que soluciona apenas o que não pode ser enfrentado pela via do mercado, da família, da vizinhança ou da comunidade local.

Como conseqüência imediata desta reforma, temos o desmantelamento das políticas sociais públicas e a desregulamentação de direitos sociais conquistados pela ação política dos movimentos sociais das classes subalternas e dos setores sociais subalternizados pelo gênero e a raça, alguns deles já consagrados na lei.

Tal "reforma do Estado", fundamentada em medidas orientadas para a acumulação do capital, cortes nos gastos públicos com políticas de seguridade ou de proteção social, deixa milhões de mulheres e de homens de diferentes idades ou gerações entregues a sua própria sorte e a "méritos individuais". A luta cotidiana pela sua sobrevivência afeta sobremaneira as mulheres como responsáveis pelos cuidados cotidianos da reprodução social da família, em particular, as mulheres chefes de família dos setores mais empobrecidos das classes subalternas.

Para os organismos internacionais atuantes pela universalização dos direitos humanos e sociais — Nações Unidas, Unicef, OMS, PNUD, dentre outras, — a pauperização ou a pobreza estrutural globalizada é de tal abrangência e complexidade que passaram a reconhecê-la como fruto da reestruturação capitalista, expressão da distribuição extremamente desigual da crise econômica, e conseqüência das *políticas de ajuste estrutural* — aplicadas com maior "ortodoxia" nos países latino-americanos — além das debilidades das próprias políticas sociais, entre outros fatores.

No início dos anos de 1990, as Nações Unidas denunciavam a pobreza como a principal causa de morte na América Latina, sendo, as mulheres, responsáveis pela chefia de 40% das famílias da região, particularmente afetadas pela reestruturação e pelas políticas de ajuste. Este fenômeno atinge de tal maneira as mulheres, sobretudo as negras e indígenas, que se chega ao ponto de falar de uma *feminização da pobreza,* sem negar com isso o empobrecimento da mão-de-obra masculina, com rebatimentos na sua identidade social de gênero enquanto provedor.

Entre as exigências da moderna racionalidade estatal estão a desresponsabilização do Estado e a grande redução do financiamento da proteção social, configurando um "Estado Mínimo" que, para continuar assegurando as condições de produção e reprodução social do capital, facilita o fluxo global das mercadorias, do capital financeiro, libera os mercados nacionais, oferece garantias fiscais ao capital e faz "vista grossa" para a fuga fiscal, a privatização e supercapitalização. A desregulamentação dos direitos sociais conquistados, entre outras medidas que "pragmaticamente viabilizam a realização dos superlucros e da acumulação", é também reveladora do caráter do ajuste estrutural proposto pelos organismos internacionais, entre os quais o grupo Banco Mundial e o FMI (Behring, 1998, p. 186).

Como as políticas neoliberais de "ajuste estrutural" na América Latina e Caribe, provocando o empobrecimento generalizado das classes subalternas, leva a grande maioria das trabalhadoras e trabalhadores e suas famílias à condição de pobreza ou de extrema pobreza,[14] as políticas sociais, em particular a assistência social, não passam de ações focais, temporárias e compensatórias, justificadas em nome da crise fiscal do Estado. Elas atingem apenas um setor da população, o mais pobre entre os pobres, "não chegando a constituir direitos de todas as pessoas". Em conseqüência disso, a população pauperizada de um mesmo povoado ou de povoados vizinhos, demandam políticas estatais de assistência, o que as coloca umas contra as outras em tensas e conflituosas disputas pelos parcos benefícios dessas políticas, *"criando mais obstáculos para sua organização pela efetivação de direitos"* (Frensch, Batista, Camurça, 2003).

Ora, se, contraditoriamente, o Estado capitalista e patriarcal desenvolve ações para prover e atender necessidades da reprodução, passando a ser a política de assistência social o meio concreto de acesso a bens, serviços e equipamentos de uso coletivo pelos homens e mulheres dos setores e classes subalternas mais empobrecidas, essas ações do Estado são uma resposta às pressões e reivindicações dessa população empobrecida. Transforma-se dessa maneira a "questão social" em fato político. Contudo, os benefícios contidos nesses serviços e programas são materializados como privilégios e não como direitos (Behring, Boschetti, 2006).

Este quadro social, rapidamente mencionado, tem aumentado a demanda por benefícios e serviços sociais públicos por parte das camadas mais empobrecidos das classes subalternizadas, exigindo mais recursos para as políticas sociais públicas em geral e, em particular, para as políticas de assistência social. Todavia, em face da chamada crise fiscal, o Estado usa a estratégia de focalização como mecanismo político e de racionalização de gastos em algumas políticas de proteção e de combate à pobreza voltadas para os segmentos populacionais mais vulnerabilizados. Tal iniciativa, estimulada pelos organismos internacionais que financiam programas sociais,

---

14. Dado o aumento estrutural global da pobreza, representantes do capital como o Banco Mundial, começam a propor um "redesenho do Estado Mínimo": um Estado atuante, ainda que como parceiro e facilitador do que como um diretor. (Banco Mundial, Relatório 1997, apud Duque-Arrazola, 2004).

vem imprimindo novas configurações aos programas sociais que se deslocam da esfera das políticas universais de proteção social para as ações focais, voltadas para grupos em situação de risco, sob a argumentação de serem programas emergenciais de combate à pobreza que têm como população alvo as famílias. A ampliação dos programas de renda mínima, tais como o Bolsa Escola e o Programa de Erradicação do Trabalho Infantil, resultam desta lógica.

2.2 O Sujeito Feminino nos Programas de Assistência Social

A Política de Assistência Social concretizada pelos programas de renda mínima — dentre os quais o PETI — tem atribuído um lugar *central à* família, concebida como o *lugar da proteção por excelência*. Ora, quem realiza predominantemente esta proteção, em nome de uma naturalizada divisão sexual do trabalho, proporcionando a atenção, socialização e os cuidados da reprodução ou *antroprodução*, é a mulher-mãe-esposa-dona-de-casa. O pai-marido, sendo ou não *provedor*, tende a ser um *pai ausente* da reprodução e da *paternagem* dos filhos e filhas. Nesses programas, o sentido de família é centrado na representação social da mulher que identifica e associa mulher e feminino com família, em função da reprodução. Família também concebida como a *célula mater* da sociedade e *locus* por *excelência* da procriação e *maternagem*, da proteção e dos cuidados diretos com o bem-estar, enfim, do processo cotidiano da reprodução social do grupo doméstico-familiar. Mas é à mulher que a ideologia e as representações de gênero se referem como expressão desse espaço.

Ao longo da história, todas as atividades do processo reprodutivo — concebidas por nós como trabalho — têm sido garantidas pelas mulheres; não obstante, algumas dessas atividades deslocaram-se do âmbito doméstico familiar para o espaço público e do mercado, instituindo um processo de "socialização da reprodução". Sob a responsabilidade do Estado, sobretudo no Estado de Bem-Estar Social, desenvolveu-se, no ápice do capitalismo tardio, um intenso processo de expansão dos serviços e de "industrialização da esfera da reprodução" (Mandel, 1982), a exemplo da saúde e da educação. Desse modo, ofertando serviços sociais, equipamentos públicos de uso coletivo e políticas sociais, o Estado passou a participar também da reprodução social dos(das) trabalhadores(as) e segmentos sociais subalternizados, como resultado das demandas e reivindicações das classes e setores das classes trabalhadoras. Este processo e as reivindicações e organização do movimento feminista internacional e nacional, contribuíram com o ingresso massivo das mulheres no mercado de trabalho, especialmente das casadas e com filhos/filhas, em função da transformação das atividades domésticas não mercantis em serviços públicos ou serviços mercantilizados, onde as próprias mulheres passaram a ser trabalhadoras e profissionais remuneradas.

Com a "crise fiscal", o Estado reduziu o gasto social com serviços e políticas sociais, operando um novo movimento: a) a partilha de responsabilidades e atividades com organizações "não-governamentais", empresas, instituições religiosas, a filantropia e o trabalho voluntário; b) a inserção da família corporificada na mulher e do espaço doméstico-familiar no desenvolvimento e responsabilização de atividades voltadas para o atendimento das necessidades de reprodução ampliada da força de trabalho, até então realizadas pelo Estado — saúde, educação, atenção e cuidados com crianças e idosos(as), dentre outras — voltam à família, aos espaços ampliados da moradia e/ou se transferem ao setor privado, lucrativo ou não.

Este movimento deixa patente o fato de serem a família, o setor privado — lucrativo e não-lucrativo — e o Estado, os atuais protagonistas das políticas sociais, sob o argumento da complementação ou da responsabilidade da sociedade.

Embora, no caso da assistência social, não se possa falar de mercantilização de serviços, observa-se que a política pública de assistência cada vez mais se restringe, enquanto se expande a atuação das ONG e das empresas, estas últimas sob a égide da responsabilidade social. Mesmo assim, também a assistência é mediadora dos interesses do mercado, através da oferta de bens de consumo ou de programas de renda mínima que dinamizam as economias e o comércio local a exemplo da bolsa do PETI e atualmente da Bolsa-Família.

Fato é que, seja através da ação do Estado, seja das Organizações Não-Governamentais ou das empresas, é recorrente a centralidade da família nos programas de assistência social sob o argumento da participação, da formação de identidades ou mesmo, da condição de usuárias/os de benefícios sociais.

Temos assim que, desde os anos de 1990, a família passou a ganhar *centralidade* nos programas de assistência social, especialmente os de transferência monetária, como o PETI, em nome da participação da família-mulher e da sua consideração como "sujeito" das referidas políticas. Daí considerarmos que essa inserção da mulher como unidade de atenção da política de assistência deve ser compreendida como uma estratégia ideopolítica e econômica do Estado, na medida em que se constitui num meio de racionalizar e focalizar programas sociais e iniciativas que deveriam ser públicas e universais.

Dada sua capacidade gestora e reprodutora, as mulheres têm sido predominantemente reduzidas a seres da reprodução, "seres da ordem da natureza", contrariamente dos homens concebidos como seres da produção e da ordem da cultura. Seus afazeres femininos ou o trabalho doméstico cotidiano, décadas atrás, eram completamente ignorados e silenciados como componentes do processo de produção-reprodução sob a dinâmica do capital, não visualizados como trabalho, ocultando assim o trabalho social por elas realizado no espaço doméstico-privado por não seguirem o modelo, predominantemente masculino, do salariado. Nos últimos cinco anos, pela pressão e teorização feminista, um novo conceito de trabalho começa a ser tratado em algumas estatísticas oficiais e em estudos acadêmicos e instituições de pesquisa:[15] trabalho compreendido tanto na sua dimensão reprodutiva (afazeres domésticos e da reprodução) como da produção, do trabalho remunerado e profissional.

Em relação às políticas de renda mínima, observa-se que as mulheres são partícipes, *"sujeito"*, dos programas sociais a exemplo do Programa de Agentes Comunitários de Saúde, PACS, do Programa de Saúde da Família, do Emprego e Renda, dentre outros. Entretanto, tais programas fazem uso da capacidade de trabalho das mulheres, de seus saberes e *competências de gênero* aprendidos e desenvolvidos no ambiente familiar desde sua mais

---

15. O emprego e trabalho doméstico começa a ser temática do Departamento Intersindical de Estatística e Estudos Socioeconômicos. DIEESE, do Instituto de Pesquisa Econômica Aplicada — IPEA, da Organização Internacional do Trabalho — OIT, entre outros.

tenra idade, quando começam a assumir obrigações com as tarefas domésticas do cuidado, da reprodução da vida dos membros da família e da gestão do orçamento doméstico, o que consideramos indicativo do aumento da carga de trabalho não-remunerado das mulheres, agora à disposição também dos programas das políticas de assistência social.

No meio desses processos se dá um complexo e imbricado movimento, no qual a *nova figura (salarial) feminina de crise* e integrante da superpopulação relativa para o capital se faz presente como *síntese* desse processo. Seja por realizar atividades de trabalho precarizados ou com baixa remuneração seja por estar desempregada ou por ser a representante da família nos programas sociais. É exatamente a família, representada por esta figura (salarial) feminina de crise que se constitui na "cliente", "beneficiária" e "assistida" pelos "mínimos sociais" das políticas públicas compensatórias.

Presentes no discurso estatal como seres da reprodução, em oposição à produção, as mulheres participantes das políticas de assistência de renda mínima, pobres e sem empregos, mais do que sujeitos, de fato, são *clientes* e *beneficiárias* os referidos programas. Porém, beneficiárias *ressignificadas* pelo redirecionamento da ação reguladora e interventiva do Estado para garantir as condições gerais da produção e reprodução capitalista. Nesse processo, a reprodução da força de trabalho, o enfrentamento dos conflitos e a administração das crises cumprem, uma das *funções vitais* do Estado como *órgão de comando político* do capital, como explica Istvan Mészaros (2002).

Embora no discurso estatal o sujeito ativo de tais políticas seja a família, na realidade, este sujeito é a mulher, especificamente a mulher-mãe-esposa-dona-de-casa e/ou a trabalhadora desempregada, cujas identificações sociais de gênero estão intimamente relacionadas com a reprodução e *lugar* prático e simbólico, tanto nos espaços privados, quanto nos públicos da produção e do emprego remunerado. Daí porque a figura feminina, a mulher/mãe/dona-de-casa fica diluída na expressão "família", que assim a silencia. São mulheres que passam a ser, de fato, as co-responsáveis dos programas de enfrentamento da pobreza e, no caso particular do PETI, da erradicação do trabalho infantil. Desse modo, redimensiona-se a importância das mulheres na reprodução da sociedade de classes.

A essas mulheres são exigidas atividades e responsabilidades que interferem no êxito e desenvolvimento dos programas de assistência social que têm a renda mínima como benefício. Seus saberes, *competências de gênero* e capacidade de trabalho são disponibilizados e seu tempo é de usufruto gratuito por parte do Estado. Tempo cedido e também apropriado pelo grupo familiar. Um tempo feminino socialmente identificado com um tempo de *não-trabalho*, com um tempo "natural e maternamente" *dos outros*, portanto, um tempo expropriável e pelo qual não se cogita remuneração, mas colaboração, gratuidade. Comumente significada como doação natural feminina e afetividade da mulher-mãe.

O Estado, em nome da redução do gasto social, mas respondendo às demandas e reivindicações das(dos) subalternizadas(os), mediante políticas sociais para legitimar-se, não só amplia a partilha de suas responsabilidades com organizações não-governamentais, empresas e instituições religiosas, filantrópicas e o trabalho voluntário, como insere a família, sobretudo a mulher, no desenvolvimento e na responsabilização de atividades voltadas para as necessidades da reprodução ampliada da força de trabalho, como se evidencia no PETI no tocante ao processo escolar.

A tendência à desresponsabilização do Estado com a reprodução social e reposição da força de trabalho, através dos cortes nas políticas e serviços sociais públicos, são medidas que, no processo desta pesquisa se revelaram como *medidas sexuadas*, adotadas pelo Estado patriarcal e de classes. Estas medidas interferem diretamente na vida cotidiana das mulheres das classes subalternas, sobretudo nas camadas mais pobres, aumentando suas responsabilidades com a reprodução. Como conseqüência, as mulheres vivem numa constante tensão e confronto com seus *tempos femininos* da reprodução e do trabalho profissional ou remunerado, o que tem desdobramentos tanto na sobrecarga de trabalho das mulheres e no alargamento e intensificação de suas jornadas de trabalho, como nos danos à saúde simbolizados no discurso falado das mulheres como "problema dos nervos". Desdobra-se, também, nas situações de violência doméstica e de gênero, segundo o expressado pelas mesmas. Além de constituírem-se, os tempos sociais femininos, em mediação das relações de opressão e de poder no grupo doméstico familiar e no mundo do trabalho onde se inserem as mulheres assalariadas.

Tais cortes do gasto social do Estado forçam as mulheres a absorverem esses custos, intensificando os cuidados e o trabalho com a reprodução no espaço doméstico-familiar ou nos seus espaços ampliados, com o trabalho voluntário ou em condições de subemprego, de que são exemplares as atividades realizadas pelas mulheres. De um modo geral, estas atividades são para suprir a ausência de serviços como os de segurança, saúde, abastecimento de água, transporte, além de outros que também se transformam em necessidades privadas da família a exemplo, no caso do PETI, daquelas relativas ao acompanhamento e responsabilidade quanto à presença e ao desempenho dos filhos/das filhas na escola.

Neste sentido, o Estado consome e usufrui o tempo de trabalho das mulheres sem custo financeiro, materializando a opressão, dominação e exploração do trabalho sob os argumentos da sua participação e da valorização pública da família-mulher.

A presente pesquisa sobre as políticas sociais de assistência, em particular as de renda mínima, revelou que o poder e o controle por parte do Estado burguês e patriarcal, sobre essas mulheres não ocorrem apenas sobre a sexualidade das mesmas, mas principalmente se exercem envolvendo o usufruto dos *tempos femininos de trabalho*, sobretudo os tempos da reprodução, de sua capacidade de trabalho e *competências de gênero*. Nesse sentido, determina o *lugar do feminino* (prático e simbólico) nas políticas de assistência social e de transferência de uma renda mínima. Não é por acaso que as mulheres desse segmento de classe passam a ser vistas como "insumos" ou como *figuras* disponíveis para implementar ações *compensatórias* e *residuais* do Estado, mediante suas políticas de proteção social.

Pelo exposto e revelado nesta pesquisa e em outros estudos, o uso e usufruto gratuito dos *tempos sociais femininos*, pelo Estado, mediante suas políticas sociais, se configuram como uma nova forma de opressão-exploração das mulheres e de sua capacidade ou da sua força de trabalho, na medida em que esse uso dos *tempos sociais sexuados* e da capacidade de trabalho das mulheres garante a implementação de políticas sociais públicas a baixo custo, no processo estatal de produção e reprodução das condições da reprodução ampliada do capital. Nesse sentido, podemos dizer que a *valorização* do sujeito feminino como partícipe das políticas de assistência social é uma *forma de reificação* do trabalho doméstico da reprodução, reproduzido e simbolizado como um *não-trabalho* e sem valor.

Embora o cotidiano das mulheres — mães atendidas pelo PETI revele o quanto este cotidiano é estruturado pelas relações de serviço às pessoas e pelos *tempos de trabalho da reprodução*, nessas condições de pobreza e desemprego crônico em que vive a grande maioria dessas famílias, este mesmo cotidiano revela também que, apesar de sua posição subordinada de gênero, as mulheres-mães exercem um controle e um certo poder no interior do grupo doméstico familiar, mediado pelas suas competências em múltiplas *objetivações* reprodutivas e seus saberes com respeito ao grupo e à administração dos parcos recursos da renda familiar. Enquanto mães-esposas-donas-de-casa elas cobram, controlam, castigam e gratificam, mesmo reconhecendo que *a voz de mando é do marido*, quando este está em casa. Não estando o marido, essa voz de mando é delas. Embora hierarquicamente desigual, as mulheres exercem um poder no interior das *relações de serviço* que o gênero concretiza, se analisado desde uma concepção relacional de poder, compreendido como um jogo de forças, como uma multiplicidade de correlações de força, como uma relação social que implica seu oposto, a resistência.

Relações de poder que se bem envolvem as relações inter-pessoais entre homens e mulheres, não se reduzem a elas. São relações sociais que atravessam toda a sociedade e concretizam outras relações, como as de classe e as raciais, as relações de trabalho e de propriedade, entre outras. Por isso mesmo, não se nega sua materialização em outras instâncias em que se configuram e estruturam tais relações de poder, a exemplo do poder institucional da economia, da política, do Estado.

As mulheres têm esse poder e resistem de certa maneira à dominação masculina no seio do grupo familiar. Durante a pesquisa, assim o revelaram as mães do PETI, em seu discurso falado: exercem poder mediante um certo *jogo de estratégias* que vão desde a administração do orçamento doméstico até as negociações com marido e filhos/filhas para alterar o ritmo e rotina do dia-a-dia, com o fim de assistir a uma reunião, estudar à noite ou *trabalhar fora de casa* ou, ainda, com a ameaça de *não* "fazer os serviços da casa". Estratégias para evitar a relação sexual não desejada, bem como às ameaças de denúncia à policia, ao juiz e na escola, da possibilidade ou de práticas de violência contra os filhos/filhas e a ela própria. Ameaças que, como revelam suas falas, parecem processar-se de modo mais contestatório, na medida em que se valem de argumentos, informações e conhecimentos aprendidos nas reuniões e explicações dadas por juízes e professoras, nas reuniões da Escola e do PETI.

Esse traço contestatório mostra que no interior do grupo doméstico se processam relações de poder por parte das mulheres em que elas aparecem decidindo, atuando e apoderando-se de um discurso (legal de conhecimentos), manifestando um embrionário processo de *empoderamento* de si mesmas.

A contestação e as transgressões das mulheres à dominação-opressão patriarcal, nas relações interpessoais no interior do grupo doméstico, podem configurar possibilidades objetivas de inflexões nas relações de gênero; de mudança; de autonomia e de *empoderamento* das mulheres. Contudo, apesar da *não-passividade* no seio do grupo familiar, esse posicionamento e resistências são individuais e isolados. Não inflexionam nem transformam as relações que subordinam as mulheres no grupo familiar e nos espaços públicos, até porque, como dizem elas, "quem tem *a voz de mando em casa* é o homem-marido." Naturalizam, assim, a divisão sexuada do trabalho e o poder masculino, bem como a ideologia que os legitima.

Tais resistências não são orgânicas, não implicam um coletivo organizado de mulheres, visando a transformação dessas relações de dominação e opressão. Por isso mesmo, não inflexionam ditas relações a ponto de incidir e provocar mudanças, mesmo locais, na ordem patriarcal de gênero da sociedade burguesa e no Estado que a reproduz e legitima. Não têm como resultado a transformação e superação das *relações de serviço*, nem dos *tempos sociais sexuados*, nem tampouco na divisão sexual do trabalho. Conseqüentemente, não debilitam nem superam a posição subordinada das mulheres. Quer dizer, *não se transformam em avanços sustentáveis*.

A vida doméstica cotidiana das mães do PETI mantém estruturada em função do trabalho e tempos do trabalho da reprodução, a vida de quem desde sua infância participa do trabalho doméstico sem quase nenhuma participação masculina, sobretudo nas camadas mais empobrecidas das classes subalternas. E é estruturada também, pelo *tempo androcêntrico* e, mediante este, pelo tempo da produção ou do capital.

Os projetos geradores de emprego e renda contemplados no PETI para a família-mulher, poderiam contribuir com o início de um processo de independência econômica, de empoderamento e de autonomia das mulheres. Porém, isto quase não tem sido implementado pelo PETI. As condições de extrema pobreza das mulheres e suas famílias complexificam esse processo de *empoderamento,* na medida em que um projeto que se diz contribuir na geração de um processo de independência econômica para essas mulheres-mães, não se concretiza.

O modo como as mulheres percebem e representam seu *tempo de trabalho da reprodução* expressa dever, obrigatoriedade e afetividade, além de domínios e saberes que aprendem a manejar como *competências de gênero* delas próprias. Essa percepção revela, igualmente, ser o *tempo sexuado* a mediação que lhes permite tomar consciência da opressão-dominação-exploração vivida cotidianamente, quer como responsável pela reprodução, quer como trabalhadoras mal remuneradas.

O pressuposto de que a participação das mulheres nos programas estatais de assistência social possibilitaria condições de *empoderamento* das mesmas, o que lhes permitiria inflexionar em nível local, o caráter patriarcal e sexista do Estado de classes, pelo encontrado no estudo revela que esse inicial processo de *empoderamento* manifestou-se limitado ao contexto das relações interpessoais no espaço doméstico familiar. A participação das mães do PETI, consistia em assistir, fazer-se presentes nas reuniões e convocações da escola e do PETI, além de cumprir as determinações do Programa e garantir a freqüência das crianças na escola, impedindo a volta dos(das) filhos(as) ao trabalho infantil precoce. Participação apenas como um fazerem-se presentes enquanto indivíduos isolados, não potenciando a formação de um sujeito coletivo de mulheres. Além disso, elas mesmas não vivenciam a experiência coletiva e organizacional em outras instâncias sociais nem em termos do movimento de mulheres nem em termos do movimento de trabalhadores(as) rurais ou sindical. Seu grupo mais próximo é a igreja, principalmente para as crentes.

Constatamos que, apesar da presença das mulheres nos programas de assistência social evidenciarem uma visibilidade indicativa de uma possível passagem do âmbito privado para a esfera pública, a participação das mulheres se dá de modo individualizado, como simples presença, sem a interlocução pública formadora do sujeito coletivo e incitadora de posicionamentos, da tomada de decisões, de negociações e da própria expressão pública da fala, do discurso, postura fundamental nos processos de formação e consolidação de autoconfiança, de auto-estima, enfim, de empoderamento, sobretudo para quem não tem tido voz. Algo que um processo participativo voltado a "tomar parte" ativamente nas decisões e encaminhamentos de ações e de programas, poderia propiciar. Assim, as mulheres se apresentam nessa esfera estatal como indivíduos "isolados", apenas como presença, sem o discurso público e sem a conseqüente interlocução entre Estado/Programa e mulheres-mães atendidas pelo PETI. Inibe-se,desse modo, o surgimento de um sujeito político e sujeito-coletivo representante destas mulheres, o que ensejaria consolidar, para as mesmas, um processo de autonomia, num espaço de poder e de tomada de decisões que as *empoderaria* enquanto mulheres, trabalhadoras, cidadãs, na luta coletiva e organizada por direitos como o direito ao trabalho, por políticas sociais, e pela superação das desigualdades sociais de gênero, de classe e raciais, entre outras.

Pela análise realizada sobre a participação das mulheres-mães no PETI, essas dimensões de *empoderamento* não têm aflorado a partir de suas relações com o Programa, na medida em que as mulheres realmente estão presentes tão-só como *beneficiárias,* como contrapartida do benefício dos(as) filhos(as) (bolsa) e não como sujeitos participantes do programa. Sendo a participação limitada apenas à presença, ela não desafia nem estimula o desenvolvimento de habilidades e práticas de negociação, de tomada de decisões, de confronto direto com o poder patriarcal do Estado. Para o PETI as mães aparecem como eficientes e confiáveis no controle do orçamento e administração da casa.

Assim, as mulheres tendem a sentir um certo poder e domínio no interior do grupo familiar (não são simplesmente vítimas), protagonizando um jogo de relações de forças que as faz se sentirem necessárias. A isto soma-se o que parece traduzir-se em auto-estima: o reconhecimento público que os programas de renda mínima fazem de suas *competências de gênero* na administração do orçamento ou renda familiar.

Não obstante o PETI-PE ter sido implantado no estado de Pernambuco desde 1997 e constituído, em 1999, o Fórum Estadual para Prevenção e Erradicação do Trabalho Infantil, tão-só em 2001 começa a tomar em conta o trabalho infanto-juvenil doméstico, mediante a formação de um Programa de Ação, Prevenção e Enfrentamento do Trabalho Infanto-Juvenil Doméstico, na cidade do Recife. Contudo, apenas a partir de 2004, foi lançada a idéia de um programa em âmbito estadual para as crianças e adolescentes trabalhadoras domésticas reiterando o caráter sexuado e androcêntrico das políticas sociais de assistência, particularmente as políticas de renda mínima. Quer dizer, o trabalho doméstico (pesado, perigoso) realizado predominantemente pelas meninas, não recebe a devida atenção das políticas sociais.

São igualmente reveladoras do caráter patriarcal e sexista do Estado capitalista, dos organismos internacionais financeiros e de cooperação, as novas experiências de projetos que surgem, desde uma perspectiva da eficiência, contemplando os(as) adolescentes egressos(as) do PETI, mediante projetos de *Empoderamento de jovens na Zona da Mata*. Projetos que se mostram positivos para os/as jovens, na medida em que aqueles maiores de 15 anos podem contar com um programa social voltado para eles/elas. Entretanto, as mulheres-mães continuam sem os projetos de geração de trabalho e renda e sem as ações sócio-educativas que poderiam atender às suas *necessidades práticas e estratégicas de gênero*, possibilitando-lhes processos de autonomia, de independência econômica, tão desejadas por elas, propiciando assim processos que visem o *empoderamento numa perspectiva emancipatória* da subordinação de gênero e da subalternidade de classe.

3. À guisa de conclusão

Compreender a condição do sujeito feminino nos programas de assistência social pública se colocou, desde o início da pesquisa, como um desafio teórico-epistemológico, em termos da perspectiva feminista de gênero assumida e sustentada na perspectiva de totalidade fundamentada na concepção materialista da história, comumente conhecida como marxismo. E foi instigante por dois motivos: um, porque a teorização sobre gênero ainda é "um campo epistêmico em construção" (Harding, 1993), o outro, porque na tradição marxista, a economia política, a sociologia do trabalho, a teorização sobre o Estado, mesmo objeto de controvérsia alcançaram uma consolidação e reconhecimento que a abordagem feminista ainda não obteve. Esta consolidação e este reconhecimento sustentados historica e predominantemente por uma visão *androcêntrica* da realidade, faz com que suas categorias de análise não tomam em conta as relações sociais de gênero. Enquanto produção *gender-blinded*, ou seja, que desconsidera o gênero, requer das(os) pesquisadoras(es) da perspectiva feminista dar essa dimensão às categorias existentes e construír outras mais.

Na pesquisa esse desafio se configurou numa teorização, como diz Harding (1993) "entre *acordes e compassos*", pois as categorias mostravam-se ao mesmo tempo aplicáveis e não-aplicáveis às mulheres e às relações de gênero, o que exige ir-se à frente com os desafios teóricos epistemológicos dessa perspectiva de gênero e da teoria crítica marxista, visando aprofundamentos radicais da produção teórica androcêntrica e feminista, buscando a construção de categorias de análise que dêem conta dessa dimensão da totalidade social.

A pesquisa comprovou o pressuposto do qual partimos, de que a reestruturação capitalista e a reforma do Estado são processos de caráter de classe e sexuado. Estes processos atingem diferente e desigualmente mulheres e homens segundo seus pertencimentos de classe, étnico-raciais e geracionais, de acordo com a sociedade concreta. Foi evidenciado *um modo sexuado* ou *generizado* de se processarem as mudanças resultantes do processo de restauração do capital, entre elas a tendência à *flexibilização feminizada do trabalho*, a reprodução da divisão sexual do trabalho, compreendendo nela as hierarquias ocupacionais, as diferenças salariais entre homens e mulheres e a tensão cotidiana das mulheres no jogo das responsabilidades e os tempos femininos do trabalho reprodutivo com as responsabilidades do emprego e o tempo do trabalho remunerado ou da produção.

Igualmente constata-se o caráter sexuado e imbricadamente classista da reforma do Estado, mediada pelas políticas neoliberais de proteção social, dentre elas a política de assistência social com seus programas de assistência focalizada e seletiva como os de renda mínima. Neles, as mulheres-mães passam a ser um "insumo" fundamental — mão-de-obra gratuita ou extremamente barata — para o sucesso ou insucesso desses programas que constituem um eixo fundamental na articulação da ação do Estado. É delegada às mulheres grande parte das atividades reprodutivas antes realizadas pelo Estado. Contemporaneamente, recai sobre elas o ônus da forma de intervenção desresponsabilizada do Estado com sua crescente retirada da prestação de serviços e da reprodução da força de trabalho. Medida restauracionista e *passivissadora* de enfrentamento às crises do Estado e do capital.

Na sociedade capitalista-patriarcal-racista, os processos de empoderamento, de conquista de direitos e autonomia, enfim, de práticas sociais e políticas com vistas à emancipação das(os) subalternizadas(os) e exploradas/explorados, são momentos ou mediações necessárias ao processo histórico das lutas sociais e políticas de classe, de gênero e étnico-raciais pela realização das utopias para transformar e superar a ordem burguesa e patriarcal de gênero, por uma outra sem desigualdades sociais de classe, de gênero e étnico-raciais.

Daí a importância sociopolítica de tais processos, em particular para as mulheres. Processos que, em termos estruturais implicam a ação consciente e organizada de um sujeito político coletivo, e o sujeito individual que o compõe, com vistas à transformação, sendo politicamente irrelevantes quando o processo é percebido e reduzido ao individuo como tal. Como foi verificado no decorrer da pesquisa, a inserção individualizada das mães do PETI não tem favorecido a *passagem* do espaço privado do lar ao espaço público ampliado do PETI, apesar dos ganhos que o programa pode proporcionar a cada mãe, individualmente. O *lugar* que as mulheres usuárias ocupam nos programas de assistência social não lhes garante uma participação *empoderada,* isto é, uma prática política transformadora de trabalhadoras e mulheres subalternizadas pelo gênero.

Referências bibliográficas

ABRAMO, Lais. Evolução do emprego feminino e equidade de gênero na América Latina e avanços e permanências nos anos 90. In: COSTA Ana A. et. alii. *Um debate crítico a partir do feminismo:* reestruturação produtiva, reprodução e gênero. São Paulo, CUT, 2002a.

_____. *Trabalho descente e equidade de gênero na América Latina.* Avanços e permanências nos anos 90, junho 2002b (mimeo).

BEHRING, Elaine. *Política social no capitalismo tardio.* São Paulo: Cortez, 1998.

_____. *Brasil em contra-reforma: destruição do Estado e perda de direitos.* São Paulo: Cortez, 2003.

BEHRING, Elaine; BOSCHETTI, Ivonete. *Política social, fundamentos e história.* São Paulo: Cortez, 2006.

BERTEAUX, Daniel. *Destinos Pessoais e estruturas de classe*. Lisboa: Moraes, 1978.

BIHR, Alain. *Da grande noite à alternativa: o movimento operário europeu em crise*. São Paulo: Boitempo, 1998.

BRAGA, Ruy. *A restauração do capital: um estudo sobre a crise contemporânea*. São Paulo: Xamã, 1997.

COMBES Daniele; HAICAULT Monique. Produção e reprodução, relações sociais de sexo e de classe. In: BULPORT, Andrée et alii. *O sexo do trabalho*. Rio de Janeiro: Paz e Terra, 1986.

DEERE, Carmem D.; LEON, Magdalena. *O empoderamento da mulher*: direitos à terra e direitos de propriedade em América Latina. Porto Alegre: Editora da UFRGS, 2002.

DEPARTAMENTO DE SERVIÇO SOCIAL. *Relatório Final de Monitoramento e Avaliação do PETI-PE*. Recife. DSS/PGSS/UFPE: SEPLANDES, nov. 2002.

DUQUE-ARRAZOLA, Laura S. *O Lugar das mulheres nas políticas de assistência social: um estudo sobre a experiência do Programa de Erradicação do Trabalho Infantil em Pernambuco*. Recife, 2004. Tese (Doutorado) Universidade Federal de Pernambuco. Programa de Pós-Graduação em Serviço Social.

_____. Política de assistência social e os tempo sociais femininos: o caso brasileiro. *Revista Nômades Gênero e políticas públicas, desafios de la equidad*. IESCO/Universidad Central de Bogotá, n. 24, abr. p. 80-90, 2006.

EVANS, Peter. O Estado como problema e solução. *Revista Lua Nova*. São Paulo: CEDEC, n. 28-29, p. 107-56, 1993.

FRENSCH, Mônica; BATISTA, Carla; CAMURÇA, Sílvia. *Ajuste estrutural, pobreza e desigualdade de gênero*. Recife: Iniciativas de Gênero/SOS Corpo, 2003.

HARDING, Sandra. Instabilidade das categorias analíticas na teoria feminista. *Estudos Feministas*. Rio de Janeiro: CIEC. ECO. UFRJ. Ano 1, 1º sem. 1993.

HARVEY, David. *Condição Pós-Moderna*. 5. ed. São Paulo: Loyola, 1992.

HELLER, Agnes. *Sociologia da vida cotidiana*. Barcelona: Penisula, 1977.

HIRATA, Helena. *Globalización, trabajo y tecnologias*: uma perspectiva de Gênero, Encuentro Internacional Mulher e Saúde, 8, Rio de Janeiro, 16 a 20 de março, 1997.

_____. Reorganização da Produção e transformações do trabalho: uma nova divisão sexual? In: BRUSCHINI, Cristina; UNBEHAUM, Sandra (Orgs.). *Gênero, democracia e sociedade brasileira*. São Paulo: FCC Editora 34, 2002.

LAMAS, Marta. El género: la construcción cultural de la diferencia sexual. México: PUEG, UNAM, 1997.

LAURELL, Asa Cristina. Avançando em direção ao passado: a política social do neoliberalismo. In: LAURELL, A. C. (Org.). *Estado e políticas sociais no neoliberalismo*. São Paulo: Cortez, 1997.

MacKINNON, Catherine. *Hacia una teoria feminista del Estado*. España: Ediciones Cátedra/Universitat de València/Instituto de la Mujer, 1995.

MANDEL, Ernest. *O capitalismo tardio*. São Paulo: Abril Cultural, 1982.

_____. *A crise do capital*. São Paulo: Unicamp, 1992.

MARANHÃO, Cezar H. Acumulação, trabalho e superpopulação: crítica ao conceito de exclusão social. In: MOTA, Ana E. (Org.). *O Mito da Assistência Social: ensaios sobre Estado, Política e Sociedade*. Recife: Editora Universitária/UFPE, 2006.

MELO, Hildete P. *Os sentidos do trabalho*. Niterói, s./d. (mimeo).

_____. O mercado de trabalho nos anos 90, revidando as invisibilidades no trabalho feminino. In: COSTA, Ana A. (Org.). *Um debate crítico a partir do feminismo: reestruturação produtiva, reprodução e gênero*. São Paulo: CUT, 2002.

MELO, Ligia A. *Relações de gênero na agricultura famílias: o caso do Pronaf em Afogados da Ingazeira*. Tese de Doutorado. Recife: Universidade Federal de Pernambuco, 2003. Programa de Pós-Graduação em Sociologia, 2003.

MELO, Ligia A. *Relações de gênero na agricultura familiar: o caso do Pronaf em Afogados da Ingazeira*. Recife: UFPE, 2003.

MÉSZAROS, Istvan. *Para além do capital*. São Paulo: Boitempo, 2002.

MOTA, Ana E. *Cultura da crise e segurança social:* um estudo sobre as tendências da previdência e da assistência social brasileira nos anos 80 e 90. São Paulo: Cortez, 1995.

NETTO, José P. *Capitalismo monopolista e Serviço Social*. São Paulo: Cortez, 1996.

PATEMAN, Carole. *O contrato sexual*. Rio de Janeiro: Paz e Terra, 1993.

SAFFIOTI, Heleieth.*O poder do macho*. São Paulo: Moderna, 1987.

_____. Rearticulando gênero e classe social. In: COSTA, Albertina; BRUSCHINI, Cristina (Org.). *Uma questão de gênero*. Rio de Janeiro/ São Paulo: Rosa dos Tempos/F. C. Chagas, 1992.

SCOTT, Joan. Gênero uma categoria útil para el análisis histórico. Recife: SOS Corpo Gênero e Cidadania, 1991.

SILVA, José G. da. *A nova dinâmica da agricultura brasileira*. Campinas: IE/Unicamp, 1996.

_____. O novo rural brasileiro. *Nova economia*. Belo Horizonte: UFMG, v. 7, n. 1, 1997.

SOARES, Laura T. *Os custos sociais e o ajuste neoliberal na América Latina*. São Paulo: Cortez, 2000. (Coleção Questões de Nossa Época, 78).

_____. *Ajuste neoliberal e desajuste social na América Latina*. Petrópolis: Vozes, 2001.

STOLCKE, Verena. Mulher e trabalho. In: HUMPREY, Jonh. *Trabalho e dominação*. São Paulo: Estudos CEBRAP, n. 26, 1980.

GRÁFICA PAYM
Tel. (011) 4392-3344
paym@terra.com.br